ESTATUTO DA ADVOCACIA E DA ORDEM DOS ADVOGADOS DO BRASIL

E

NOVO

CÓDIGO DE ÉTICA E DISCIPLINA DA OAB

Resolução CFOAB nº 02, de 19.10.2015

O livro é a porta que se abre para a realização do homem.

Jair Lot Vieira

Supervisão editorial
JAIR LOT VIEIRA

SÉRIE
Legislação

7ª EDIÇÃO
2016

ESTATUTO DA ADVOCACIA E DA ORDEM DOS ADVOGADOS DO BRASIL

E

NOVO

CÓDIGO DE ÉTICA E DISCIPLINA DA OAB

Resolução CFOAB nº 02, de 19.10.2015

ESTATUTO DA ADVOCACIA E DA ORDEM DOS ADVOGADOS DO BRASIL

Lei nº 8.906, de 4 de julho de 1994

com as alterações até a Lei nº 13.245
(Direito de acesso à informação de investigações e autos)
e a Lei nº 13.247 (Sociedade Simples),
de 12 de janeiro de 2016

Regulamento Geral do Estatuto da Advocacia e da OAB

Provimentos

Inclui o Provimento nº 164, de 21 de setembro de 2015
(Plano Nacional de Valorização da Mulher Advogada)

edipro

ESTATUTO DA ADVOCACIA E DA ORDEM DOS ADVOGADOS DO BRASIL

LEI Nº 8.906, DE 4 DE JULHO DE 1994
Atualizada até a Lei nº 13.245
e a Lei nº 13.247, de 12.1.2016

E CÓDIGO DE ÉTICA E DISCIPLINA DA OAB

Supervisão Editorial: Jair Lot Vieira

7ª Edição revista e atualizada – 2016

Editores: Jair Lot Vieira e Maíra Lot Vieira Micales
Coordenação editorial: Fernanda Godoy Tarcinalli
Editoração: Alexandre Rudyard Benevides
Revisão: Sandra Cristina Lopes Conesa
Arte: Karine Moreto Massoca

Dados Internacionais de Catalogação na Publicação (CIP)
(Câmara Brasileira do Livro, SP, Brasil)

Brasil

Estatuto da advocacia e da Ordem dos Advogados do Brasil e Código de Ética e Disciplina da OAB : Lei nº 8.906, de 4 de julho de 1994 / supervisão editorial Jair Lot Vieira – 7. ed., rev. atual. – São Paulo: Edipro, 2016. (Série Legislação)

Incluindo Regulamento Geral do Estatuto da Advocacia e da OAB e Constituição Federal (excertos).

ISBN 978-85-7283-946-4

1. Ordem dos Advogados do Brasil – Estatuto legal, leis etc. I. Ordem dos Advogados do Brasil II. Título. III. Série

94-2400 CDU-347.965.8(81)(094)

Índices para catálogo sistemático:
1. Brasil : Advogados : Estatutos : 347.965.8(81)(094)
2. Brasil : Ordem dos Advogados : Estatutos : 347.965.8(81)(094)
3. Estatutos : Ordem dos Advogados do Brasil : 347.965.8(81)(094)
4. Ordem dos Advogados do Brasil : Estatutos : 347.965.8(81)(094)

edipro

São Paulo: Fone (11) 3107-4788 • Fax (11) 3107-0061
Bauru: Fone (14) 3234-4121 • Fax (14) 3234-4122
www.edipro.com.br

SUMÁRIO

ESTATUTO DA ADVOCACIA E DA ORDEM DOS ADVOGADOS DO BRASIL

LEI Nº 8.906, DE 4 DE JULHO DE 1994

Dispõe sobre o Estatuto da Advocacia e a Ordem dos Advogados do Brasil – OAB

(Atualizada até a Lei nº 13.245 e a Lei nº 13.247, de 12.1.2016)

TÍTULO I
DA ADVOCACIA
(arts. 1º ao 43)

TÍTULO II
DA ORDEM DOS ADVOGADOS DO BRASIL
(arts. 44 ao 67)

TÍTULO III
DO PROCESSO NA OAB
(arts. 68 ao 77)

TÍTULO IV
DAS DISPOSIÇÕES GERAIS E TRANSITÓRIAS
(arts. 78 ao 87)

REGULAMENTO GERAL DO ESTATUTO DA ADVOCACIA E DA OAB

CÓDIGO DE ÉTICA E DISCIPLINA DA ORDEM DOS ADVOGADOS DO BRASIL – OAB

REGIMENTO INTERNO DA CORREGEDORIA-GERAL DO PROCESSO DISCIPLINAR DA ORDEM DOS ADVOGADOS DO BRASIL – OAB/CGD

LEGISLAÇÃO COMPLEMENTAR E ALTERADORA

RESOLUÇÕES DO CONSELHO FEDERAL DA OAB

PROVIMENTOS DO CONSELHO FEDERAL DA OAB

ESTATUTO DA ADVOCACIA E DA ORDEM DOS ADVOGADOS DO BRASIL

LEI Nº 8.906, DE 4 DE JULHO DE 1994

Dispõe sobre o Estatuto da Advocacia e a Ordem dos Advogados do Brasil – OAB.

(Atualizada até a Lei nº 13.245 e a Lei nº 13.247, de 12.1.2016)

O Presidente da República,

Faço saber que o Congresso Nacional decreta e eu sanciono a seguinte Lei:

TÍTULO I
DA ADVOCACIA

Capítulo I
DA ATIVIDADE DE ADVOCACIA

(*) V. arts. 1º ao 14 do Regulamento Geral do Estatuto.

Art. 1º. São atividades privativas de advocacia:

I – a postulação a *[qualquer]* órgão do Poder Judiciário e aos juizados especiais;

(*) ADIn nº 1.127-8 – Decisão: a) por unanimidade, em relação ao inciso I do art. 1º, julgou prejudicada a alegação de inconstitucionalidade relativamente à expressão "juizados especiais", e, por maioria, quanto à expressão "qualquer", julgou procedente a ação direta, vencidos os Senhores Ministros Relator e Carlos Britto. (Plenário, 17.5.2006 – *DOU* de 26.5.2006).

(*) Nas causas de competência dos Juizados Especiais Cíveis da Justiça Federal, as partes poderão atuar sem a constituição de advogados somente nas causas cíveis, respeitando o teto do art. 3º e sem prejuízo da aplicação subsidiária integral dos parágrafos do art. 9º da Lei nº 9.099/1995. Essa foi a decisão dos ministros do Supremo Tribunal Federal (STF) que, ao julgarem a Ação Direta de Inconstitucionalidade (ADIn) nº 3.138-6, consideraram constitucional o art. 10 da Lei Federal nº 10.259/2001, norma que criou os Juizados Especiais Cíveis e Criminais no âmbito da Justiça Federal. A ação foi ajuizada, com pedido de liminar, pelo Conselho Federal da Ordem dos Advogados do Brasil (OAB). Sessão de 8.6.2006.

II – as atividades de consultoria, assessoria e direção jurídicas.

§ 1º. Não se inclui na atividade privativa de advocacia a impetração de *habeas corpus* em qualquer instância ou tribunal.

§ 2º. Os atos e contratos constitutivos de pessoas jurídicas, sob pena de nulidade, só podem ser admitidos a registro, nos órgãos competentes, quando visados por advogados.

§ 3º. É vedada a divulgação de advocacia em conjunto com outra atividade.

Art. 2º. O advogado é indispensável à administração da justiça.

§ 1º. No seu ministério privado, o advogado presta serviço público e exerce função social.

§ 2º. No processo judicial, o advogado contribui, na postulação de decisão favorável ao seu constituinte, ao convencimento do julgador, e seus atos constituem *munus* público.

§ 3º. No exercício da profissão, o advogado é inviolável por seus atos e manifestações nos limites desta Lei.

(*) ADIn nº 1.127-8 – Decisão: b) por unanimidade, julgou improcedente a ação direta, quanto ao § 3º do art. 2º, nos termos do voto do Relator, sendo referido dispositivo considerado constitucional. (Plenário, 17.5.2006 – *DOU* de 26.5.2006).

Art. 3º. O exercício da atividade de advocacia no território brasileiro e a denominação de advogado são privativos dos inscritos na Ordem dos Advogados do Brasil – OAB.

(*) V. arts. 131 a 135 da CF.

§ 1º. Exercem atividade de advocacia, sujeitando-se ao regime desta Lei, além do regime próprio a que se subordinem, os integrantes da Advocacia-Geral da União, da Procuradoria da Fazenda Nacional, da Defensoria Pública e das Procuradorias e Consultorias Jurídicas dos Estados, do Distrito Federal, dos Municípios e das respectivas entidades de administração indireta e fundacional.

§ 2º. O estagiário de advocacia, regularmente inscrito, pode praticar os atos previstos no art. 1º, na forma do Regulamento Geral, em conjunto com advogado e sob responsabilidade deste.

Art. 4º. São nulos os atos privativos de advogados praticados por pessoas não inscritas na OAB, sem prejuízo das sanções civis, penais e administrativas.

Parágrafo único. São também nulos os atos praticados por advogado impedido – no âmbito do impedimento – suspenso, licenciado ou que passar a exercer atividade incompatível com a advocacia.

Art. 5º. O advogado postula, em juízo ou fora dele, fazendo prova do mandato.

§ 1º. O advogado, afirmando urgência, pode atuar sem procuração, obrigando-se a apresentá-la no prazo de 15 (quinze) dias, prorrogável por igual período.

(*) V. art. 104 do Código de Processo Civil.

§ 2º. A procuração para foro em geral habilita o advogado a praticar todos os atos judiciais, em qualquer juízo ou instância, salvo os que exijam poderes especiais.

(*) V. art. 105 do Código de Processo Civil.

§ 3º. O advogado que renunciar ao mandato continuará, durante os 10 (dez) dias seguintes à notificação da renúncia, a representar o mandante, salvo se for substituído antes do término desse prazo.

(*) V. art. 112 do Código de Processo Civil.

Capítulo II
DOS DIREITOS DO ADVOGADO

(*) V. arts. 15 a 19 do Regulamento Geral do Estatuto.

Art. 6º. Não há hierarquia nem subordinação entre advogados, magistrados e membros do Ministério Público, devendo todos tratar-se com consideração e respeito recíprocos.

Parágrafo único. As autoridades, os servidores públicos e os serventuários da justiça devem dispensar ao advogado, no exercício da profissão, tratamento compatível com a dignidade da advocacia e condições adequadas ao seu desempenho.

Art. 7º. São direitos do advogado:

I – exercer, com liberdade, a profissão em todo o território nacional;

II – a inviolabilidade de seu escritório ou local de trabalho, bem como de seus instrumentos de trabalho, de sua correspondência escrita, eletrônica, telefônica e telemática, desde que relativas ao exercício da advocacia;

(*) Inciso II com redação dada pela Lei nº 11.767, de 7.8.2008.

III – comunicar-se com seus clientes, pessoal e reservadamente, mesmo sem procuração, quando estes se acharem presos, detidos ou recolhidos em estabelecimentos civis ou militares, ainda que considerados incomunicáveis;

IV – ter a presença de representante da OAB, quando preso em flagrante, por motivo ligado ao exercício de advocacia, para lavratura do auto respectivo, sob pena de nulidade e, nos demais casos, a comunicação expressa à seccional da OAB;

(*) ADIn nº 1.127-8 – Decisão: e) por unanimidade, julgou improcedente a ação direta, quanto ao inciso IV do art. 7º, nos termos do voto do Relator. Dispositivo considerado constitucional. Ressalva do Relator que se a OAB não enviar representante em tempo hábil, mantém-se a validade da prisão em flagrante. (Plenário, 17.5.2006 – *DOU* de 26.5.2006).

V – não ser recolhido preso, antes da sentença transitada em julgado, senão em sala de Estado-Maior, com instalações e comodidades condignas, [assim reconhecidas pela OAB] e, na sua falta, em prisão domiciliar;

(*) ADIn nº 1.127-8 – Decisão: f) por maioria, entendeu não estar prejudicada a ação relativamente ao inciso V do art. 7º, vencidos os Senhores Ministros Joaquim Barbosa e Cezar Peluso. No mérito, também por maioria, declarou a inconstitucionalidade da expressão "assim reconhecidas pela OAB", vencidos os Senhores Ministros Relator, Eros Grau e Carlos Britto; (Plenário, 17.5.2006 – *DOU* de 26.5.2006).

VI – ingressar livremente:

a) nas salas de sessões dos tribunais, mesmo além dos cancelos que separam a parte reservada aos magistrados;

b) nas salas e dependências de audiências, secretarias, cartórios, ofícios de justiça, serviços notariais e de registro, e, no caso de delegacias e prisões, mesmo fora da hora de expediente e independentemente da presença de seus titulares;

c) em qualquer edifício ou recinto em que funcione repartição judicial ou outro serviço público onde o advogado deva praticar ato ou colher prova ou informação útil ao exercício da atividade profissional, dentro do expediente ou fora dele, e ser atendido, desde que se ache presente qualquer servidor ou empregado;

d) em qualquer assembleia ou reunião de que participe ou possa participar o seu cliente, ou perante a qual este deva comparecer, desde que munido de poderes especiais;

VII – permanecer sentado ou em pé e retirar-se de quaisquer locais indicados no inciso anterior, independente de licença;

VIII – dirigir-se diretamente aos magistrados nas salas e gabinetes de trabalho, independentemente de horário previamente marcado ou outra condição, observando-se a ordem de chegada;

IX – [sustentar oralmente as razões de qualquer recurso ou processo, nas sessões de julgamento, após o voto do relator, em instância judicial ou administrativa, pelo prazo de 15 (quinze) minutos, salvo se o prazo maior for concedido;]

(*) ADIn nº 1.105-7 – Decisão: O Tribunal, por maioria, julgou procedente a ação para declarar a inconstitucionalidade do inciso IX do art. 7º. (Plenário, 17.5.2006 – *DOU* de 26.5.2006).

X – usar da palavra, "pela ordem", em qualquer juízo ou tribunal, mediante intervenção sumária, para esclarecer equívoco ou dúvida surgida em relação a fatos, documentos ou afirmações que influam no julgamento, bem como para replicar acusação ou censura que lhe forem feitas;

XI – reclamar, verbalmente ou por escrito, perante qualquer juízo, tribunal ou autoridade, contra a inobservância de preceito de lei, regulamento ou regimento;

XII – falar, sentado ou em pé, em juízo, tribunal ou órgão de deliberação coletiva da Administração Pública ou Poder Legislativo;

XIII – examinar, em qualquer órgão dos Poderes Judiciário e Legislativo, ou da Administração Pública em geral, autos de processos findos ou em andamento, mesmo sem procuração, quando não estejam sujeitos a sigilo, assegurada a obtenção de cópias, podendo tomar apontamentos;

XIV – examinar, em qualquer instituição responsável por conduzir investigação, mesmo sem procuração, autos de flagrante e de investigações de qualquer natureza, findos ou em andamento, ainda que conclusos à autoridade, podendo copiar peças e tomar apontamentos, em meio físico ou digital;

(*) Inciso XIV com redação dada pela Lei nº 13.245, de 12.1.2016.

XV – ter vistas dos processos judiciais ou administrativos de qualquer natureza, em cartório ou na repartição competente, ou retirá-los pelos prazos legais;

XVI – retirar autos de processos findos, mesmo sem procuração, pelo prazo de 10 (dez) dias;

XVII – ser publicamente desagravado, quando ofendido no exercício da profissão ou em razão dela;

(*) V. arts. 18 e 19 do Regulamento Geral da Advocacia.

XVIII – usar os símbolos privativos da profissão de advogado;

XIX – recusar-se a depor como testemunha em processo no qual funcionou ou deva funcionar, ou sobre fato relacionado com pessoa de quem seja ou foi advogado, mesmo quando autorizado ou solicitado pelo contribuinte, bem como sobre fato que constitua sigilo profissional;

XX – retirar-se do recinto onde se encontre aguardando pregão para ato judicial, após 30 (trinta) minutos do horário designado e ao qual ainda não tenha comparecido a autoridade que deva presidir a ele, mediante comunicação protocolizada em juízo.

XXI – assistir a seus clientes investigados durante a apuração de infrações, sob pena de nulidade absoluta do respectivo interrogatório ou depoimento e, subsequentemente, de todos os elementos investigatórios e probatórios dele decorrentes ou derivados, direta ou indiretamente, podendo, inclusive, no curso da respectiva apuração:

a) apresentar razões e quesitos;

b) (Vetado).

(*) Inciso XXI acrescido pela Lei nº 13.245, de 12.1.2016.

§ 1º. Não se aplica o disposto nos incisos XV e XVI:

1. aos processos sob regime de segredo de justiça;

2. quando existirem nos autos documentos originais de difícil restauração ou ocorrer circunstância relevante que justifique a permanência dos autos no cartório, secretaria ou repartição, reconhecida pela autoridade em despacho motivado, proferido de ofício, mediante representação ou a requerimento da parte interessada;

3. até o encerramento do processo, ao advogado que houver deixado de devolver os respectivos autos no prazo legal, e só o fizer depois de intimado.

§ 2º. O advogado tem imunidade profissional, não constituindo injúria, difamação [ou desacato] puníveis qualquer manifestação de sua parte, no exercício de sua atividade, em juízo ou fora dele, sem prejuízo das sanções disciplinares perante a OAB, pelos excessos que cometer.

(*) ADIn nº 1.127-8 – Decisão: c) por maioria, julgou parcialmente procedente a ação para declarar a inconstitucionalidade da expressão "ou desacato", contida no § 2º do art. 7º, vencidos os Senhores Ministros Relator e Ricardo Lewandowski. (Plenário, 17.5.2006 – *DOU* de 26.5.2006).

§ 3º. O advogado somente poderá ser preso em flagrante, por motivo de exercício da profissão, em caso de crime inafiançável, observado o disposto no inciso IV deste artigo.

(*) ADIn nº 1.127-8 – Decisão: h) por unanimidade, julgou improcedente a ação direta quanto ao § 3º do art. 7º. (Plenário, 17.5.2006 – *DOU* de 26.5.2006). Referido dispositivo foi declarado constitucional.

§ 4º. O Poder Judiciário e o Poder Executivo devem instalar, em todos os juizados, fóruns, tribunais, delegacias de polícia e presídios, salas especiais permanentes para os advogados, com uso [e controle] assegurados à OAB.

(*) ADIn nº 1.127-8 – Decisão: i) por votação majoritária, deu pela procedência parcial da ação para declarar a inconstitucionalidade da expressão "e controle", contida no § 4º do art. 7º, vencidos os Senhores Ministros Relator, Ricardo Lewandowski, Carlos Britto e Sepúlveda Pertence, sendo que este último também declarava a inconstitucionalidade da expressão "e presídios", no que foi acompanhado pelo Senhor Ministro Celso de Mello. (Plenário, 17.5.2006 – *DOU* de 26.5.2006). O entendimento é de que a OAB não deve controlar as salas especiais destinadas a advogados nos órgãos públicos.

§ 5º. No caso de ofensa a inscrito na OAB, no exercício da profissão ou de cargo de função de órgão da OAB, o conselho competente deve promover o desagravo público do ofendido, sem prejuízo da responsabilidade criminal em que incorrer o infrator.

§ 6º. Presentes indícios de autoria e materialidade da prática de crime por parte de advogado, a autoridade judiciária competente poderá decretar a quebra da inviolabilidade de que trata o inciso II do *caput* deste artigo, em decisão motivada, expedindo mandado de busca e apreensão, específico e pormenorizado, a ser cumprido na presença de representante da OAB, sendo, em qualquer hipótese, vedada a utilização dos documentos, das mídias e dos objetos pertencentes a clientes do advogado averiguado, bem como dos demais instrumentos de trabalho que contenham informações sobre clientes.

(*) § 6º acrescido pela Lei nº 11.767, de 7.8.2008.

§ 7º. A ressalva constante do § 6º deste artigo não se estende a clientes do advogado averiguado que estejam sendo formalmente investigados como seus partícipes ou coautores pela prática do mesmo crime que deu causa à quebra da inviolabilidade.

(*) § 7º acrescido pela Lei nº 11.767, de 7.8.2008.

§ 8º. (Vetado).

(*) § 8º acrescido pela Lei nº 11.767, de 7.8.2008.

§ 9º. (Vetado).

(*) § 9º acrescido pela Lei nº 11.767, de 7.8.2008.

§ 10. Nos autos sujeitos a sigilo, deve o advogado apresentar procuração para o exercício dos direitos de que trata o inciso XIV.

(*) § 10 acrescido pela Lei nº 13.245, de 12.1.2016.

§ 11. No caso previsto no inciso XIV, a autoridade competente poderá delimitar o acesso do advogado aos elementos de prova relacionados a diligências em andamento e ainda não documentados nos autos, quando houver risco de comprometimento da eficiência, da eficácia ou da finalidade das diligências.

(*) § 11 acrescido pela Lei nº 13.245, de 12.1.2016.

§ 12. A inobservância aos direitos estabelecidos no inciso XIV, o fornecimento incompleto de autos ou o fornecimento de autos em que houve a retirada de peças já incluídas no caderno investigativo implicará responsabilização criminal e funcional por abuso de autoridade do responsável que impedir o acesso do advogado com o intuito de prejudicar o exercício da defesa, sem prejuízo do direito subjetivo do advogado de requerer acesso aos autos ao juiz competente.

(*) § 12 acrescido pela Lei nº 13.245, de 12.1.2016.

Capítulo III
DA INSCRIÇÃO

(*) V. arts. 20 a 26 do Regulamento Geral do Estatuto.

Art. 8º. Para inscrição como advogado é necessário:

I – capacidade civil;

II – diploma ou certidão de graduação em direito, obtido em instituição de ensino oficialmente autorizada e credenciada;

III – título de eleitor e quitação do serviço militar, se brasileiro;

IV – aprovação em Exame de Ordem;

V – não exercer atividade incompatível com a advocacia;

VI – idoneidade moral;

VII – prestar compromisso perante o Conselho.

§ 1º. O Exame de Ordem é regulamentado em provimento de Conselho Federal a OAB.

§ 2º. O estrangeiro ou brasileiro, quando não graduado em direito no Brasil, deve fazer prova do título de graduação, obtido em instituição estrangeira, devidamente revalidado, além de atender aos demais requisitos previstos neste artigo.

§ 3º. A inidoneidade moral, suscitada por qualquer pessoa, deve ser declarada mediante decisão que obtenha no mínimo 2/3 (dois terços) dos votos de todos os membros do conselho competente, em procedimento que observe os termos do processo disciplinar.

§ 4º. Não atende ao requisito de idoneidade moral aquele que tiver sido condenado por crime infamante, salvo com reabilitação judicial.

Art. 9º. Para inscrição como estagiário é necessário:

I – preencher os requisitos mencionados nos incisos I, III, V, VI e VII do art. 8º;

II – ter sido admitido em estágio profissional de advocacia.

§ 1º. O estágio profissional de advocacia com duração de 2 (dois) anos, realizado nos últimos anos do curso jurídico, pode ser mantido pelas respectivas instituições de ensino superior, pelos Conselhos da OAB, ou por setores, órgãos jurídicos e escritórios de advocacia credenciados pela OAB, sendo obrigatório o estudo deste Estatuto e do Código de Ética e Disciplina.

§ 2º. A inscrição do estagiário é feita no Conselho Seccional em cujo território se localize seu curso jurídico.

§ 3º. O aluno de curso jurídico que exerça atividade incompatível com a advocacia pode frequentar o estágio ministrado pela respectiva instituição de ensino superior, para fins de aprendizagem, vedada a inscrição na OAB.

§ 4º. O estágio profissional poderá ser cumprido por bacharel em Direito que queira se inscrever na Ordem.

Art. 10. A inscrição principal do advogado deve ser feita no Conselho Seccional em cujo território pretende estabelecer o seu domicílio profissional, na forma do Regulamento Geral.

§ 1º. Considera-se domicílio profissional a sede principal da atividade de advocacia, prevalecendo, na dúvida, o domicílio da pessoa física do advogado.

§ 2º. Além da principal, o advogado deve promover a inscrição suplementar nos Conselhos Seccionais em cujos territórios passar a exercer habitualmente a profissão, considerando-se habitualidade a intervenção judicial que exceder de 5 (cinco) causas por ano.

§ 3º. No caso de mudança efetiva do domicílio profissional para outra unidade federativa, deve o advogado requerer a transferência de sua inscrição para o Conselho Seccional correspondente.

§ 4º. O Conselho Seccional deve suspender o pedido de transferência ou de inscrição suplementar, ao verificar a existência de vício ou ilegalidade na inscrição principal, contra ela representando ao Conselho Federal.

Art. 11. Cancela-se a inscrição de profissional que:

I – assim o requerer;

II – sofrer penalidade de exclusão;

III – falecer;

IV – passar a exercer, em caráter definitivo, atividade incompatível com a advocacia;

V – perder qualquer um dos requisitos necessários para inscrição.

§ 1º. Ocorrendo uma das hipóteses dos incisos II, III e IV, o cancelamento deve ser promovido, de ofício, pelo Conselho competente ou em virtude de comunicação por qualquer pessoa.

§ 2º. Na hipótese de novo pedido de inscrição – que não restaura o número de inscrição anterior – deve o interessado fazer prova dos requisitos dos incisos I, V, VI e VII do art. 8º.

§ 3º. Na hipótese do inciso II deste artigo, o novo pedido de inscrição também deve ser acompanhado de provas de reabilitação.

Art. 12. Licencia-se o profissional que:

I – assim o requerer, por motivo justificado;

II – passar a exercer, em caráter temporário, atividade incompatível com o exercício da advocacia;

III – sofrer doença mental considerada curável.

Art. 13. O documento de identidade profissional, na forma prevista no Regulamento Geral, é de uso obrigatório no exercício de atividade de advogado ou de estagiário e constitui prova de identidade civil para todos os fins legais.

Art. 14. É obrigatória a indicação do nome e do número de inscrição em todos os documentos assinados pelo advogado, no exercício de sua atividade.

Parágrafo único. É vedado anunciar ou divulgar qualquer atividade relacionada com o exercício da advocacia ou o uso da expressão "escritório de advocacia", sem indicação expressa do nome e do número de inscrição dos advogados que o integrem ou o número de registro da sociedade de advogados na OAB.

Capítulo IV
DA SOCIEDADE DE ADVOGADOS

(*) V. Provimento nº 91/2000.

(*) V. arts. 37 a 43 do Regulamento Geral do Estatuto.

Art. 15. Os advogados podem reunir-se em sociedade simples de prestação de serviços de advocacia ou constituir sociedade unipessoal de advocacia, na forma disciplinada nesta Lei e no regulamento geral.

(*) Art. 15 com redação dada pela Lei nº 13.247, de 12.1.2016.

§ 1º. A sociedade de advogados e a sociedade unipessoal de advocacia adquirem personalidade jurídica com o registro aprovado dos seus atos constitutivos no Conselho Seccional da OAB em cuja base territorial tiver sede.

(*) § 1º com redação dada pela Lei nº 13.247, de 12.1.2016.

§ 2º. Aplica-se à sociedade de advogados e à sociedade unipessoal de advocacia o Código de Ética e Disciplina, no que couber.

(*) § 2º com redação dada pela Lei nº 13.247, de 12.1.2016.

§ 3º. As procurações devem ser outorgadas individualmente aos advogados e indicar a sociedade de que façam parte.

§ 4º. Nenhum advogado pode integrar mais de uma sociedade de advogados, constituir mais de uma sociedade unipessoal de advocacia, ou integrar, simultaneamente, uma sociedade de advogados e uma sociedade unipessoal de advocacia, com sede ou filial na mesma área territorial do respectivo Conselho Seccional.

(*) § 4º com redação dada pela Lei nº 13.247, de 12.1.2016.

§ 5º. O ato de constituição de filial deve ser averbado no registro da sociedade e arquivado no Conselho Seccional onde se instalar, ficando os sócios, inclusive o titular da sociedade unipessoal de advocacia, obrigados à inscrição suplementar.

(*) § 5º com redação dada pela Lei nº 13.247, de 12.1.2016.

§ 6º. Os advogados sócios de uma mesma sociedade profissional não podem representar em juízo clientes de interesses opostos.

§ 7º. A sociedade unipessoal de advocacia pode resultar da concentração por um advogado das quotas de uma sociedade de advogados, independentemente das razões que motivaram tal concentração.

(*) § 7º acrescido pela Lei nº 13.247, de 12.1.2016.

Art. 16. Não são admitidas a registro nem podem funcionar todas as espécies de sociedades de advogados que apresentem forma ou características de sociedade empresária, que adotem denominação de fantasia, que realizem atividades estranhas à advocacia, que incluam como sócio ou titular de sociedade unipessoal de advocacia pessoa não inscrita como advogado ou totalmente proibida de advogar.

(*) Art. 16 com redação dada pela Lei nº 13.247, de 12.1.2016.

§ 1º. A razão social deve ter, obrigatoriamente, o nome de, pelo menos, um advogado responsável pela sociedade, podendo permanecer o de sócio falecido, desde que prevista tal possibilidade no ato constitutivo.

§ 2º. O licenciamento do sócio para exercer atividade incompatível com a advocacia em caráter temporário deve ser averbado no registro da sociedade, não alterando sua constituição.

§ 3º. É proibido o registro, nos cartórios de registro civil de pessoas jurídicas e nas juntas comerciais, de sociedade que inclua, entre outras finalidades, a atividade de advocacia.

§ 4º. A denominação da sociedade unipessoal de advocacia deve ser obrigatoriamente formada pelo nome do seu titular, completo ou parcial, com a expressão "Sociedade Individual de Advocacia".

(*) § 4º acrescido pela Lei nº 13.247, de 12.1.2016.

Art. 17. Além da sociedade, o sócio e o titular da sociedade individual de advocacia respondem subsidiária e ilimitadamente pelos danos causados aos clientes por ação ou omissão no exercício da advocacia, sem prejuízo da responsabilidade disciplinar em que possam incorrer.

(*) Art. 17 com redação dada pela Lei nº 13.247, de 12.1.2016.

Capítulo V
DO ADVOGADO EMPREGADO

(*) A Lei nº 9.527, de 10.12.1997, derrogou todo o Capítulo V com relação aos advogados de entidades da Administração Pública direta ou indireta, assim dispondo:

"**Art. 4º.** As disposições constantes do Capítulo V, Título I, da Lei nº 8.906, de 4 de julho de 1994, não se aplicam à Administração Pública direta da União, dos Estados, do Distrito Federal e dos Municípios, bem como às suas autarquias, às fundações instituídas pelo Poder Público, às empresas públicas e às sociedades de economia mista."

Art. 18. A relação de emprego, na qualidade de advogado, não retira a isenção técnica nem reduz a independência profissional inerentes à advocacia.

Parágrafo único. O advogado empregado não está obrigado à prestação de serviços profissionais de interesse pessoal dos empregadores, fora da relação de emprego.

Art. 19. O salário mínimo profissional do advogado será fixado em sentença normativa, salvo se ajustado em acordo ou convenção coletiva de trabalho.

Art. 20. A jornada de trabalho do advogado empregado, no exercício da profissão, não poderá exceder a duração diária de 4 (quatro) horas contínuas e a de 20 (vinte) horas semanais, salvo acordo ou convenção coletiva ou em caso de dedicação exclusiva.

§ 1º. Para efeitos deste artigo, considera-se como período de trabalho o tempo em que o advogado estiver à disposição do empregador, aguardando ou executando ordens, no seu escritório ou em atividades externas, sendo-lhe reembolsadas as despesas feitas com transporte, hospedagem e alimentação.

§ 2º. As horas trabalhadas que excederem a jornada normal são remuneradas por um adicional não inferior a 100% (cem por cento) sobre o valor da hora normal, mesmo havendo contrato escrito.

§ 3º. As horas trabalhadas no período das 20 (vinte) horas de um dia até as 5 (cinco) horas do dia seguinte são remuneradas como noturnas, acrescidas do adicional de 25% (vinte e cinco por cento).

Art. 21. Nas causas em que for parte o empregador, ou pessoa por este representada, os honorários de sucumbência, são devidos aos advogados empregados.

Parágrafo único. Os honorários de sucumbência, percebidos por advogado empregado de sociedade de advogados são partilhados entre ele e a empregadora, na forma estabelecida em acordo.

(*) Na ADIn nº 1.194-4, o STF decidiu limitar a aplicação do parágrafo único do art. 21 aos casos em que não haja estipulação contratual em contrário.

Capítulo VI
DOS HONORÁRIOS ADVOCATÍCIOS

(*) V. art. 14 do Regulamento Geral do Estatuto.

Art. 22. A prestação de serviço profissional assegura aos inscritos na OAB o direito aos honorários convencionados, aos fixados por arbitramento judicial e aos de sucumbência.

§ 1º. O advogado, quando indicado para patrocinar causa de juridicamente necessitado, no caso de impossibilidade da Defensoria Pública no local da prestação de serviço, tem direito aos honorários fixados pelo juiz, segundo tabela organizada pelo Conselho Seccional da OAB, e pagos pelo Estado.

§ 2º. Na falta de estipulação ou de acordo, os honorários são fixados por arbitramento judicial, em remuneração compatível com o trabalho e o valor econômico da questão, não podendo ser inferiores aos estabelecidos na tabela organizada pelo Conselho Seccional da OAB.

§ 3º. Salvo estipulação em contrário, 1/3 (um terço) dos honorários é devido no início do serviço, outro terço até a decisão de primeira instância e o restante no final.

§ 4º. Se o advogado fizer juntar aos autos de seu contrato de honorários antes de expedir-se o mandado de levantamento ou precatório, o juiz deve determinar que lhe sejam pagos diretamente, por dedução de quantia a ser recebida pelo constituinte, salvo se este provar que já os pagou.

§ 5º. O disposto neste artigo não se aplica quando se tratar de mandato outorgado por advogado para defesa em processo oriundo de ato ou omissão praticada no exercício da profissão.

Art. 23. Os honorários incluídos na condenação, por arbitramento ou sucumbência, pertencem ao advogado, tendo este direito autônomo para executar a sentença nesta parte, podendo requerer que o precatório, quando necessário, seja expedido em seu favor.

Art. 24. A decisão judicial que fixar ou arbitrar honorários e o contrato escrito que os estipular são títulos executivos e constituem crédito privilegiado na falência, concordata, concurso de credores, insolvência civil e liquidação extrajudicial.

§ 1º. A execução dos honorários pode ser promovida nos mesmos autos da ação em que tenha atuado o advogado, se assim lhe convier.

§ 2º. Na hipótese de falecimento ou incapacidade civil do advogado, os honorários de sucumbência, proporcionais ao trabalho realizado, são recebidos por seus sucessores ou representantes legais.

§ 3º. [É nula qualquer disposição, cláusula, regulamento ou convenção individual ou coletiva que retire do advogado o direito ao recebimento dos honorários de sucumbência.]

(*) Na ADIn nº 1.194-4, o STF declarou a inconstitucionalidade deste dispositivo em conformidade à interpretação dada ao parágrafo único do art. 21 desta Lei (j. em 20.5.2009).

§ 4º. O acordo feito pelo cliente do advogado e a parte contrária, salvo aquiescência do profissional, não lhe prejudica os honorários, quer os convencionados, quer os concedidos por sentença.

Art. 25. Prescreve em 5 (cinco) anos a ação de cobrança de honorários de advogado, contado o prazo:

I – do vencimento do contrato, se houver;

II – do trânsito em julgado da decisão que os fixar;

III – da ultimação do serviço extrajudicial;

IV – da desistência ou transação;

V – da renúncia ou revogação do mandato.

Art. 25-A. Prescreve em cinco anos a ação de prestação de contas pelas quantias recebidas pelo advogado de seu cliente, ou de terceiros por conta dele (art. 34, XXI).

(*) Art. 25-A acrescido pela Lei nº 11.902, de 12.1.2009.

Art. 26. O advogado substabelecido, com reserva de poderes, não pode cobrar honorários sem a intervenção daquele que lhe conferiu o substabelecimento.

Capítulo VII
DAS INCOMPATIBILIDADES E IMPEDIMENTOS

(*) V. art. 2º, parágrafo único, do Regulamento Geral do Estatuto.

Art. 27. A incompatibilidade determina a proibição total, e o impedimento, a proibição parcial do exercício da advocacia.

Art. 28. A advocacia é incompatível, mesmo em causa própria, com as seguintes atividades:

I – chefe do Poder Executivo e membros da Mesa de Poder Legislativo e seus substitutos legais;

II – membros de órgãos do Poder Judiciário, do Ministério Público, dos tribunais e conselhos de contas, dos juizados especiais, da justiça de paz, juízes classistas, bem como de todos os que exerçam função de julgamento em órgãos de deliberação coletiva da administração pública direta ou indireta;

(*) ADIn nº 1.127-8 – Decisão: j) por maioria, julgou parcialmente procedente a ação, quanto ao inciso II do art. 28, para excluir apenas os juízes eleitorais e seus suplentes, vencido o Senhor Ministro Marco Aurélio; (Plenário, 17.5.2006 – *DOU* de 26.5.2006). Assim, podem advogar, os juízes eleitorais e seus suplentes.

III – ocupantes de cargos ou funções de direção em órgãos da Administração Pública direta ou indireta, em suas fundações e em suas empresas controladas ou concessionárias de serviço público;

IV – ocupantes de cargos ou funções vinculadas direta ou indiretamente a qualquer órgão do Poder Judiciário e os que exercem serviços notariais e de registro;

V – ocupantes de cargos ou funções vinculadas direta ou indiretamente a atividade policial de qualquer natureza;

VI – militares de qualquer natureza, na ativa;

VII – ocupantes de cargos ou funções que tenham competência de lançamento, arrecadação ou fiscalização de tributos e contribuições parafiscais;

VIII – ocupantes de funções de direção e gerência em instituições financeiras, inclusive privadas.

§ 1º. A incompatibilidade permanece mesmo que o ocupante do cargo ou função deixe de exercê-lo temporariamente.

§ 2º. Não se incluem nas hipóteses do inciso III os que não detenham poder de decisão relevante sobre interesses de terceiro, a juízo do Conselho competente da OAB, bem como a administração acadêmica diretamente relacionada ao magistério jurídico.

Art. 29. Os Procuradores Gerais, Advogados Gerais, Defensores Gerais e dirigentes de órgãos jurídicos da Administração Pública direta, indireta e fundacional são exclusivamente legitimados para o exercício da advocacia vinculada à função que exerçam, durante o período da investidura.

Art. 30. São impedidos de exercer a advocacia:

I – os servidores da administração direta, indireta e fundacional, contra a Fazenda Pública que os remunere ou à qual seja vinculada a entidade empregadora;

II – os membros do Poder Legislativo, em seus diferentes níveis, contra ou a favor das pessoas jurídicas de direito público, empresas públicas, sociedades de economia mista, fundações públicas, entidades paraestatais ou empresas concessionárias ou pemissionárias de serviço público.

Parágrafo único. Não se incluem nas hipóteses do inciso I os docentes dos cursos jurídicos.

Capítulo VIII
DA ÉTICA DO ADVOGADO

(*) V. Código de Ética e Disciplina.

Art. 31. O advogado deve proceder de forma que o torne merecedor de respeito e que contribua para o prestígio da classe e da advocacia.

§ 1º. O advogado, no exercício da profissão, deve manter independência em qualquer circunstância.

§ 2º. Nenhum receio de desagradar a magistrado ou a qualquer autoridade, nem incorrer em impopularidade, deve deter o advogado no exercício da profissão.

Art. 32. O advogado é responsável pelos atos que, no exercício profissional, praticar dolo ou culpa.

Parágrafo único. Em caso de lide temerária, o advogado será solidariamente responsável com seu cliente, desde que coligado com este para lesar a parte contrária, o que será apurado em ação própria.

Art. 33. O advogado obriga-se a cumprir rigorosamente os deveres consignados no Código de Ética e Disciplina.

Parágrafo único. O Código de Ética e Disciplina regula os deveres do advogado para com a comunidade, o cliente, o outro profissional e, ainda, a publicidade, a recusa do patrocínio, o dever de assistência jurídica, o dever geral de urbanidade e os respectivos procedimentos disciplinares.

(*) V. Provimento nº 94/2000.

Capítulo IX
DAS INFRAÇÕES E SANÇÕES DISCIPLINARES

Art. 34. Constitui infração disciplinar:

I – exercer a profissão, quando impedido de fazê-lo, ou facilitar, por qualquer meio, o seu exercício aos não inscritos, proibidos ou impedidos;

II – manter sociedade profissional fora das normas e preceitos estabelecidos nesta Lei;

III – valer-se de agenciador de causas, mediante participação nos honorários a receber;

IV – angariar ou captar causas, com ou sem intervenção de terceiros;

V – assinar qualquer escrito destinado a processo judicial ou para fim extrajudicial que não tenha feito, ou em que não tenha colaborado;

VI – advogar contra literal disposição de lei, presumindo-se a boa-fé quando fundamentada a inconstitucionalidade, na injustiça da lei ou em pronunciamento judicial anterior;

VII – violar, sem justa causa, sigilo profissional;

VIII – estabelecer entendimento com a parte adversa sem autorização do cliente ou ciência do advogado contrário;

IX – prejudicar, por culpa grave, interesse confiado ao seu patrocínio;

X – acarretar, conscientemente, por ato próprio, anulação ou a nulidade do processo em que funcione;

XI – abandonar a causa sem justo motivo ou antes de decorridos 10 (dez) dias da comunicação da renúncia;

XII – recusar-se a prestar, sem justo motivo, assistência jurídica, quando nomeado em virtude de impossibilidade da Defensoria Pública;

XIII – fazer publicar na imprensa, desnecessária e habitualmente, alegações forenses ou relativas a causas pendentes;

XIV – deturpar o teor de dispositivo de lei, de citação doutrinária ou de julgado, bem como de depoimentos, documentos e alegações da parte contrária, para confundir o adversário ou iludir o juiz da causa;

XV – fazer, em nome do constituinte, sem autorização escrita deste, imputação a terceiro de fato definido como crime;

XVI – deixar de cumprir, no prazo estabelecido, determinação emanada do órgão ou de autoridade da Ordem, em matéria da competência desta, depois de regularmente notificado;

XVII – prestar concurso a clientes ou a terceiros para realização de ato contrário à lei ou destinado a fraudá-la;

XVIII – solicitar ou receber de constituinte qualquer importância para aplicação ilícita ou desonesta;

XIX – receber valores, da parte contrária ou de terceiro, relacionados com o objeto de mandato, sem expressa autorização do constituinte;

XX – locupletar-se, por qualquer forma, à custa do cliente ou da parte adversa, por si ou interposta pessoa;

XXI – recusar-se, injustificadamente, a prestar contas ao cliente de quantias recebidas dele ou de terceiros por conta dele;

XXII – reter, abusivamente, ou extraviar autos recebidos com vista ou em confiança;

XXIII – deixar de pagar as contribuições, multas e preços de serviços devidos à OAB, depois de regularmente notificado a fazê-lo;

XXIV – incidir em erros reiterados que evidenciem inépcia profissional;

XXV – manter conduta incompatível com a advocacia;

XXVI – fazer falsa prova de qualquer dos requisitos para inscrição na OAB;

XXVII – tornar-se moralmente inidôneo para o exercício da advocacia;

XXVIII – praticar crime infamante;

XXIX – praticar, o estagiário, ato excedente de sua habilitação.

Parágrafo único. Inclui-se na conduta incompatível:

a) prática reiterada de jogo de azar, não autorizado por lei;

b) incontinência pública e escandalosa;

c) embriaguez ou toxicomania habituais.

Art. 35. As sanções disciplinares consistem em:

I – censura;

II – suspensão;

III – exclusão;

IV – multa.

Parágrafo único. As sanções devem constar dos assentamentos do inscrito, após o trânsito em julgado na decisão, não podendo ser objeto de publicidade a de censura.

Art. 36. A censura é aplicável nos casos de:

I – infrações definidas nos incisos I a XVI e XXIX do art. 34;

II – violação a preceito do Código de Ética e Disciplina;

III – violação a preceito desta Lei, quando para a infração não se tenha estabelecido sanção mais grave.

Parágrafo único. A censura pode ser convertida em advertência, em ofício reservado, sem registro dos assentamentos do inscrito, quando presente circunstância atenuante.

Art. 37. A suspensão é aplicável nos casos de:

I – infrações definidas nos incisos XVII a XXV do art. 34;

II – reincidência em infração disciplinar.

§ 1º. A suspensão acarreta ao infrator a interdição do exercício profissional, em todo o território nacional, pelo prazo de 30 (trinta) dias a 12 (doze) meses, de acordo com os critérios de individualização previstos neste capítulo.

§ 2º. Nas hipóteses dos incisos XXI e XXIII do art. 34, a suspensão perdura até que satisfaça integralmente a dívida, inclusive com correção monetária.

§ 3º. Na hipótese do inciso XXIV do art. 34, a suspensão perdura até que preste novas provas de habilitação.

Art. 38. A exclusão é aplicável nos casos de:

I – aplicação por 3 (três) vezes, de suspensão;

II – infrações definidas nos incisos XXVI a XXVIII do art. 34.

Parágrafo único. Para a aplicação da sanção disciplinar de exclusão é necessária a manifestação favorável de 2/3 (dois terços) dos membros do Conselho Seccional competente.

Art. 39. A multa, variável entre o mínimo correspondente ao valor de uma anuidade e o máximo de seu décuplo, é aplicável cumulativamente com a censura ou suspensão, em havendo circunstâncias agravantes.

Art. 40. Na aplicação das sanções disciplinares são consideradas, para fins de atenuação, as seguintes circunstâncias, entre outras:

I – falta cometida na defesa de prerrogativa profissional;

II – ausência de punição disciplinar anterior;

III – exercício assíduo e proficiente de mandato ou cargo em qualquer órgão da OAB;

IV – prestação de relevantes serviços à advocacia ou à causa pública.

Parágrafo único. Os antecedentes profissionais do inscrito, as atenuantes, o grau de culpa por ele revelada, as circunstâncias e as consequências da infração são considerados para o fim de decidir:

a) sobre a conveniência da aplicação cumulativa da multa e de outra sanção disciplinar;

b) sobre o tempo de suspensão e o valor da multa aplicáveis.

Art. 41. É permitido ao que tenha sofrido qualquer sanção disciplinar requerer, um ano após o seu cumprimento, a reabilitação, em face de provas efetivas de bom comportamento.

Parágrafo único. Quando a sanção disciplinar resultar da prática de crime, o pedido de reabilitação depende também da correspondente reabilitação criminal.

Art. 42. Fica impedido de exercer o mandato o profissional a quem forem aplicadas as sanções disciplinares de suspensão ou exclusão.

Art. 43. A pretensão à punibilidade das infrações disciplinares prescreve em 5 (cinco) anos, contados da data de constatação oficial do fato.

§ 1º. Aplica-se a prescrição a todo o processo disciplinar paralisado por mais de 3 (três) anos, pendente de despacho ou julgamento, devendo ser arquivado de ofício, ou a requerimento da parte interessada, sem prejuízo de serem apuradas as responsabilidades pela paralisação.

§ 2º. A prescrição interrompe-se:

I – pela instauração de processo disciplinar ou pela notificação válida feita diretamente ao representado;

II – pela decisão condenatória recorrível de qualquer órgão julgador da OAB.

TÍTULO II
DA ORDEM DOS ADVOGADOS DO BRASIL

Capítulo I
DOS FINS E DA ORGANIZAÇÃO

(*) V. arts. 44 a 54 do Regulamento Geral do Estatuto.

Art. 44. A Ordem dos Advogados do Brasil – OAB, serviço público, dotada de personalidade jurídica e forma federativa, tem por finalidade:

I – defender a Constituição, a ordem jurídica do Estado democrático de direito, os direitos humanos, a justiça social, e pugnar pela boa aplicação das leis, pela rápida administração da justiça e pelo aperfeiçoamento da cultura e das instituições jurídicas;

II – promover, com exclusividade, a representação, a defesa, a seleção e a disciplina dos advogados em toda a República Federativa do Brasil.

§ 1º. A OAB não mantém com órgãos da Administração Pública qualquer vínculo funcional ou hierárquico.

§ 2º. O uso da sigla "OAB" é privativo da Ordem dos Advogados do Brasil.

Art. 45. São órgãos da OAB:

I – o Conselho Federal;

II – os Conselhos Seccionais;

III – as Subseções;

IV – as Caixas de Assistência dos Advogados.

§ 1º. O Conselho Federal, dotado de personalidade jurídica própria, com sede na capital da República, é órgão supremo da OAB.

§ 2º. Os Conselhos Seccionais, dotados de personalidade jurídica própria, têm jurisdição sobre os respectivos territórios dos Estados-membros, do Distrito Federal e dos Territórios.

§ 3º. As Subseções são partes autônomas do Conselho Seccional, na forma desta Lei e de seu ato constitutivo.

§ 4º. As Caixas de Assistência dos Advogados, dotadas de personalidade jurídica própria, são criadas pelos Conselhos Seccionais, quando estes contarem com mais de 1.500 (mil e quinhentos) inscritos.

§ 5º. A OAB, por constituir serviço público, goza de imunidade tributária total em relação a seus bens, rendas e serviços.

§ 6º. Os atos conclusivos dos órgãos da OAB, salvo quando reservados ou de administração interna, devem ser publicados na imprensa oficial ou afixados no fórum, na íntegra ou em resumo.

Art. 46. Compete à OAB fixar e cobrar, de seus inscritos, contribuições, preços de serviços e multas.

Parágrafo único. Constitui título executivo extrajudicial a certidão passada pela diretoria do Conselho competente, relativa a crédito previsto neste artigo.

Art. 47. O pagamento da contribuição anual à OAB isenta os inscritos nos seus quadros do pagamento obrigatório da contribuição sindical.

(*) ADIn nº 2.522-8 – Julgada improcedente, por unanimidade. O STF entendeu que os advogados estão isentos do pagamento de contribuição sindical, uma vez que são obrigados ao pagamento da anualidade da OAB.

Art. 48. O cargo de conselheiro ou de membro de diretoria de órgão da OAB é de exercício gratuito e obrigatório, considerado serviço público relevante, inclusive para fins de disponibilidade e aposentadoria.

Art. 49. Os Presidentes dos Conselhos e das Subseções da OAB têm legitimidade para agir, judicial e extrajudicialmente, contra qualquer pessoa que infringir as disposições ou os fins desta Lei.

Parágrafo único. As autoridades mencionadas no *caput* deste artigo têm, ainda, legitimidade para intervir, inclusive como assistentes, nos inquéritos e processos em que sejam indiciados, acusados ou ofendidos os inscritos na OAB.

Art. 50. Para os fins desta Lei, os Presidentes dos Conselhos da OAB e das Subseções podem requisitar cópias de peças de autos e documentos a qualquer tribunal, magistrado, cartório e órgão da Administração Pública direta, indireta e fundacional.

(*) ADIn nº 1.127-8 – Decisão: k) por votação majoritária, quanto ao art. 50, julgou parcialmente procedente a ação para, sem redução de texto, dar interpretação conforme ao dispositivo, de modo a fazer compreender a palavra "requisitar" como dependente de motivação, compatibilização com as finalidades da lei e atendimento de custos desta requisição. (Plenário, 17.5.2006 – *DOU* de 26.5.2006). A ADIn deu interpretação conforme a Constituição. O advogado, ao requisitar cópias de peças de autos e documentos a qualquer Tribunal, deve motivar o pedido, desde que compatível com a lei e se responsabilizar pelos custos da requisição, ressalvados os documentos sigilosos.

Capítulo II
DO CONSELHO FEDERAL

(*) V. arts. 62 a 104 do Regulamento Geral do Estatuto.

Art. 51. O Conselho Federal compõe-se:

I – dos conselheiros federais, integrantes das delegações de cada unidade federativa;

II – dos seus ex-Presidentes, na qualidade de membros honorários vitalícios.

§ 1º. Cada delegação é formada por 3 (três) conselheiros federais.

§ 2º. Os ex-Presidentes têm direito apenas a voz nas sessões.

Art. 52. Os presidentes dos Conselhos Seccionais, nas sessões do Conselho Federal, têm lugar reservado junto à delegação respectiva e direito somente a voz.

Art. 53. O Conselho Federal tem sua estrutura e funcionamento definidos no Regulamento Geral da OAB.

§ 1º. O Presidente, nas deliberações do Conselho, tem apenas o voto de qualidade.

§ 2º. O voto é tomado por delegação, e não pode ser exercido nas matérias de interesse da unidade que represente.

§ 3º. Na eleição para a escolha da Diretoria do Conselho Federal, cada membro da delegação terá direito a 1 (um) voto, vedado aos membros honorários vitalícios.

(*) § 3º acrescido pela Lei nº 11.179, de 22.9.2005.

Art. 54. Compete ao Conselho Federal:

I – dar cumprimento efetivo às finalidades da OAB;

II – representar, em juízo ou fora dele, os interesses coletivos ou individuais dos advogados;

III – velar pela dignidade, independência, prerrogativas e valorização da advocacia;

IV – representar, com exclusividade, os advogados brasileiros nos órgãos e eventos internacionais da advocacia;

V – editar e alterar o Regulamento Geral, o Código de Ética e Disciplina, e os Provimentos que julgar necessários;

VI – adotar medidas para assegurar o regular funcionamento dos Conselhos Seccionais;

VII – intervir nos Conselhos Seccionais, onde e quando constatar grave violação desta Lei ou Regulamento Geral;

VIII – cassar ou modificar, de ofício ou mediante representação, qualquer ato de órgão ou autoridade da OAB, contrário a esta Lei, ao Regulamento Geral, ao Código de Ética e Disciplina, e aos Provimentos, ouvida a autoridade ou o órgão em causa;

IX – julgar, em grau de recurso, as questões decididas pelos Conselhos Seccionais, nos casos previstos neste Estatuto e no Regulamento Geral;

X – dispor sobre a identificação dos inscritos na OAB e sobre os respectivos símbolos privativos;

XI – apreciar o relatório anual e deliberar sobre o balanço e as contas de sua diretoria;

XII – homologar ou mandar suprir relatório anual, o balanço e as contas dos Conselhos Seccionais;

XIII – elaborar as listas constitucionalmente previstas, para o preenchimento dos cargos nos tribunais judiciários de âmbito nacional ou interestadual, com advogados que estejam em pleno exercício da profissão, vedada a inclusão de nome de membro do próprio Conselho ou de outro órgão da OAB;

XIV – ajuizar ação direta de inconstitucionalidade de normas legais e atos normativos, ação civil pública, mandado de segurança coletivo, mandado de injunção e demais ações cuja legitimação lhe seja outorgada por lei;

XV – colaborar com o aperfeiçoamento dos cursos jurídicos, e opinar, previamente, nos pedidos apresentados aos órgãos competentes para criação, reconhecimento ou credenciamento desses cursos;

(*) O Decreto nº 5.773, de 9.5.2006, dispõe:

"**Art. 28.** As universidades e centros universitários, nos limites de sua autonomia, observado o disposto nos §§ 2º e 3º deste artigo, independem de autorização para funcionamento de curso superior, devendo informar à Secretaria competente os cursos abertos para fins de supervisão, avaliação e posterior reconhecimento, no prazo de sessenta dias. (...)

§ 2º. A criação de cursos de graduação em direito e em medicina, odontologia e psicologia, inclusive em universidades e centros universitários, deverá ser submetida, respectivamente, à manifestação do Conselho Federal da Ordem dos Advogados do Brasil ou do Conselho Nacional de Saúde, previamente à autorização pelo Ministério da Educação. [§ 2º com redação dada pelo Decreto nº 5.840, de 13.7.2006] (...)

Art. 31. A Secretaria competente receberá os documentos protocolados e dará impulso ao processo. (...)

§ 3º. A Secretaria oficiará o Conselho Federal da Ordem dos Advogados do Brasil ou o Conselho Nacional de Saúde, nas hipóteses do art. 28. (...)

Art. 36. O reconhecimento de cursos de graduação em direito e em medicina, odontologia e psicologia, deverá ser submetido, respectivamente, à manifestação do Conselho Federal da Ordem dos Advogados do Brasil ou do Conselho Nacional de Saúde. (...)."

XVI – autorizar, pela maioria absoluta das delegações, a oneração ou alienação de seus bens imóveis;

XVII – participar de concursos públicos, nos casos previstos na Constituição e na Lei, em todas as suas fases, quando tiverem abrangências nacional ou interestadual;

XVIII – resolver os casos omissos neste Estatuto.

Parágrafo único. A intervenção referida no inciso VII deste artigo depende de prévia aprovação por 2/3 (dois terços) das delegações, garantindo o amplo direito de defesa do Conselho Seccional respectivo, nomeando-se diretoria provisória para o prazo que se fixar.

Art. 55. A diretoria do Conselho Federal é composta de um Presidente, de um Vice-Presidente, de um Secretário-Geral, de um Secretário-Geral Adjunto e de um Tesoureiro.

§ 1º. O Presidente exerce a representação nacional e internacional da OAB, competindo-lhe convocar o Conselho Federal, presidi-lo, representá-lo ativa e passivamente, em juízo ou fora dele, promover-lhe a administração patrimonial e dar execução às suas decisões.

§ 2º. O Regulamento Geral define as atribuições dos membros da diretoria e a ordem de substituição em caso de vacância, licença, falta ou impedimento.

§ 3º. Nas deliberações do Conselho Federal, os membros da diretoria votam como membros de suas delegações, cabendo ao Presidente, apenas, o voto de qualidade e o direito de embargar a decisão, se esta não for unânime.

Capítulo III
DO CONSELHO SECCIONAL

(*) V. arts. 105 a 114 do Regulamento Geral do Estatuto.

Art. 56. O Conselho Seccional compõe-se de conselheiros em número proporcional ao de seus inscritos, segundo critérios estabelecidos no Regulamento Geral.

§ 1º. São membros honorários vitalícios os seus ex-Presidentes, somente com direito a voz em suas sessões.

§ 2º. O Presidente do Instituto dos Advogados local é membro honorário, somente com direito a voz nas sessões do Conselho.

§ 3º. Quando presentes às sessões do Conselho Seccional, o Presidente do Conselho Federal, os Conselheiros Federais integrantes da respectiva delegação, o Presidente da Caixa de Assistência dos Advogados e os Presidentes das Subseções, têm direito a voz.

Art. 57. O Conselho Seccional exerce e observa, no respectivo território, as competências, vedações e funções atribuídas ao Conselho Federal, no que couber e no âmbito de sua competência material e territorial, e as normas gerais estabelecidas nesta Lei, no Regulamento Geral, no Código de Ética e Disciplina, e nos Provimentos.

Art. 58. Compete privativamente ao Conselho Seccional:

I – editar seu Regimento Interno e Resoluções;

II – criar as Subseções e a Caixa de Assistência dos Advogados;

III – julgar, em grau de recurso, as questões decididas por seu Presidente, por sua diretoria, pelo Tribunal de Ética e Disciplina, pelas diretorias das Subseções e da Caixa de Assistência dos Advogados;

IV – fiscalizar a aplicação da receita, apreciar o relatório anual e deliberar sobre o balanço e as contas de sua diretoria, das diretorias das Subseções e da Caixa de Assistência dos Advogados;

V – fixar a tabela de honorários, válida para todo o território estadual;

VI – realizar o Exame de Ordem;

VII – decidir os pedidos de inscrição nos quadros de advogados e estagiários;

VIII – manter cadastro de seus inscritos;

IX – fixar, alterar e receber contribuições obrigatórias, preços de serviços e multas;

X – participar da elaboração dos concursos públicos, em todas as suas fases, nos casos previstos na Constituição e nas Leis, no âmbito do seu território;

XI – determinar, com exclusividade, critérios para o traje dos advogados, no exercício profissional;

XII – aprovar e modificar seu orçamento anual;

XIII – definir a composição e o funcionamento do Tribunal de Ética e Disciplina, e escolher seus membros;

XIV – eleger as listas, constitucionalmente previstas, para preenchimento dos cargos nos tribunais judiciários, no âmbito de sua competência e na forma do Provimento do Conselho Federal, vedada a inclusão de membros do próprio Conselho e de qualquer órgão da OAB;

XV – intervir nas Subseções e na Caixa de Assistência dos Advogados;

XVI – desempenhar outras atribuições previstas no Regulamento Geral.

Art. 59. A diretoria do Conselho Seccional tem composição idêntica e atribuições equivalentes às do Conselho Federal, na forma do Regimento Interno daquele.

Capítulo IV
DA SUBSEÇÃO

(*) V. arts. 115 a 120 do Regulamento Geral do Estatuto.

Art. 60. A Subseção pode ser criada pelo Conselho Seccional, que fixa sua área territorial e seus limites de competência e autonomia.

§ 1º. A área territorial da Subseção pode abranger um ou mais municípios, ou parte de município, inclusive da capital do Estado, contando com um mínimo de 15 (quinze) advogados, nela profissionalmente domiciliados.

§ 2º. A Subseção é administrada por uma diretoria, com atribuições e composição equivalentes às da diretoria do Conselho Seccional.

§ 3º. Havendo mais de 100 (cem) advogados, a Subseção pode ser integrada, também, por um Conselho em número de membros fixado pelo Conselho Seccional.

§ 4º. Os quantitativos referidos nos §§ 1º e 3º deste artigo podem ser ampliados, na forma do Regimento Interno do Conselho Seccional.

§ 5º. Cabe ao Conselho Seccional fixar, em seu orçamento, dotações específicas destinadas à manutenção das Subseções.

§ 6º. O Conselho Seccional, mediante o voto de 2/3 (dois terços) de seus membros, pode intervir nas Subseções, onde constatar grave violação desta Lei ou do Regimento Interno daquele.

Art. 61. Compete a Subseção, no âmbito de seu território:

I – dar cumprimento efetivo às finalidades da OAB;

II – velar pela dignidade, independência e valorização da advocacia, e fazer valer as prerrogativas do advogado;

III – representar a OAB perante os poderes constituídos;

IV – desempenhar as atribuições previstas no Regulamento Geral ou por delegação de competência do Conselho Seccional.

Parágrafo único. Ao Conselho da Subseção, quando houver, compete exercer as funções e atribuições do Conselho Seccional, na forma do Regimento Interno deste, e ainda:

a) editar seu Regimento Interno, a ser referendado pelo Conselho Seccional;

b) editar resoluções, no âmbito de sua competência;

c) instaurar e instruir processos disciplinares, para julgamento pelo Tribunal de Ética e Disciplina;

d) receber pedido de inscrição nos quadros de advogado e estagiário, instruindo e emitindo parecer prévio, para decisão do Conselho Seccional.

Capítulo V
DA CAIXA DE ASSISTÊNCIA DOS ADVOGADOS

(*) V. arts. 121 a 127 do Regulamento Geral do Estatuto.

Art. 62. A Caixa de Assistência dos Advogados, com personalidade jurídica própria, destina-se a prestar assistência aos inscritos no Conselho Seccional a que se vincule.

§ 1º. A Caixa é criada e adquire personalidade jurídica com a aprovação e registro de seu Estatuto pelo respectivo Conselho Seccional da OAB, na forma do Regulamento Geral.

§ 2º. A Caixa pode, em benefício dos advogados, promover a seguridade complementar.

§ 3º. Compete ao Conselho Seccional fixar contribuição obrigatória devida por seus inscritos, destinada à manutenção do disposto no parágrafo anterior, incidente sobre atos decorrentes do efetivo exercício da advocacia.

§ 4º. A diretoria da Caixa é composta de 5 (cinco) membros, com atribuições definidas no seu Regimento Interno.

§ 5º. Cabe à Caixa a metade da receita das anuidades recebidas pelo Conselho Seccional, considerado o valor resultante após as deduções regulamentares obrigatórias.

§ 6º. Em caso de extinção ou desativação da Caixa, seu patrimônio se incorpora ao do Conselho Seccional respectivo.

§ 7º. O Conselho Seccional, mediante voto de 2/3 (dois terços) de seus membros, pode intervir na Caixa de Assistência dos Advogados, no caso de descumprimento de suas finalidades, designando diretoria provisória, enquanto durar a intervenção.

Capítulo VI
DAS ELEIÇÕES E DOS MANDATOS

(*) V. arts. 128 a 137-C do Regulamento Geral do Estatuto.

Art. 63. A eleição dos membros de todos os órgãos da OAB será realizada na segunda quinzena do mês de novembro do último ano do mandato, mediante cédula única e votação direta dos advogados regularmente inscritos.

§ 1º. A eleição, na forma e segundo os critérios e procedimentos estabelecidos no Regulamento Geral, é de comparecimento obrigatório para todos os advogados inscritos na OAB.

§ 2º. O candidato deve comprovar situação regular junto à OAB, não ocupar cargo exonerável *ad nutum*, não ter sido condenado por infração disciplinar, salvo reabilitação, e exercer efetivamente a profissão há mais de cinco anos.

Art. 64. Consideram-se eleitos os candidatos integrantes da chapa que obtiver a maioria dos votos válidos.

§ 1º. A chapa para o Conselho Seccional deve ser composta dos candidatos ao

Conselho e à sua Diretoria e, ainda, à delegação ao Conselho Federal e à Diretoria da Caixa de Assistência dos Advogados para eleição conjunta.

§ 2º. A chapa para Subseção deve ser composta com os candidatos à diretoria, e de seu Conselho quando houver.

Art. 65. O mandato em qualquer órgão da OAB é de 3 (três) anos, iniciando-se em primeiro de janeiro do ano seguinte ao da eleição, salvo o Conselho Federal.

Parágrafo único. Os conselheiros federais eleitos iniciam seus mandatos em primeiro de fevereiro do ano seguinte ao da eleição.

Art. 66. Extingue-se o mandato automaticamente, antes do seu término, quando:

I – ocorrer qualquer hipótese de cancelamento de inscrição ou de licenciamento do profissional;

II – o titular sofrer condenação disciplinar;

III – o titular faltar, sem motivo justificado, a 3 (três) reuniões ordinárias consecutivas de cada órgão deliberativo do Conselho ou da diretoria da Subseção ou da Caixa de Assistência dos Advogados, não podendo ser reconduzido no mesmo período do mandato.

Parágrafo único. Extinto qualquer mandato, nas hipóteses deste artigo, cabe ao Conselho Seccional escolher o substituto, caso não haja suplente.

Art. 67. A eleição da Diretoria do Conselho Federal que tomará posse no dia 1º de fevereiro, obedecerá as seguintes regras:

I – será admitido registro, junto ao Conselho Federal, de candidatura à presidência, desde 6 (seis) meses até 1 (um) mês antes da eleição;

II – o requerimento de registro deverá vir acompanhado do apoiamento de, no mínimo, 6 (seis) Conselhos Seccionais;

III – até 1 (um) mês antes das eleições, deverá ser requerido o registro da chapa completa, sob pena de cancelamento da candidatura respectiva;

IV – no dia 31 de janeiro do ano seguinte ao da eleição, o Conselho Federal elegerá, em reunião presidida pelo conselheiro mais antigo, por voto secreto e para mandato de 3 (três) anos, sua diretoria, que tomará posse no dia seguinte;

(*) Inciso IV com redação dada pela Lei nº 11.179, de 22.9.2005.

V – será considerada eleita a chapa que obtiver maioria simples dos votos dos Conselheiros Federais, presente a metade mais 1 (um) de seus membros.

(*) Inciso V com redação dada pela Lei nº 11.179, de 22.9.2005.

Parágrafo único. Com exceção do candidato a Presidente, os demais integrantes da chapa deverão ser conselheiros federais eleitos.

TÍTULO III
DO PROCESSO NA OAB

Capítulo I
DISPOSIÇÕES GERAIS

Art. 68. Salvo disposição em contrário, aplicam-se subsidiariamente ao processo disciplinar as regras da legislação processual penal comum e, aos demais processos, as regras gerais do procedimento administrativo comum e da legislação processual civil, nessa ordem.

Art. 69. Todos os prazos necessários à manifestação de advogados, estagiários e terceiros, nos processos em geral da OAB, são de 15 (quinze) dias, inclusive para interposição de recursos.

§ 1º. Nos casos de comunicação por ofício reservado, ou de notificação pessoal, o prazo se conta a partir do dia útil imediato ao da notificação do recebimento.

§ 2º. Nos casos de publicação na imprensa oficial do ato ou da decisão, o prazo inicia-se no primeiro dia útil seguinte.

Capítulo II
DO PROCESSO DISCIPLINAR

Art. 70. O poder de punir disciplinarmente os inscritos na OAB compete exclusivamente ao Conselho Seccional em cuja base territorial tenha ocorrido a infração, salvo se a falta for cometida perante o Conselho Federal.

§ 1º. Cabe ao Tribunal de Ética e Disciplina, do Conselho Seccional competente, julgar os processos disciplinares, instruídos pelas Subseções ou por relatores do próprio Conselho.

§ 2º. A decisão condenatória irrecorrível deve ser imediatamente comunicada ao Conselho Seccional onde o representado tenha inscrição principal, para constar dos respectivos assentamentos.

§ 3º. O Tribunal de Ética e Disciplina do Conselho onde o acusado tenha inscrição principal pode suspendê-lo preventivamente, em caso de repercussão prejudicial à dignidade da advocacia, depois de ouvi-lo em sessão especial para a qual deve ser notificado a comparecer, salvo se não atender à notificação. Neste caso, o processo disciplinar deve ser concluído na prazo máximo de 90 (noventa) dias.

Art. 71. A jurisdição disciplinar não exclui a comum e, quando o fato constituir crime ou contravenção, deve ser comunicado às autoridades competentes.

Art. 72. O processo disciplinar instaura-se de ofício ou mediante representação de qualquer autoridade ou pessoa interessada.

§ 1º. O Código de Ética e Disciplina estabelece os critérios de admissibilidade da representação e os procedimentos disciplinares.

§ 2º. O processo disciplinar tramita em sigilo, até o seu término, só tendo acesso às suas informações as partes, seus defensores e a autoridade judiciária competente.

Art. 73. Recebida a representação, o Presidente deve designar relator, a quem compete a instrução do processo e o oferecimento de parecer preliminar a ser submetido ao Tribunal de Ética e Disciplina.

§ 1º. Ao representado deve ser assegurado amplo direito de defesa, podendo acompanhar o processo em todos os termos, pessoalmente ou por intermédio de procurador, oferecendo defesa prévia após ser notificado, razões finais após a instrução e defesa oral perante o Tribunal de Ética e Disciplina, por ocasião do julgamento.

§ 2º. Se, após a defesa prévia, o relator se manifestar pelo indeferimento liminar da representação, este deve ser decidido pelo Presidente do Conselho Seccional, para determinar seu arquivamento.

§ 3º. O prazo para defesa prévia pode ser prorrogado por motivo relevante, a juízo do relator.

§ 4º. Se o representado não for encontrado, ou for revel, o Presidente do Conselho ou da Subseção deverá designar-lhe defensor dativo;

§ 5º. É também permitida a revisão do processo disciplinar, por erro de julgamento ou por condenação baseada em falsa prova.

Art. 74. O Conselho Seccional pode adotar as medidas administrativas e judiciais pertinentes, objetivando a que o profissional suspenso ou excluído devolva os documentos de identificação.

Capítulo III
DOS RECURSOS

(*) V. arts. 137-D a 144-A do Regulamento Geral do Estatuto.

Art. 75. Cabe recurso ao Conselho Federal de todas as decisões definitivas proferidas pelo Conselho Seccional, quando não tenham sido unânimes ou, sendo unânimes contrariem esta Lei, decisão do Conselho Federal ou de outro

Conselho Seccional e, ainda, o Regulamento Geral, o Código de Ética e Disciplina e os Provimentos.

Parágrafo único. Além dos interessados, o Presidente do Conselho Seccional é legitimado a interpor o recurso referido neste artigo.

Art. 76. Cabe recurso ao Conselho Seccional de todas as decisões proferidas por seu Presidente, pelo Tribunal de Ética e Disciplina, ou pela diretoria da Subseção ou da Caixa de Assistência dos Advogados.

Art. 77. Todos os recursos têm efeito suspensivo, exceto quando tratarem de eleições (arts. 63 e seguintes), de suspensão preventiva decidida pelo Tribunal de Ética e Disciplina, e de cancelamento da inscrição obtida com falsa prova.

Parágrafo único. O Regulamento Geral disciplina o cabimento de recursos específicos, no âmbito de cada órgão julgador.

TÍTULO IV
DAS DISPOSIÇÕES GERAIS E TRANSITÓRIAS

Art. 78. Cabe ao Conselho Federal da OAB, por deliberação de 2/3 (dois terços), pelo menos, das delegações, editar o Regulamento Geral deste Estatuto, no prazo de 6 (seis) meses, contados da publicação desta Lei.

Art. 79. Aos servidores da OAB, aplica-se o regime trabalhista.

§ 1º. Aos servidores da OAB, sujeitos ao regime da Lei nº 8.112, de 11 de dezembro de 1990, é concedido o direito de opção pelo regime trabalhista, no prazo de 90 (noventa) dias a partir da vigência desta Lei, sendo assegurado aos optantes o pagamento de indenização, quando da aposentadoria, correspondente a 5 (cinco) vezes o valor da última remuneração.

(*) A Lei nº 8.112, de 11.12.1990, dispõe sobre o Regime Jurídico dos Servidores Públicos Civis da União, das autarquias e das fundações públicas federais.

(*) V. ADIn nº 3.026/DF.

§ 2º. Os servidores que não optarem pelo regime trabalhista serão posicionados no quadro em extinção, assegurado o direito adquirido ao regime legal anterior.

Art. 80. Os Conselhos Federal e Seccionais devem promover trienalmente as respectivas Conferências, em data não coincidente com o ano eleitoral, e, periodicamente, reunião do colégio de presidentes a eles vinculados, com finalidade consultiva.

Art. 81. Não se aplicam aos que tenham assumido originariamente o cargo de Presidente do Conselho Federal ou dos Conselhos Seccionais, até a data de publicação deste Lei, as normas contidas no Título II, acerca da composição desses Conselhos, ficando assegurado o pleno direito de voz e voto em suas sessões.

(*) Título II – Da Ordem dos Advogados do Brasil, arts. 44 a 67.

Art. 82. Aplicam-se as alterações previstas nesta Lei, quanto a mandatos, eleições, composição e atribuições dos órgãos da OAB, a partir do término do mandato dos atuais membros, devendo aos Conselhos Federal e Seccionais disciplinarem os respectivos procedimentos de adaptação.

Parágrafo único. Os mandatos dos membros dos órgãos da OAB, eleitos na primeira eleição sob a vigência desta Lei, e na forma do Capítulo VI do Título II, terão início no dia seguinte ao término dos atuais mandatos, encerrando em 31 de dezembro do terceiro ano do mandato e em 31 de janeiro do terceiro ano do mandato, neste caso com relação ao Conselho Federal.

(*) Capítulo VI do Título II – Das Eleições e dos Mandatos, arts. 63 a 67.

Art. 83. Não se aplica o disposto no art. 28, inciso II, desta Lei, aos membros do Ministério Público que, na data de promulgação da Constituição, se incluam na previsão do art. 29, § 3º, do seu Ato das Disposições Constitucionais Transitórias.

(*) Ato das Disposições Constitucionais Transitórias.

"**Art. 29.** Enquanto não aprovadas as leis complementares relativas ao Ministério Público e à Advocacia-Geral da União, o Ministério Público Federal, a Procuradoria-Geral da Fazenda Nacional, as Consultorias Jurídicas dos Ministérios, as Procuradorias e Departamentos Jurídicos das autarquias federais com representação própria e os membros das Procuradorias das Universidades fundacionais públicas continuarão a exercer suas atividades na área das respectivas atribuições. (...)

§ 3º. Poderá optar pelo regime anterior, no que respeita às garantias e vantagens, o membro do Ministério Público admitido antes da promulgação da Constituição, observando-se, quanto às vedações, a situação jurídica na data desta. (..)"

(*) V. Lei Orgânica da Advocacia-Geral da União – Lei Complementar nº 73, de 10.2.1993.

(*) V. Lei Orgânica Nacional do Ministério Público (MP dos Estados) – Lei nº 8.625, de 12.2.1993.

(*) V. Lei Orgânica do Ministério Público da União – Lei Complementar nº 75, de 20.5.1993.

Art. 84. O estagiário, inscrito no respectivo quadro, fica dispensado do Exame de Ordem, desde que comprove, em até 2 (dois) anos da promulgação desta Lei, o exercício e resultado do estágio profissional ou a conclusão, com aproveitamento, do estágio de "Prática Forense e Organização Judiciária", realizado junto à respectiva faculdade, na forma da legislação em vigor.

Art. 85. O Instituto dos Advogados Brasileiros e as instituições a ele filiadas têm qualidade para promover perante a OAB o que julgarem do interesse dos advogados em geral ou de qualquer dos seus membros.

Art. 86. Esta Lei entra em vigor na data de sua publicação.

Art. 87. Revogam-se as disposições em contrário, especialmente a Lei nº 4.215, de 27 de abril de 1963, a Lei nº 5.390, de 23 de fevereiro de 1968, o Decreto-Lei nº 505, de 18 de março de 1969, a Lei nº 5.681, de 20 de julho de 1971, a Lei nº 5.842, de 6 de dezembro de 1972, a Lei nº 5.960, de 10 de dezembro de 1973, a Lei nº 6.743, de 5 de dezembro de 1979, a Lei nº 6.884, de 9 de dezembro de 1980, a Lei nº 6.994, de 26 de maio de 1982, mantidos os efeitos da Lei nº 7.346, de 22 de julho de 1985.

Brasília, 4 de julho de 1994; 173º da Independência e 106º da República.

Itamar Franco – Alexandre de Paula Dupeyrat Martins – DOU de 5.7.1994

REGULAMENTO GERAL DO ESTATUTO DA ADVOCACIA E DA OAB

Dispõe sobre o Regulamento Geral previsto na Lei nº 8.906, de 4 de julho de 1994.

(*) Publicado no *Diário da Justiça*, Seção 1, de 16.11.1994. Atualizado até a Resolução nº 01, de 18.5.2015, *DOU* de 21.5.2015.

O Conselho Federal da Ordem dos Advogados do Brasil, no uso das atribuições conferidas pelos arts. 54, V, e 78 da Lei nº 8.908, de 4 de julho de 1994, resolve:

TÍTULO I
DA ADVOCACIA

Capítulo I
DA ATIVIDADE DE ADVOCACIA

Seção I
Da Atividade de Advocacia em Geral

Art. 1º. A atividade de advocacia é exercida com observância da Lei nº 8.906/1994 (Estatuto), deste Regulamento Geral, do Código de Ética e Disciplina e dos Provimentos.

Art. 2º. O visto do advogado em atos constitutivos de pessoas jurídicas, indispensável ao registro e arquivamento nos órgãos competentes, deve resultar da efetiva constatação, pelo profissional que os examinar, de que os respectivos instrumentos preenchem as exigências legais pertinentes.

(*) Art. 2º, *caput*, com redação dada pelo Conselho Pleno, *DJ* nº 238-E, de 12.12.2000.

Parágrafo único. Estão impedidos de exercer o ato de advocacia referido neste artigo os advogados que prestem serviços a órgãos ou entidades da Administração Pública direta ou indireta, da unidade federativa a que se vincule a Junta Comercial, ou a quaisquer repartições administrativas competentes para o mencionado registro.

Art. 3º. É defeso ao advogado funcionar no mesmo processo, simultaneamente, como patrono e preposto do empregador ou cliente.

Art. 4º. A prática de atos privativos de advocacia, por profissionais e sociedades não inscritos na OAB, constitui exercício ilegal da profissão.

Parágrafo único. É defeso ao advogado prestar serviços de assessoria e consultoria jurídicas para terceiros, em sociedades que não possam ser registradas na OAB.

(*) V. Provimento nº 91/2000.

Art. 5º. Considera-se efetivo exercício da atividade de advocacia a participação anual mínima em 5 (cinco) atos privativos previstos no art. 1º do Estatuto, em causas ou questões distintas.

Parágrafo único. A comprovação do efetivo exercício faz-se mediante:

a) certidão expedida por cartórios ou secretarias judiciais;

b) cópia autenticada de atos privativos;

c) certidão expedida pelo órgão público no qual o advogado exerça função privativa do seu ofício, indicando os atos praticados.

Art. 6º. O advogado deve notificar o cliente da renúncia ao mandato (art. 5º, § 3º, do Estatuto), preferencialmente mediante carta com aviso de recepção, comunicando, após, o Juízo.

Art. 7º. A função de diretoria e gerência jurídicas em qualquer empresa pública, privada ou paraestatal, inclusive em instituições financeiras, é privativa de advogado, não podendo ser exercida por quem não se encontre inscrito regularmente na OAB.

Art. 8º. A incompatibilidade prevista no art. 28, II, do Estatuto, não se aplica aos advogados que participam dos órgãos nele referidos, na qualidade de titulares ou suplentes, como representantes dos advogados.

(*) Art. 8º, *caput*, com redação dada pelo Conselho Pleno, *DJ* nº 238-E, de 12.12.2000.

§ 1º. Ficam, entretanto, impedidos de exercer a advocacia perante os órgãos em que atuam, enquanto durar a investidura.

§ 2º. A indicação dos representantes dos advogados nos juizados especiais deverá ser promovida pela Subseção ou, na sua ausência, pelo Conselho Seccional.

Seção II
Da Advocacia Pública

Art. 9º. Exercem a advocacia pública os integrantes da Advocacia-Geral da União, da Defensoria Pública e das Procuradorias e Consultorias Jurídicas dos Estados, do Distrito Federal, dos Municípios, das autarquias e das fundações públicas, estando obrigados à inscrição na OAB, para o exercício de suas atividades.

Parágrafo único. Os integrantes da advocacia pública são elegíveis e podem integrar qualquer órgão da OAB.

Art. 10. Os integrantes da advocacia pública, no exercício de atividade privativa prevista no art. 1º do Estatuto, sujeitam-se ao regime do Estatuto, deste Regulamento Geral e do Código de Ética e Disciplina, inclusive quanto às infrações e sanções disciplinares.

Seção III
Do Advogado Empregado

Art. 11. Compete a sindicato de advogados e, na sua falta, a federação ou confederação de advogados, a representação destes nas convenções coletivas celebradas com as entidades sindicais representativas dos empregadores, nos acordos coletivos celebrados com a empresa empregadora e nos dissídios coletivos perante a Justiça do Trabalho, aplicáveis às relações de trabalho.

Art. 12. Para os fins do art. 20 da Lei nº 8.906/1994, considera-se de dedicação exclusiva o regime do trabalho que for expressamente previsto em contrato individual de trabalho.

(*) Art. 12, *caput*, com redação dada pelo Conselho Pleno, *DJ* nº 238-E, de 12.12.2000.

Parágrafo único. Em caso de dedicação exclusiva, serão remuneradas como extraordinárias as horas trabalhadas que excederem a jornada normal de oito horas diárias.

Art. 13. (Revogado).

(*) Art. 13 revogado pelo Conselho Pleno, *DJ* nº 238-E, de 12.12.2000.

Art. 14. Os honorários de sucumbência, por decorrerem precipuamente do exercício da advocacia e só acidentalmente da relação de emprego, não integram o salário ou a remuneração, não podendo, assim, ser considerados para efeitos trabalhistas ou previdenciários.

Parágrafo único. Os honorários de sucumbência dos advogados empregados constituem fundo comum, cuja destinação é decidida pelos profissionais integrantes do serviço jurídico da empresa ou por seus representantes.

Capítulo II
DOS DIREITOS E DAS PRERROGATIVAS

Seção I
Da Defesa Judicial dos Direitos e das Prerrogativas

Art. 15. Compete ao Presidente do Conselho Federal, do Conselho Seccional ou da Subseção, ao tomar conhecimento de fato que possa causar, ou que já causou, violação de direitos ou prerrogativas da profissão, adotar as providências judiciais e extrajudiciais cabíveis para prevenir ou restaurar o império do Estatuto, em sua plenitude, inclusive mediante representação administrativa.

Parágrafo único. O Presidente pode designar advogado, investido de poderes bastantes, para as finalidades deste artigo.

Art. 16. Sem prejuízo da atuação de seu defensor, contará o advogado com a assistência de representante da OAB nos inquéritos policiais ou nas ações penais em que figurar como indiciado, acusado ou ofendido, sempre que o fato a ele imputado decorrer do exercício da profissão ou a este vincular-se.

(*) Art. 16 com redação dada pelo Conselho Pleno, *DJ* nº 227, de 24.11.1997.

Art. 17. Compete ao Presidente do Conselho ou da Subseção representar contra o responsável por abuso de autoridade, quando configurada hipótese de atentado à garantia legal de exercício profissional, prevista na Lei nº 4.898, de 9 de dezembro de 1965.

Seção II
Do Desagravo Público

Art. 18. O inscrito na OAB, quando ofendido comprovadamente em razão do exercício profissional ou de cargo ou função da OAB, tem direito ao desagravo público promovido pelo Conselho competente, de ofício, a seu pedido ou de qualquer pessoa.

(*) Art. 18, *caput*, com redação dada pelo Conselho Pleno, *DJ* nº 227, de 24.11.1997.

§ 1º. Compete ao relator, convencendo-se da existência de prova ou indício de ofensa relacionada ao exercício da profissão ou de cargo da OAB, propor ao Presidente que solicite informações da pessoa ou autoridade ofensora, no prazo de quinze dias, salvo em caso de urgência e notoriedade do fato.

§ 2º. O relator pode propor o arquivamento do pedido se a ofensa for pessoal, se não estiver relacionada com o exercício profissional ou com as prerrogativas gerais do advogado ou se configurar crítica de caráter doutrinário, político ou religioso.

§ 3º. Recebidas ou não as informações e convencendo-se da procedência da ofensa, o relator emite parecer que é submetido ao Conselho.

§ 4º. Em caso de acolhimento do parecer, é designada a sessão de desagravo, amplamente divulgada.

§ 5º. Na sessão de desagravo o Presidente lê a nota a ser publicada na imprensa, encaminhada ao ofensor e às autoridades e registrada nos assentamentos do inscrito.

§ 6º. Ocorrendo a ofensa no território da Subseção a que se vincule o inscrito, a sessão de desagravo pode ser promovida pela diretoria ou conselho da Subseção, com representação do Conselho Seccional.

§ 7º. O desagravo público, como instrumento de defesa dos direitos e prerrogativas da advocacia, não depende de concordância do ofendido, que não pode dispensá-lo, devendo ser promovido a critério do Conselho.

(*) § 7º acrescido pelo Conselho Pleno, *DJ* nº 227, de 24.11.1997.

Art. 19. Compete ao Conselho Federal promover o desagravo público de Conselheiro Federal ou de Presidente de Conselho Seccional, quando ofendidos no exercício das atribuições de seus cargos e ainda quando a ofensa a advogado se revestir de relevância e grave violação às prerrogativas profissionais, com repercussão nacional.

Parágrafo único. O Conselho Federal, observado o procedimento previsto no art. 18 deste Regulamento, indica seus representantes para a sessão pública de desagravo, na sede do Conselho Seccional, salvo no caso de ofensa a Conselheiro Federal.

Capítulo III
DA INSCRIÇÃO NA OAB

Art. 20. O requerente à inscrição principal no quadro de advogados presta o seguinte compromisso perante o Conselho Seccional, a diretoria ou o conselho da Subseção:

Prometo exercer a advocacia com dignidade e independência, observar a ética, os deveres e prerrogativas profissionais e defender a Constituição, a ordem jurídica do Estado Democrático, os direitos humanos, a justiça social, a boa aplicação das leis, a rápida administração da justiça e o aperfeiçoamento da cultura e das instituições jurídicas.

§ 1º. É indelegável, por sua natureza solene e personalíssima, o compromisso referido neste artigo.

§ 2º. A conduta incompatível com a advocacia, comprovadamente imputável ao requerente, impede a inscrição no quadro de advogados.

(*) § 2º suprimido pelo Conselho Pleno, *DJ* nº 227, de 24.11.1997. Consequentemente, o § 3º passa a ser o § 2º.

Art. 21. O advogado pode requerer o registro, nos seus assentamentos, de fatos comprovados de sua atividade profissional ou cultural, ou a ela relacionados, e de serviços prestados à classe, à OAB e ao País.

Art. 22. O advogado, regularmente notificado, deve quitar seu débito relativo às anuidades, no prazo de 15 (quinze) dias da notificação, sob pena de suspensão, aplicada em processo disciplinar.

Parágrafo único. Cancela-se a inscrição quando ocorrer a terceira suspensão, relativa ao não pagamento de anuidades distintas.

(*) Parágrafo único com redação dada pelo Conselho Pleno, *DJ* nº 218, de 13.11.1998.

Art. 23. O requerente à inscrição no quadro de advogados, na falta de diploma regularmente registrado, apresenta certidão de graduação em direito, acompanhada de cópia autenticada do respectivo histórico escolar.

Parágrafo único. (Revogado).

(*) Parágrafo único revogado pelo Conselho Pleno, *DJ* nº 238-E, de 12.12.2000.

Art. 24. Aos Conselhos Seccionais da OAB incumbe alimentar, automaticamente e em tempo real, por via eletrônica, o Cadastro Nacional dos Advogados – CNA, mantendo as informações correspondentes constantemente atualizadas.

(*) Art. 24, *caput*, com redação dada pela Resolução nº 01/2012, *DOU* de 19.4.2012.

§ 1º. O CNA deve conter o nome completo de cada advogado, o número da inscrição, o Conselho Seccional e a Subseção a que está vinculado, o número de inscrição no CPF, a filiação, o sexo, a data de inscrição na OAB e sua modalidade, a existência de penalidades eventualmente aplicadas, estas em campo reservado, a fotografia, o endereço completo e o número de telefone profissional, o endereço do correio eletrônico e o nome da sociedade de advogados de que eventualmente faça parte, ou esteja associado, e, opcionalmente, o nome profissional, a existência de deficiência de que seja portador, opção para doação de órgãos, Registro Geral, data e órgão emissor, número do título de eleitor, zona, seção, UF eleitoral, certificado militar e passaporte.

(*) § 1º com redação dada pela Resolução nº 01/2012, *DOU* de 19.4.2012.

§ 2º. No cadastro são incluídas, igualmente, informações sobre o cancelamento das inscrições.

(*) § 2º com redação dada pela Resolução nº 01/2012, *DOU* de 19.4.2012.

§ 3º. (Revogado).

(*) § 3º revogado pela Resolução nº 01/2012, *DOU* de 19.4.2012.

Art. 24-A. Aos Conselhos Seccionais da OAB incumbe alimentar, automaticamente e em tempo real, por via eletrônica, o Cadastro Nacional das Sociedades de Advogados – CNSA, mantendo as informações correspondentes constantemente atualizadas.

(*) Art. 24-A, *caput*, acrescido pela Resolução nº 01/2012, *DOU* de 19.4.2012.

§ 1º. O CNSA deve conter a razão social, o número de registro perante a seccional, a data do pedido de registro e a do efetivo registro, o prazo de duração, o endereço completo, inclusive telefone e correio eletrônico, nome e qualificação de todos os sócios e as modificações ocorridas em seu quadro social.

(*) § 1º acrescido pela Resolução nº 01/2012, *DOU* de 19.4.2012.

§ 2º. Mantendo a sociedade filiais, os dados destas, bem como os números de inscrição suplementar de seus sócios (Provimento nº 112/2006, art. 7º, § 1º), após averbados no Conselho Seccional no qual se localiza o escritório sede, serão averbados no CNSA.

(*) § 2º acrescido pela Resolução nº 01/2012, *DOU* de 19.4.2012.

§ 3º. São igualmente averbados no CNSA os ajustes de associação ou de colaboração.

(*) § 3º acrescido pela Resolução nº 01/2012, *DOU* de 19.4.2012.

§ 4º. São proibidas razões sociais iguais ou semelhantes, prevalecendo a razão social da sociedade com inscrição mais antiga.

(*) § 4º acrescido pela Resolução nº 01/2012, *DOU* de 19.4.2012.

§ 5º. Constatando-se semelhança ou identidade de razões sociais, o Conselho Federal da OAB solicitará, de ofício, a alteração da razão social mais recente, caso a sociedade com registro mais recente não requeira a alteração da sua razão social, acrescentando ou excluindo dados que a distinga da sociedade precedentemente registrada.

(*) § 5º acrescido pela Resolução nº 01/2012, *DOU* de 19.4.2012.

§ 6º. Verificado conflito de interesses envolvendo sociedades em razão de identidade ou semelhança de razões sociais, em Estados diversos, a questão será apreciada pelo Conselho Federal da OAB, garantindo-se o devido processo legal.

(*) § 6º acrescido pela Resolução nº 01/2012, *DOU* de 19.4.2012.

Art. 24-B. Aplicam-se ao Cadastro Nacional das Sociedades de Advogados – CNSA as normas estabelecidas no Provimento nº 95/2000 para os advogados, assim como as restrições quanto à divulgação das informações nele inseridas.

(*) Art. 24-B acrescido pela Resolução nº 01/2012, *DOU* de 19.4.2012.

Art. 25. Os pedidos de transferência de inscrição de advogados são regulados em Provimento do Conselho Federal.

(*) Art. 25 com redação dada pelo Conselho Pleno, *DJ* nº 227, de 24.11.1997.

Art. 26. O advogado fica dispensado de comunicar o exercício eventual da profissão, até o total de cinco causas por ano, acima do qual obriga-se à inscrição suplementar.

Capítulo IV
DO ESTÁGIO PROFISSIONAL

Art. 27. O estágio profissional de advocacia, inclusive para graduados, é requisito necessário à inscrição no quadro de estagiários da OAB e meio adequado de aprendizagem prática.

§ 1º. O estágio profissional de advocacia pode ser oferecido pela instituição de ensino superior autorizada e credenciada, em convênio com a OAB, complementando-se a carga horária do estágio curricular supervisionado com atividades práticas típicas de advogado e de estudo do Estatuto e do Código de Ética e Disciplina, observado o tempo conjunto mínimo de 300 (trezentas) horas, distribuído em dois ou mais anos.

§ 2º. A complementação da carga horária, no total estabelecido no convênio, pode ser efetivada na forma de atividades jurídicas no núcleo de prática jurídica da instituição de ensino, na Defensoria Pública, em escritórios de advocacia ou em setores jurídicos públicos ou privados, credenciados e fiscalizados pela OAB.

§ 3º. As atividades de estágio ministrado por instituição de ensino, para fins de convênio com a OAB, são exclusivamente práticas, incluindo a redação de atos processuais e profissionais, as rotinas processuais, a assistência e a atuação em audiências e sessões, as visitas a órgãos judiciários, a prestação de serviços jurídicos e as técnicas de negociação coletiva, de arbitragem e de conciliação.

Art. 28. O estágio realizado na Defensoria Pública da União, do Distrito Federal ou dos Estados, na forma do art. 145 da Lei Complementar nº 80, de 12 de janeiro de 1994, é considerado válido para fins de inscrição no quadro de estagiários da OAB.

Art. 29. Os atos de advocacia, previstos no art. 1º do Estatuto, podem ser subscritos por estagiário inscrito na OAB, em conjunto com o advogado ou o defensor público.

§ 1º. O estagiário inscrito na OAB pode praticar isoladamente os seguintes atos, sob a responsabilidade do advogado:

I – retirar e devolver autos em cartório, assinando a respectiva carga;

II – obter junto aos escrivães e chefes de secretarias certidões de peças ou autos de processos em curso ou findos;

III – assinar petições de juntada de documentos a processos judiciais ou administrativos.

§ 2º. Para o exercício de atos extrajudiciais, o estagiário pode comparecer isoladamente, quando receber autorização ou substabelecimento do advogado.

Art. 30. O estágio profissional de advocacia, realizado integralmente fora da instituição de ensino, compreende as atividades fixadas em convênio entre o escritório de advocacia ou entidade que receba o estagiário e a OAB.

Art. 31. Cada Conselho Seccional mantém uma Comissão de Estágio e Exame de Ordem, a quem incumbe coordenar, fiscalizar e executar as atividades decorrentes do estágio profissional da advocacia.

(*) Art. 31, *caput*, com redação dada pela Resolução nº 01/2011, *DOU* de 15.6.2011.

§ 1º. Os convênios de estágio profissional e suas alterações, firmados pelo Presidente do Conselho ou da Subseção, quando esta receber delegação de competência, são previamente elaborados pela Comissão, que tem poderes para negociá-los com as instituições interessadas.

(*) § 1º com redação dada pela Resolução nº 01/2011, *DOU* de 15.6.2011.

§ 2º. A Comissão pode instituir subcomissões nas Subseções.

§ 3º. (Revogado).

(*) § 3º revogado pela Resolução nº 01/2011, *DOU* de 15.6.2011.

§ 4º. Compete ao Presidente do Conselho Seccional designar a Comissão, que pode ser composta por advogados não integrantes do Conselho.

Capítulo V
DA IDENTIDADE PROFISSIONAL

Art. 32. São documentos de identidade profissional a carteira e o cartão emitidos pela OAB, de uso obrigatório pelos advogados e estagiários inscritos, para o exercício de suas atividades.

Parágrafo único. O uso do cartão dispensa o da carteira.

Art. 33. A carteira de identidade do advogado, relativa à inscrição originária, tem as dimensões de 7,00 (sete) x 11,00 (onze) centímetros e observa os seguintes critérios:

I – a capa, em fundo vermelho, contém as armas da República e as expressões "Ordem dos Advogados do Brasil" e "Carteira de Identidade de Advogado";

II – a primeira página repete o conteúdo da capa, acrescentado da expressão "Conselho Seccional de (...)" e do inteiro teor do art. 13 do Estatuto;

III – a segunda página destina-se aos dados de identificação do advogado, na seguinte ordem: número da inscrição, nome, filiação, naturalidade, data do nascimento, nacionalidade, data da colação de grau, data do compromisso e data da expedição, e a assinatura do Presidente do Conselho Seccional;

IV – a terceira página é dividida para os espaços de uma foto 3 (três) x 4 (quatro) centímetros, da impressão digital e da assinatura do portador;

V – as demais páginas, em branco e numeradas, destinam-se ao reconhecimento de firma dos signatários e às anotações da OAB, firmadas pelo Secretário-Geral ou Adjunto, incluindo as incompatibilidades e os impedimentos, o exercício de mandatos, as designações para comissões, as funções na OAB, os serviços relevantes à profissão e os dados da inscrição suplementar, pelo Conselho que a deferir;

VI – a última página destina-se à transcrição do art. 7º do Estatuto.

Parágrafo único. O Conselho Seccional pode delegar a competência do Secretário-Geral ao Presidente da Subseção.

Art. 34. O cartão de identidade tem o mesmo modelo e conteúdo do cartão de identificação pessoal (registro geral), com as seguintes adaptações, segundo o modelo aprovado pela Diretoria do Conselho Federal:

I – o fundo é de cor branca e a impressão dos caracteres e armas da República, de cor vermelha;

II – O anverso contém os seguintes dados, nesta sequência: Ordem dos Advogados do Brasil, Conselho Seccional de (...), Identidade de Advogado (em destaque), nº da inscrição, nome, filiação, naturalidade, data do nascimento e data da expedição, e a assinatura do Presidente, podendo ser acrescentados os dados de identificação de registro geral, de CPF, eleitoral e outros;

III – o verso destina-se à fotografia, observações e assinatura do portador.

(*) Inciso III com redação dada pela Resolução nº 4/2006, *DOU* de 20.11.2006.

§ 1º. No caso de inscrição suplementar o cartão é específico, indicando-se: "Nº da Inscrição Suplementar:" (em negrito ou sublinhado).

§ 2º. Os Conselhos Federal e Seccionais podem emitir cartão de identidade para os seus membros e para os membros das Subseções, acrescentando, abaixo do termo "Identidade de Advogado", sua qualificação de conselheiro ou dirigente da OAB e, no verso, o prazo de validade, coincidente com o mandato.

Art. 35. O cartão de identidade do estagiário tem o mesmo modelo e conteúdo do cartão de identidade do advogado, com a indicação de "Identidade de Estagiário", em destaque, e do prazo de validade, que não pode ultrapassar três anos nem ser prorrogado.

Parágrafo único. O cartão de identidade do estagiário perde sua validade imediatamente após a prestação do compromisso como advogado.

(*) Parágrafo único com redação dada pelo Conselho Pleno, *DJ* nº 227, de 24.11.1997.

Art. 36. O suporte material do cartão de identidade é resistente, devendo conter dispositivo para armazenamento de certificado digital.

(*) Art. 36 com redação dada pela Resolução nº 2/2006, *DOU* de 19.9.2006.

Capítulo VI
DAS SOCIEDADES DE ADVOGADOS

(*) V. Provimento nº 12/2000.

Art. 37. Os advogados podem reunir-se, para colaboração profissional recíproca, em sociedade civil de prestação de serviços de advocacia, regularmente registrada no Conselho Seccional da OAB em cuja base territorial tiver sede.

Parágrafo único. As atividades profissionais privativas dos advogados são exercidas individualmente, ainda que revertam à sociedade os honorários respectivos.

Art. 38. O nome completo ou abreviado de, no mínimo, um advogado responsável pela sociedade consta obrigatoriamente da razão social, podendo permanecer o nome de sócio falecido se, no ato constitutivo ou na alteração contratual em vigor, essa possibilidade tiver sido prevista.

Art. 39. A sociedade de advogados pode associar-se com advogados, sem vínculo de emprego, para participação nos resultados.

Parágrafo único. Os contratos referidos neste artigo são averbados no registro da sociedade de advogados.

Art. 40. Os advogados sócios e os associados respondem subsidiária e ilimitadamente pelos danos causados diretamente ao cliente, nas hipóteses de dolo ou culpa e por ação ou omissão, no exercício dos atos privativos da advocacia, sem prejuízo da responsabilidade disciplinar em que possam incorrer.

Art. 41. As sociedades de advogados podem adotar qualquer forma de administração social, permitida a existência de sócios gerentes, com indicação dos poderes atribuídos.

Art. 42. Podem ser praticados pela sociedade de advogados, com uso da razão social, os atos indispensáveis às suas finalidades, que não sejam privativos de advogado.

Art. 43. O registro da sociedade de advogados observa os requisitos e procedimentos previstos em Provimento do Conselho Federal.

(*) Art. 43 com redação dada pelo Conselho Pleno, *DJ* nº 227, de 24.11.1997.

TÍTULO II
DA ORDEM DOS ADVOGADOS DO BRASIL (OAB)

Capítulo I
DOS FINS E DA ORGANIZAÇÃO

Art. 44. As finalidades da OAB, previstas no art. 44 do Estatuto, são cumpridas pelos Conselhos Federal e Seccionais e pelas Subseções, de modo integrado, observadas suas competências específicas.

Art. 45. A exclusividade da representação dos advogados pela OAB, prevista no art. 44, II, do Estatuto, não afasta a competência própria dos sindicatos e associações sindicais de advogados, quanto à defesa dos direitos peculiares da relação de trabalho do profissional empregado.

Art. 46. Os novos Conselhos Seccionais serão criados mediante Resolução do Conselho Federal.

Art. 47. O patrimônio do Conselho Federal, do Conselho Seccional, da Caixa de Assistência dos Advogados e da Subseção é constituído de bens móveis e imóveis e outros bens e valores que tenham adquirido ou venham a adquirir.

Art. 48. A alienação ou oneração de bens imóveis depende de aprovação do Conselho Federal ou do Conselho Seccional, competindo à Diretoria do órgão decidir pela aquisição de qualquer bem e dispor sobre os bens móveis.

Parágrafo único. A alienação ou oneração de bens imóveis depende de autorização da maioria das delegações, no Conselho Federal, e da maioria dos membros efetivos, no Conselho Seccional.

Art. 49. Os cargos da Diretoria do Conselho Seccional têm as mesmas denominações atribuídas aos da Diretoria do Conselho Federal.

Parágrafo único. Os cargos da Diretoria da Subseção e da Caixa de Assistência dos Advogados têm as seguintes denominações: Presidente, Vice-Presidente, Secretário, Secretário Adjunto e Tesoureiro.

Art. 50. Ocorrendo vaga de cargo de diretoria do Conselho Federal ou do Conselho Seccional, inclusive do Presidente, em virtude de perda do mandato (art. 66 do Estatuto), morte ou renúncia, o substituto é eleito pelo Conselho a que se vincule, dentre os seus membros.

Art. 51. A elaboração das listas constitucionalmente previstas, para preenchimento dos cargos nos tribunais judiciários, é disciplinada em Provimento do Conselho Federal.

Art. 52. A OAB participa dos concursos públicos, previstos na Constituição e nas leis, em todas as suas fases, por meio de representante do Conselho competente, designado pelo Presidente, incumbindo-lhe apresentar relatório sucinto de suas atividades.

Parágrafo único. Incumbe ao representante da OAB velar pela garantia da isonomia e da integridade do certame, retirando-se quando constatar irregularidades ou favorecimentos e comunicando os motivos ao Conselho.

Art. 53. Os conselheiros e dirigentes dos órgãos da OAB tomam posse firmando, juntamente com o Presidente, o termo específico, após prestar o seguinte compromisso:

Prometo manter, defender e cumprir os princípios e finalidades da OAB, exercer com dedicação e ética as atribuições que me são delegadas e pugnar pela dignidade, independência, prerrogativas e valorização da advocacia.

Art. 54. Compete à Diretoria dos Conselhos Federal e Seccionais, da Subseção ou da Caixa de Assistência declarar extinto o mandato, ocorrendo uma das hipóteses previstas no art. 66 do Estatuto, encaminhando ofício ao Presidente do Conselho Seccional.

§ 1º. A Diretoria, antes de declarar extinto o mandato, salvo no caso de morte ou renúncia, ouve o interessado no prazo de 15 (quinze) dias, notificando-o mediante ofício com aviso de recebimento.

§ 2º. Havendo suplentes de Conselheiros, a ordem de substituição é definida no Regimento Interno do Conselho Seccional.

§ 3º. Inexistindo suplentes, o Conselho Seccional elege, na sessão seguinte à data do recebimento do ofício, o Conselheiro Federal, o diretor do Conselho Seccional, o Conselheiro Seccional, o diretor da Subseção ou o diretor da Caixa de Assistência dos Advogados, onde se deu a vaga.

§ 4º. Na Subseção onde houver conselho, este escolhe o substituto.

Capítulo II
DA RECEITA

Art. 55. Aos inscritos na OAB incumbe o pagamento das anuidades, contribuições, multas e preços de serviços fixados pelo Conselho Seccional.

(*) Art. 55, *caput*, com redação dada pelo Conselho Pleno, *DJ* nº 227, de 24.11.1997.

§ 1º. As anuidades, contribuições, multas e preços de serviços previstos no *caput* deste artigo serão fixados pelo Conselho Seccional, devendo seus valores ser comunicados ao Conselho Federal até o dia 30 de novembro do ano anterior, salvo em ano eleitoral, quando serão determinadas e comunicadas ao Conselho Federal até o dia 31 de janeiro do ano da posse, podendo ser estabelecidos pagamentos em cotas periódicas.

(*) § 1º com redação dada pela Resolução nº 02/2007, *DJ* de 24.10.2007.

§ 2º. (Revogado).

(*) § 2º revogado pelo Conselho Pleno, *DJ* nº 62, de 30.3.2006.

§ 3º. O edital a que se refere o *caput* do art. 128 deste Regulamento divulgará a possibilidade de parcelamento e o número máximo de parcelas.

Art. 56. As receitas brutas mensais das anuidades, incluídas as eventuais atualizações monetárias e juros, serão deduzidas em 60% (sessenta por cento) para seguinte destinação:

(*) Art. 56, *caput*, com redação dada pela Resolução nº 02/2013, *DOU* de 3.7.2013.

I – 10% (dez por cento) para o Conselho Federal;

(*) Inciso I com redação dada pela Resolução nº 02/2007, *DOU* de 24.10.2007.

II – 3% (três por cento) para o Fundo Cultural;

(*) Inciso II com redação dada pela Resolução nº 02/2007, *DOU* de 24.10.2007.

III – 2% (dois por cento) para o Fundo de Integração e Desenvolvimento Assistencial dos Advogados – FIDA, regulamentado em Provimento do Conselho Federal;

(*) Inciso III com redação dada pela Resolução nº 02/2007, *DOU* de 24.10.2007.

IV – 45% (quarenta e cinco por cento) para as despesas administrativas e manutenção do Conselho Seccional.

§ 1º. Os repasses das receitas previstas neste artigo efetuam-se em instituição financeira, indicada pelo Conselho Federal em comum acordo com o Conselho Seccional, através de compartilhamento obrigatório, automático e imediato, com destinação em conta corrente específica deste, do Fundo Cultural, do Fundo de Integração e Desenvolvimento Assistencial dos Advogados – FIDA e da Caixa de Assistência dos Advogados, vedado o recebimento na Tesouraria do Conselho Seccional, exceto quanto às receitas de preços e serviços, e observados os termos do modelo aprovado pelo Diretor-Tesoureiro do Conselho Federal, sob pena de aplicação do art. 54, VII, do Estatuto da Advocacia e da OAB.

§ 2º. O Fundo Cultural será administrado pela Escola Superior de Advocacia, mediante deliberação da Diretoria do Conselho Seccional.

§ 3º. O Fundo de Integração e Desenvolvimento Assistencial dos Advogados – FIDA será administrado por um Conselho Gestor designado pela Diretoria do Conselho Federal.

§ 4º. Os Conselhos Seccionais elaborarão seus orçamentos anuais considerando o limite disposto no inciso IV para manutenção da sua estrutura administrativa e das subseções, utilizando a margem resultante para suplementação orçamentária do exercício, caso se faça necessária.

§ 5º. Qualquer transferência de bens ou recursos de um Conselho Seccional a outro depende de autorização do Conselho Federal.

(*) § 5º com redação dada pela Resolução nº 02/2007, *DOU* de 24.10.2007.

Art. 57. Cabe à Caixa de Assistência dos Advogados a metade da receita das anuidades, incluídas as eventuais atualizações monetárias e juros, recebidas pelo Conselho Seccional, considerado o valor resultante após as deduções obrigatórias, nos percentuais previstos no art. 56 do Regulamento Geral.

(*) Art. 57, *caput*, com redação dada pela Resolução nº 02/2013, *DOU* de 3.7.2013.

§ 1º. Poderão ser deduzidas despesas nas receitas destinadas à Caixa Assistência, desde que previamente pactuadas.

§ 2º. A aplicação dos recursos da Caixa de Assistência deverá estar devidamente demonstrada nas prestações de contas periódicas do Conselho Seccional, obedecido o disposto no § 5º do art. 60 do Regulamento Geral.

Art. 58. Compete privativamente ao Conselho Seccional, na primeira sessão ordinária do ano, apreciar o relatório anual e deliberar sobre o balanço e as contas da Diretoria do Conselho Seccional, da Caixa de Assistência dos Advogados e das Subseções, referentes ao exercício anterior, na forma de seu Regimento Interno.

§ 1º. O Conselho Seccional elege, dentre seus membros, uma comissão de orçamento e contas para fiscalizar a aplicação da receita e opinar previamente sobre a proposta de orçamento anual e as contas.

§ 2º. O Conselho Seccional pode utilizar os serviços de auditoria independente para auxiliar a comissão de orçamento e contas.

§ 3º. O exercício financeiro dos Conselhos Federal e Seccionais encerra-se no dia 31 de dezembro de cada ano.

Art. 59. Deixando o cargo, por qualquer motivo, no curso do mandato, os Presidentes do Conselho Federal, do Conselho Seccional, da Caixa de Assistência e da Subseção apresentam, de forma sucinta, relatório e contas ao seu sucessor.

Art. 60. Os Conselhos Seccionais aprovarão seus orçamentos anuais, para o exercício seguinte, até o mês de outubro e o Conselho Federal até a última sessão do ano, permitida a alteração dos mesmos no curso do exercício, mediante justificada necessidade, devidamente aprovada pelos respectivos colegiados.

(*) Art. 60, *caput*, com redação dada pelo Conselho Pleno, *DJ* nº 227, de 24.11.1997.

§ 1º. O orçamento do Conselho Seccional, incluindo as Subseções, estima a receita, fixa a despesa e prevê as deduções destinadas ao Conselho Federal, ao Fundo Cultural, ao Fundo de Integração e Desenvolvimento Assistencial dos Advogados – FIDA e à Caixa de Assistência, e deverá ser encaminhado, mediante cópia, até o dia 10 do mês subsequente, ao Conselho Federal, podendo o seu Diretor-Tesoureiro, após análise prévia, devolvê-lo à Seccional, para os devidos ajustes.

(*) § 1º com redação dada pela Resolução nº 02/2007, *DOU* de 24.10.2007.

§ 2º. Aprovado o orçamento e, igualmente, as eventuais suplementações orçamentárias, encaminhar-se-á cópia ao Conselho Federal, até o dia 10 do mês subsequente, para os fins regulamentares.

(*) § 2º com redação dada pelo Conselho Pleno, *DJ* nº 227, de 24.11.1997.

§ 3º. O Conselho Seccional recém empossado deverá promover, se necessário, preferencialmente nos dois primeiros meses de gestão, a reformulação do orçamento anual, encaminhando cópia do instrumento respectivo ao Conselho Federal, até o dia 10 do mês de março do ano em curso.

(*) § 3º com redação dada pela Resolução nº 02/2007, *DOU* de 24.10.2007.

§ 4º. A Caixa de Assistência dos Advogados aprovará seu orçamento para o exercício seguinte, até a última sessão do ano.

(*) § 4º com redação dada pela Resolução nº 02/2007, *DOU* de 24.10.2007.

§ 5º. O Conselho Seccional fixa o modelo e os requisitos formais e materiais para o orçamento, o relatório e as contas da Caixa de Assistência e das Subseções.

(*) § 5º acrescido pela Resolução nº 02/2007, *DOU* de 24.10.2007.

Art. 61. O relatório, o balanço e as contas dos Conselhos Seccionais e da Diretoria do Conselho Federal, na forma prevista em Provimento, são julgados pela Terceira Câmara do Conselho Federal, com recurso para o Órgão Especial.

§ 1º. Cabe à Terceira Câmara fixar os modelos dos orçamentos, balanços e contas da Diretoria do Conselho Federal e dos Conselhos Seccionais.

§ 2º. A Terceira Câmara pode determinar a realização de auditoria independente nas contas do Conselho Seccional, com ônus para este, sempre que constatar a existência de graves irregularidades.

§ 3º. O relatório, o balanço e as contas dos Conselhos Seccionais do ano anterior serão remetidos à Terceira Câmara até o final do quarto mês do ano seguinte.

(*) § 3º com redação dada pelo Conselho Pleno, *DJ* nº 227, de 24.11.1997.

§ 4º. O relatório, o balanço e as contas da Diretoria do Conselho Federal são apreciados pela Terceira Câmara a partir da primeira sessão ordinária do ano seguinte ao do exercício.

§ 5º. Os Conselhos Seccionais só podem pleitear recursos materiais e financeiros ao Conselho Federal se comprovadas as seguintes condições:

a) remessa de cópia do orçamento e das eventuais suplementações orçamentárias, no prazo estabelecido pelo § 2º do art. 60;

b) prestação de contas aprovada na forma regulamentar; e

c) repasse atualizado da receita devida ao Conselho Federal, suspendendo-se o pedido, em caso de controvérsia, até decisão definitiva sobre a liquidez dos valores correspondentes.

(*) § 5º com redação dada pelo Conselho Pleno, *DJ* nº 227, de 24.11.1997.

Capítulo III
DO CONSELHO FEDERAL

Seção I
Da Estrutura e do Funcionamento

(*) Título da Seção I com redação dada pelo Conselho Pleno, *DJ* nº 238-E, de 12.12.2000.

Art. 62. O Conselho Federal, órgão supremo da OAB, com sede na Capital da República, compõe-se de um Presidente, dos Conselheiros Federais integrantes das delegações de cada unidade federativa e de seus ex-Presidentes.

§ 1º. Os ex-Presidentes têm direito a voz nas sessões do Conselho, sendo assegurado o direito de voto aos que exerceram mandato antes de 5 de julho de 1994 ou em seu exercício se encontravam naquela data.

(*) § 1º com redação dada pelo Conselho Pleno, *DJ* nº 227, de 24.11.1997.

§ 2º. O Presidente, nas suas relações externas, apresenta-se como Presidente Nacional da OAB.

§ 3º. O Presidente do Conselho Seccional tem lugar reservado junto à delegação respectiva e direito a voz em todas as sessões do Conselho e de suas Câmaras.

Art. 63. O Presidente do Instituto dos Advogados Brasileiros e os agraciados com a "Medalha Rui Barbosa" podem participar das sessões do Conselho Pleno, com direito a voz.

Art. 64. O Conselho Federal atua mediante os seguintes órgãos:

I – Conselho Pleno;

II – Órgão Especial do Conselho Pleno;

III – Primeira, Segunda e Terceira Câmaras;

IV – Diretoria;

V – Presidente.

Parágrafo único. Para o desempenho de suas atividades, o Conselho conta também com comissões permanentes, definidas em Provimento, e com comissões temporárias, todas designadas pelo Presidente, integradas ou não por Conselheiros Federais, submetidas a um regimento interno único, aprovado pela Diretoria do Conselho Federal, que o levará ao conhecimento do Conselho Pleno.

(*) Parágrafo único com redação dada pelo Conselho Pleno, *DJ* nº 238-E, de 12.12.2000.

Art. 65. No exercício do mandato, o Conselheiro Federal atua no interesse da advocacia nacional e não apenas no de seus representados diretos.

§ 1º. O cargo de Conselheiro Federal é incompatível com o de membro de outros órgãos da OAB, exceto quando se tratar de ex-Presidente do Conselho Federal e do Conselho Seccional, ficando impedido de debater e votar as matérias quando houver participado da deliberação local.

§ 2º. Na apuração da antiguidade do Conselheiro Federal somam-se todos os períodos de mandato, mesmo que interrompidos.

Art. 66. Considera-se ausente das sessões ordinárias mensais dos órgãos deliberativos do Conselho Federal o Conselheiro que, sem motivo justificado, faltar a qualquer uma.

Parágrafo único. Compete ao Conselho Federal fornecer ajuda de transporte e hospedagem aos Conselheiros Federais integrantes das bancadas dos Conselhos Seccionais que não tenham capacidade financeira para suportar a despesa correspondente.

(*) Parágrafo único com redação dada pelo Conselho Pleno, *DJ* nº 227, de 24.11.1997.

Art. 67. Os Conselheiros Federais, integrantes de cada delegação, após a posse, são distribuídos pelas três Câmaras especializadas, mediante deliberação da própria delegação, comunicada ao Secretário-Geral, ou, na falta desta, por decisão do Presidente, dando-se preferência ao mais antigo no Conselho e, havendo coincidência, ao de inscrição mais antiga.

§ 1º. O Conselheiro, na sua delegação, é substituto dos demais, em qualquer órgão do Conselho, nas faltas ou impedimentos ocasionais ou no caso de licença.

§ 2º. Quando estiverem presentes dois substitutos, concomitantemente, a preferência é do mais antigo no Conselho e, em caso de coincidência, do que tiver inscrição mais antiga.

§ 3º. A delegação indica seu representante ao Órgão Especial do Conselho Pleno.

Art. 68. O voto em qualquer órgão colegiado do Conselho Federal é tomado por delegação, em ordem alfabética, seguido dos ex-Presidentes presentes, com direito a voto.

§ 1º. Os membros da Diretoria votam como integrantes de suas delegações.

§ 2º. O Conselheiro Federal opina mas não participa da votação de matéria de interesse específico da unidade que representa.

§ 3º. Na eleição dos membros da Diretoria do Conselho Federal, somente votam os Conselheiros Federais, individualmente.

(*) § 3º acrescido pela Resolução nº 01/2006, *DJ* de 4.9.2006.

Art. 69. A seleção das decisões dos órgãos deliberativos do Conselho Federal é periodicamente divulgada em forma de ementário.

Art. 70. Os órgãos deliberativos do Conselho Federal podem cassar ou modificar atos ou deliberações de órgãos ou autoridades da OAB, ouvidos estes e os interessados previamente, no prazo de 15 (quinze) dias, contado do recebimento da notificação, sempre que contrariem o Estatuto, este Regulamento Geral, o Código de Ética e Disciplina e os Provimentos.

Art. 71. Toda matéria pertinente às finalidades e às competências do Conselho Federal da OAB será distribuída automaticamente no órgão colegiado competente a um relator, mediante sorteio eletrônico, com inclusão na pauta da sessão seguinte, organizada segundo critério de antiguidade.

(*) Art. 71, *caput*, com redação dada pela Resolução nº 01/2013, *DJ* de 28.6.2013.

§ 1º. Se o relator determinar alguma diligência, o processo é retirado da ordem do dia, figurando em anexo da pauta com indicação da data do despacho.

§ 2º. Incumbe ao relator apresentar na sessão seguinte, por escrito, o relatório, o voto e a proposta de ementa.

§ 3º. O relator pode determinar diligências, requisitar informações, instaurar representação incidental, propor ao Presidente a redistribuição da matéria e o arquivamento, quando for irrelevante ou impertinente às finalidades da OAB, ou o encaminhamento do processo ao Conselho Seccional competente, quando for de interesse local.

§ 4º. Em caso de inevitável perigo de demora da decisão, pode o relator conceder provimento cautelar, com recurso de ofício ao órgão colegiado, para apreciação preferencial na sessão posterior.

§ 5º. O relator notifica o Conselho Seccional e os interessados, quando forem necessárias suas manifestações.

§ 6º. Compete ao relator manifestar-se sobre as desistências, prescrições, decadências e intempestividades dos recursos, para decisão do Presidente do órgão colegiado.

Art. 72. O processo será redistribuído automaticamente caso o relator, após a inclusão em pauta, não o apresente para julgamento na sessão seguinte ou quando, fundamentadamente e no prazo de 5 (cinco) dias, a contar do recebimento dos autos, declinar da relatoria.

(*) Art. 72, *caput*, com redação dada pela Resolução nº 01/2013, *DOU* de 28.6.2013.

§ 1º. O presidente do colegiado competente poderá deferir a prorrogação do prazo de apresentação do processo para julgamento estipulado no *caput*, por 1 (uma) sessão, mediante requerimento por escrito e fundamentado do relator.

(*) § 1º acrescido pela Resolução nº 01/2013, *DOU* de 28.6.2013.

§ 2º. Redistribuído o processo, caso os autos encontrem-se com o relator, o presidente do órgão colegiado determinará sua devolução à secretaria, em até 5 (cinco) dias.

(*) § 1º acrescido pela Resolução nº 01/2013, *DOU* de 28.6.2013.

Art. 73. Em caso de matéria complexa, o Presidente designa uma comissão em vez de relator individual.

Parágrafo único. A comissão escolhe um relator e delibera coletivamente, não sendo considerados os votos minoritários para fins de relatório e voto.

Seção II
Do Conselho Pleno

Art. 74. O Conselho Pleno é integrado pelos Conselheiros Federais de cada delegação e pelos ex-Presidentes, sendo presidido pelo Presidente do Conselho Federal e secretariado pelo Secretário-Geral.

Art. 75. Compete ao Conselho Pleno deliberar, em caráter nacional, sobre propostas e indicações relacionadas às finalidades institucionais da OAB (art. 44, I, do Estatuto) e sobre as demais atribuições previstas no art. 54 do Estatuto, respeitadas as competências privativas dos demais órgãos deliberativos do Conselho Federal, fixadas neste Regulamento Geral, e ainda:

I – eleger o sucessor dos membros da Diretoria do Conselho Federal, em caso de vacância;

II – regular, mediante resolução, matérias de sua competência que não exijam edição de Provimento;

III – instituir, mediante Provimento, comissões permanentes para assessorar o Conselho Federal e a Diretoria.

(*) Inciso III com redação dada pelo Conselho Pleno, *DJ* nº 238-E, de 12.12.2000.

Parágrafo único. O Conselho Pleno pode decidir sobre todas as matérias privativas de seu Órgão Especial, quando o Presidente atribuir-lhes caráter de urgência e grande relevância.

Art. 76. As proposições e os requerimentos deverão ser oferecidos por escrito, cabendo ao relator apresentar relatório e voto na sessão seguinte, acompanhados de ementa do acórdão.

(*) Art. 76, *caput*, com redação dada pela Resolução nº 01/2013, *DOU* de 28.6.2013.

§ 1º. No Conselho Pleno, o Presidente, em caso de urgência e relevância, pode designar relator para apresentar relatório e voto orais na mesma sessão.

§ 2º. Quando a proposta importar despesas não previstas no orçamento, pode ser apreciada apenas depois de ouvido o Diretor Tesoureiro quanto às disponibilidades financeiras para sua execução.

Art. 77. O voto da delegação é o de sua maioria, havendo divergência entre seus membros, considerando-se invalidado em caso de empate.

§ 1º. O Presidente não integra a delegação de sua unidade federativa de origem e não vota, salvo em caso de empate.

§ 2º. Os ex-Presidentes empossados antes de 5 de julho de 1994 têm direito de voto equivalente ao de uma delegação, em todas as matérias, exceto na eleição dos membros da Diretoria do Conselho Federal.

(*) § 2º com redação dada pela Resolução nº 01/2006, *DJ* de 4.9.2006.

Art. 78. Para editar e alterar o Regulamento Geral, o Código de Ética e Disciplina e os Provimentos e para intervir nos Conselhos Seccionais é indispensável o *quorum* de dois terços das delegações.

Parágrafo único. Para as demais matérias prevalece o *quorum* de instalação e de votação estabelecido neste Regulamento Geral.

Art. 79. A proposta que implique baixar normas gerais de competência do Conselho Pleno ou encaminhar projeto legislativo ou emendas aos Poderes competentes somente pode ser deliberada se o relator ou a comissão designada elaborar o texto normativo, a ser remetido aos Conselheiros juntamente com a convocação da sessão.

§ 1º. Antes de apreciar proposta de texto normativo, o Conselho Pleno delibera sobre a admissibilidade da relevância da matéria.

§ 2º. Admitida a relevância, o Conselho passa a decidir sobre o conteúdo da proposta do texto normativo, observados os seguintes critérios:

a) procede-se à leitura de cada dispositivo, considerando-o aprovado se não houver destaque levantado por qualquer membro ou encaminhado por Conselho Seccional;

b) havendo destaque, sobre ele manifesta-se apenas aquele que o levantou e a comissão relatora ou o relator, seguindo-se a votação.

§ 3º. Se vários membros levantarem destaque sobre o mesmo ponto controvertido, um, dentre eles, é eleito como porta-voz.

§ 4º. Se o texto for totalmente rejeitado ou prejudicado pela rejeição, o Presidente designa novo relator ou comissão revisora para redigir outro.

Art. 80. A OAB pode participar e colaborar em eventos internacionais, de interesse da advocacia, mas somente se associa a organismos internacionais que congreguem entidades congêneres.

Parágrafo único. Os Conselhos Seccionais podem representar a OAB em geral ou os advogados brasileiros em eventos internacionais ou no exterior, quando autorizados pelo Presidente Nacional.

Art. 81. Constatando grave violação do Estatuto ou deste Regulamento Geral, a Diretoria do Conselho Federal notifica o Conselho Seccional para apresentar defesa e, havendo necessidade, designa representantes para promover verificação ou sindicância, submetendo o relatório ao Conselho Pleno.

§ 1º. Se o relatório concluir pela intervenção, notifica-se o Conselho Seccional para apresentar defesa por escrito e oral perante o Conselho Pleno, no prazo e tempo fixados pelo Presidente.

§ 2º. Se o Conselho Pleno decidir pela intervenção, fixa prazo determinado, que pode ser prorrogado, cabendo à Diretoria designar diretoria provisória.

§ 3º. Ocorrendo obstáculo imputável à Diretoria do Conselho Seccional para a sindicância, ou no caso de irreparabilidade do perigo pela demora, o Conselho Pleno pode aprovar liminarmente a intervenção provisória.

Art. 82. As indicações de ajuizamento de ação direta de inconstitucionalidade submetem-se ao juízo prévio de admissibilidade da Diretoria para aferição da relevância da defesa dos princípios e normas constitucionais e, sendo admitidas, observam o seguinte procedimento:

I – o relator, designado pelo Presidente, independentemente da decisão da Diretoria, pode levantar preliminar de inadmissibilidade perante o Conselho Pleno, quando não encontrar norma ou princípio constitucional violados pelo ato normativo;

II – aprovado o ajuizamento da ação, esta será proposta pelo Presidente do Conselho Federal;

(*) Inciso II com redação dada pelo Conselho Pleno, *DJ* nº 238-E, de 12.12.2000.

III – cabe à assessoria do Conselho acompanhar o andamento da ação.

§ 1º. Em caso de urgência que não possa aguardar a sessão ordinária do Conselho Pleno, ou durante o recesso do Conselho Federal, a Diretoria decide quanto ao mérito, *ad referendum* daquele.

§ 2º. Quando a indicação for subscrita por Conselho Seccional da OAB, por entidade de caráter nacional ou por delegação do Conselho Federal, a matéria não sujeita ao juízo de admissibilidade da Diretoria.

Art. 83. Compete à Comissão Nacional de Educação Jurídica do Conselho Federal opinar previamente nos pedidos para criação, reconhecimento e credenciamento dos cursos jurídicos referidos no art. 54, XV, do Estatuto.

(*) Art. 83, *caput*, com redação dada pela Resolução nº 01/2011, *DOU* de 15.6.2011.

§ 1º. O Conselho Seccional em cuja área de atuação situar-se a instituição de ensino superior interessada será ouvido, preliminarmente, nos processos que tratem das matérias referidas neste artigo, devendo a seu respeito manifestar-se no prazo de 30 (trinta) dias.

(*) § 1º, primitivo parágrafo único, renumerado pela Resolução nº 03/2006, *DJ* de 3.10.2006.

§ 2º. A manifestação do Conselho Seccional terá em vista, especialmente, os seguintes aspectos:

a) a verossimilhança do projeto pedagógico do curso, em face da realidade local;

b) a necessidade social da criação do curso, aferida em função dos critérios estabelecidos pela Comissão de Ensino Jurídico do Conselho Federal;

c) a situação geográfica do município sede do curso, com indicação de sua população e das condições de desenvolvimento cultural e econômico que apresente, bem como da distância em relação ao município mais próximo onde haja curso jurídico;

d) as condições atuais das instalações físicas destinadas ao funcionamento do curso;

e) a existência de biblioteca com acervo adequado, a que tenham acesso direto os estudantes.

(*) § 2º acrescido pela Resolução nº 03/2006, *DJ* de 3.10.2006.

§ 3º. A manifestação do Conselho Seccional deverá informar sobre cada um dos itens mencionados no parágrafo anterior, abstendo-se, porém, de opinar, conclusivamente, sobre a conveniência ou não da criação do curso.

(*) § 3º acrescido pela Resolução nº 03/2006, *DJ* de 3.10.2006.

§ 4º. O Conselho Seccional encaminhará sua manifestação diretamente à Comissão de Ensino Jurídico do Conselho Federal, dela não devendo fornecer cópia à instituição interessada ou a terceiro antes do pronunciamento final do Conselho Federal.

(*) § 4º acrescido pela Resolução nº 03/2006, *DJ* de 3.10.2006.

Seção III
Do Órgão Especial do Conselho Pleno

Art. 84. O Órgão Especial é composto por um Conselheiro Federal integrante de cada delegação, sem prejuízo de sua participação no Conselho Pleno, e pelos ex-Presidentes, sendo presidido pelo Vice-Presidente e secretariado pelo Secretário-Geral Adjunto.

Parágrafo único. O Presidente do Órgão Especial, além de votar por sua delegação, tem o voto de qualidade, no caso de empate.

Art. 85. Compete ao Órgão Especial deliberar, privativamente e em caráter irrecorrível, sobre:

I – recurso contra decisões das Câmaras, quando não tenham sido unânimes ou, sendo unânimes, contrariem a Constituição, as leis, o Estatuto, decisões do Conselho Federal, este Regulamento Geral, o Código de Ética e Disciplina ou os Provimentos;

(*) Inciso I com redação dada pela Resolução nº 01/2007, *DJ* de 4.5.2007.

II – recurso contra decisões unânimes das Turmas, quando estas contrariarem a Constituição, as leis, o Estatuto, decisões do Conselho Federal, este Regulamento Geral, o Código de Ética e Disciplina ou os Provimentos;

(*) Inciso II acrescido pela Resolução nº 01/2007, *DJ* de 4.5.2007.

III – recurso contra decisões do Presidente ou da Diretoria do Conselho Federal e do Presidente do Órgão Especial;

(*) Inciso III, primitivo inciso II, renumerado pela Resolução nº 01/2007, *DJ* de 4.5.2007.

IV – consultas escritas, formuladas em tese, relativas às matérias de competência das Câmaras especializadas ou à interpretação do Estatuto, deste Regulamento Geral, do Código de Ética e Disciplina e dos Provimentos, devendo todos os Conselhos Seccionais ser cientificados do conteúdo das respostas;

(*) Inciso IV, primitivo inciso III, renumerado pela Resolução nº 01/2007, *DJ* de 4.5.2007, e com redação dada pelo Conselho Pleno, *DJ* nº 238-E, de 12.12.2000.

V – conflitos ou divergências entre órgãos da OAB;

(*) Inciso V, primitivo inciso IV, renumerado pela Resolução nº 01/2007, *DJ* de 4.5.2007.

VI – determinação ao Conselho Seccional competente para instaurar processo, quando, em autos ou peças submetidos ao conhecimento do Conselho Federal, encontrar fato que constitua infração disciplinar.

(*) Inciso VI, primitivo inciso V, renumerado pela Resolução nº 01/2007, *DJ* de 4.5.2007.

§ 1º. Os recursos ao Órgão Especial podem ser manifestados pelo Presidente do Conselho Federal, pelas partes ou pelos recorrentes originários.

§ 2º. O relator pode propor ao Presidente do Órgão Especial o arquivamento da consulta, quando não se revestir de caráter geral ou não tiver pertinência com as finalidades da OAB, ou o seu encaminhamento ao Conselho Seccional, quando a matéria for de interesse local.

Art. 86. A decisão do Órgão Especial constitui orientação dominante da OAB sobre a matéria, quando consolidada em súmula publicada na imprensa oficial.

Seção IV
Das Câmaras

Art. 87. As Câmaras são presididas:

I – a Primeira, pelo Secretário-Geral;

II – a Segunda, pelo Secretário-Geral Adjunto;

III – a Terceira, pelo Tesoureiro.

§ 1º. Os Secretários das Câmaras são designados, dentre seus integrantes, por seus Presidentes.

§ 2º. Nas suas faltas e impedimentos, os Presidentes e Secretários das Câmaras são substituídos pelos Conselheiros mais antigos e, havendo coincidência, pelos de inscrição mais antiga.

§ 3º. O Presidente da Câmara, além de votar por sua delegação, tem o voto de qualidade, no caso de empate.

Art. 88. Compete à Primeira Câmara:

I – decidir os recursos sobre:

a) atividade de advocacia e direitos e prerrogativas dos advogados e estagiários;

b) inscrição nos quadros da OAB;

c) incompatibilidades e impedimentos.

II – expedir resoluções regulamentando o Exame de Ordem, para garantir sua eficiência e padronização nacional, ouvida a Comissão Nacional de Exame de Ordem;

(*) Inciso II com redação dada pelo Conselho Pleno, *DJ* nº 238-E, de 12.12.2000.

III – julgar as representações sobre as matérias de sua competência;

(*) Inciso III acrescido pelo Conselho Pleno, *DJ* nº 227, de 24.11.1997.

IV – propor, instruir e julgar os incidentes de uniformização de decisões de sua competência;

(*) Inciso IV acrescido pelo Conselho Pleno, *DJ* nº 227, de 24.11.1997.

V – determinar ao Conselho Seccional competente a instauração de processo quando, em autos ou peças submetidas ao seu julgamento, tomar conhecimento de fato que constitua infração disciplinar;

(*) Inciso V acrescido pelo Conselho Pleno, *DJ* nº 238-E, de 12.12.2000.

VI – julgar os recursos interpostos contra decisões de seu Presidente.

(*) Inciso VI acrescido pelo Conselho Pleno, *DJ* nº 238-E, de 12.12.2000.

Art. 89. Compete à Segunda Câmara:

I – decidir os recursos sobre ética e deveres do advogado, infrações e sanções disciplinares;

II – promover em âmbito nacional a ética do advogado, juntamente com os Tribunais de Ética e Disciplina, editando resoluções regulamentares ao Código de Ética e Disciplina.

III – julgar as representações sobre as matérias de sua competência;

(*) Inciso III acrescido pelo Conselho Pleno, *DJ* nº 227, de 24.11.1997.

IV – propor, instruir e julgar os incidentes de uniformização de decisões de sua competência;

(*) Inciso IV acrescido pelo Conselho Pleno, *DJ* nº 227, de 24.11.1997.

V – determinar ao Conselho Seccional competente a instauração de processo quando, eu autos ou peças submetidas ao seu julgamento, tomar conhecimento de fato que constitua infração disciplinar;

(*) Inciso V acrescido pelo Conselho Pleno, *DJ* nº 238-E, de 12.12.2000.

VI – julgar os recursos interpostos contra decisões de seu Presidente;

(*) Inciso VI acrescido pelo Conselho Pleno, *DJ* nº 238-E, de 12.12.2000.

VII – eleger, dentre seus integrantes, os membros da Corregedoria do Processo Disciplinar, em número máximo de três, com atribuição, em caráter nacional, de orientar e fiscalizar a tramitação dos processos disciplinares de competência da OAB, podendo, para tanto, requerer informações e realizar diligências, elaborando relatório anual dos processos em trâmite no Conselho Federal e nos Conselhos Seccionais e Subseções.

(*) Inciso VII acrescido pelo Conselho Pleno, *DJ* nº 238-E, de 12.12.2000.

Art. 89-A. A Segunda Câmara será dividida em três Turmas, entre elas repartindo-se, com igualdade, os processos recebidos pela Secretaria.

(*) Art. 89-A, *caput*, acrescido pela Resolução nº 01/2007, *DJ* de 4.5.2007.

§ 1º. Na composição das Turmas, que se dará por ato do Presidente da Segunda Câmara, será observado o critério de representatividade regional, de sorte a nelas estarem presentes todas as Regiões do País.

(*) § 1º acrescido pela Resolução nº 01/2007, *DJ* de 4.5.2007.

§ 2º. As Turmas serão presididas pelo Conselheiro presente de maior antiguidade no Conselho Federal, admitido-se o revezamento, a critério dos seus membros, salvo a Turma integrada pelo Presidente da Segunda Câmara, que será por ele presidida.

(*) § 2º acrescido pela Resolução nº 01/2007, *DJ* de 4.5.2007.

§ 3º. Das decisões não unânimes das Turmas caberá recurso para o Pleno da Segunda Câmara.

(*) § 3º acrescido pela Resolução nº 01/2007, *DJ* de 4.5.2007.

§ 4º. No julgamento do recurso, o relator ou qualquer membro da Turma poderá propor que esta o afete ao Pleno da Câmara, em vista da relevância ou especial complexidade da matéria versada, podendo proceder do mesmo modo quando suscitar questões de ordem que impliquem a adoção de procedimentos comuns pelas Turmas.

(*) § 4º acrescido pela Resolução nº 01/2009, *DJ* de 19.5.2009.

Art. 90. Compete à Terceira Câmara:

I – decidir os recursos relativos à estrutura, aos órgãos e ao processo eleitoral da OAB;

II – decidir os recursos sobre sociedades de advogados, advogados associados e advogados empregados;

III – apreciar os relatórios anuais e deliberar sobre o balanço e as contas da Diretoria do Conselho Federal e dos Conselhos Seccionais;

IV – suprir as omissões ou regulamentar as normas aplicáveis às Caixas de Assistência dos Advogados, inclusive mediante resoluções;

V – modificar ou cancelar, de ofício ou a pedido de qualquer pessoa, dispositivo do Regimento Interno do Conselho Seccional que contrarie o Estatuto ou este Regulamento Geral.

VI – julgar as representações sobre as matérias de sua competência;

(*) Inciso VI acrescido pelo Conselho Pleno, *DJ* nº 227, de 24.11.1997.

VII – propor, instruir e julgar os incidentes de uniformização de decisões de sua competência.

(*) Inciso VII acrescido pelo Conselho Pleno, *DJ* nº 227, de 24.11.1997.

VIII – determinar ao Conselho Seccional competente a instauração de processo quando, em autos ou peças submetidas ao seu julgamento, tomar conhecimento de fato que constitua infração disciplinar;

(*) Inciso VIII acrescido pelo Conselho Pleno, *DJ* nº 238-E, de 12.12.2000.

IX – julgar os recursos interpostos contra decisões de seu Presidente.

(*) Inciso IX acrescido pelo Conselho Pleno, *DJ* nº 238-E, de 12.12.2000.

Seção V
Das Sessões

Art. 91. Os órgãos colegiados do Conselho Federal reúnem-se ordinariamente nos meses de fevereiro a dezembro de cada ano, em sua sede no Distrito Federal, nas datas fixadas pela Diretoria.

(*) Art. 91, *caput*, com redação dada pela Resolução nº 01/2010, *DJ* de 28.6.2010.

§ 1º. Em caso de urgência ou no período de recesso (janeiro), o Presidente ou um terço das delegações do Conselho Federal pode convocar sessão extraordinária.

(*) § 1º com redação dada pela Resolução nº 01/2010, *DJ* de 28.6.2010.

§ 2º. A sessão extraordinária, em caráter excepcional e de grande relevância, pode ser convocada para local diferente da sede do Conselho Federal.

§ 3º. As convocações para as sessões ordinárias são acompanhadas de minuta da ata da sessão anterior e dos demais documentos necessários.

§ 4º. Mediante prévia deliberação do Conselho Pleno, poderá ser dispensada a realização da sessão ordinária do mês de julho, sem prejuízo da regular fruição dos prazos processuais e regulamentares.

(*) § 4º acrescido pela Resolução nº 01/2010, *DJ* de 28.6.2010.

Art. 92. Para instalação e deliberação dos órgãos colegiados do Conselho Federal da OAB exige-se a presença de metade das delegações, salvo nos casos de *quorum* qualificado, previsto neste Regulamento Geral.

§ 1º. A deliberação é tomada pela maioria de votos dos presentes.

§ 2º. Comprova-se a presença pela assinatura no documento próprio, sob controle do Secretário da sessão.

§ 3º. Qualquer membro presente pode requerer a verificação do quorum, por chamada.

§ 4º. A ausência à sessão, depois da assinatura de presença, não justificada ao

Presidente, é contada para efeito de perda do mandato.

Art. 93. Nas sessões observa-se a seguinte ordem:

I – verificação do *quorum* e abertura;

II – leitura, discussão e aprovação da ata da sessão anterior;

III – comunicações do Presidente;

IV – ordem do dia;

V – expediente e comunicações dos presentes.

Parágrafo único. A ordem dos trabalhos ou da pauta pode ser alterada pelo Presidente, em caso de urgência ou de pedido de preferência.

Art. 94. O julgamento de qualquer processo ocorre do seguinte modo:

I – leitura do relatório, do voto e da proposta de ementa do acórdão, todos escritos, pelo relator;

II – sustentação oral pelo interessado ou seu advogado, no prazo de 15 (quinze) minutos, tendo o respectivo processo preferência no julgamento;

III – discussão da matéria, dentro do prazo máximo fixado pelo Presidente, não podendo cada Conselheiro fazer uso da palavra mais de uma vez nem por mais de três minutos, salvo se lhe for concedida prorrogação;

IV – votação da matéria, não sendo permitidas questões de ordem ou justificativa oral de voto, precedendo as questões prejudiciais e preliminares às de mérito;

V – a votação da matéria será realizada mediante chamada em ordem alfabética das bancadas, iniciando-se com a delegação integrada pelo relator do processo em julgamento;

(*) Inciso V acrescido pela Resolução nº 03/2013, *DOU* de 23.9.2013.

VI – proclamação do resultado pelo Presidente, com leitura da súmula da decisão."

(*) Inciso VI, primitivo inciso V, renumerado pela Resolução nº 03/2013, *DOU* de 23.9.2013.

§ 1º. Os apartes só serão admitidos quando concedidos pelo orador. Não será admitido aparte:

a) à palavra do Presidente;

b) ao Conselheiro que estiver suscitando questão de ordem.

(*) § 1º acrescido pelo Conselho Pleno, *DJ* nº 238-E, de 12.12.2000.

§ 2º. Se durante a discussão o Presidente julgar que a matéria é complexa e não se encontra suficientemente esclarecida, suspende o julgamento, designando revisor para a sessão seguinte.

(*) § 2º, primitivo § 1º, renumerado pelo Conselho Pleno, *DJ* nº 238-E, de 12.12.2000.

§ 3º. A justificação escrita do voto pode ser encaminhada à Secretaria até quinze dias após a votação da matéria.

(*) § 3º, primitivo § 2º, renumerado pelo Conselho Pleno, *DJ* nº 238-E, de 12.12.2000.

§ 4º. O Conselheiro pode pedir preferência para antecipar seu voto se necessitar ausentar-se justificadamente da sessão.

(*) § 4º, primitivo § 3º, renumerado pelo Conselho Pleno, *DJ* nº 238-E, de 12.12.2000.

§ 5º. O Conselheiro pode eximir-se de votar se não tiver assistido à leitura do relatório.

(*) § 5º, primitivo § 4º, renumerado pelo Conselho Pleno, *DJ* nº 238-E, de 12.12.2000.

§ 6º. O relatório e o voto do relator, na ausência deste, são lidos pelo Secretário.

(*) § 6º, primitivo § 5º, renumerado pelo Conselho Pleno, *DJ* nº 238-E, de 12.12.2000.

§ 7º. Vencido o relator, o autor do voto vencedor lavra o acórdão.

(*) § 7º, primitivo § 6º, renumerado pelo Conselho Pleno, *DJ* nº 238-E, de 12.12.2000.

Art. 95. O pedido justificado de vista por qualquer Conselheiro, quando não for em mesa, não adia a discussão, sendo deliberado como preliminar antes da votação da matéria.

Parágrafo único. A vista concedida é coletiva, permanecendo os autos do processo na Secretaria, com envio de cópias aos que as solicitarem, devendo a matéria ser julgada na sessão ordinária seguinte, com preferência sobre as demais, ainda que ausentes o relator ou o Conselheiro requerente.

Art. 96. As decisões coletivas são formalizadas em acórdãos, assinados pelo Presidente e pelo relator, e publicadas.

§ 1º. As manifestações gerais do Conselho Pleno podem dispensar a forma de acórdão.

§ 2º. As ementas têm numeração sucessiva e anual, relacionada ao órgão deliberativo.

Art. 97. As pautas e decisões são publicadas na Imprensa Oficial, ou comunicadas pessoalmente aos interessados, e afixadas em local de fácil acesso na sede do Conselho Federal.

(*) Art. 97 com redação dada pelo Conselho Pleno, *DJ* nº 238-E, de 12.12.2000.

Seção VI
Da Diretoria do Conselho Federal

Art. 98. O Presidente é substituído em suas faltas, licenças e impedimentos pelo Vice-Presidente, pelo Secretário-Geral, pelo Secretário-Geral Adjunto e pelo Tesoureiro, sucessivamente.

§ 1º. O Vice-Presidente, o Secretário-Geral, o Secretário-Geral Adjunto e o Tesoureiro substituem-se nessa ordem, em suas faltas e impedimentos ocasionais, sendo o último substituído pelo Conselheiro Federal mais antigo e, havendo coincidência de mandatos, pelo de inscrição mais antiga.

§ 2º. No caso de licença temporária, o Diretor é substituído pelo Conselheiro designado pelo Presidente.

§ 3º. No caso de vacância de cargo da Diretoria, em virtude de perda do mandato, morte ou renúncia, o sucessor é eleito pelo Conselho Pleno.

§ 4º. Para o desempenho de suas atividades, a Diretoria contará, também, com dois representantes institucionais permanentes, cujas funções serão exercidas por Conselheiros Federais por ela designados, *ad referendum* do Conselho Pleno, destinadas ao acompanhamento dos interesses da Advocacia no Conselho Nacional de Justiça e no Conselho Nacional do Ministério Público.

(*) § 4º acrescido pela Resolução nº 01/2015, *DOU* de 21.5.2015.

Art. 99. Compete à Diretoria, coletivamente:

I – dar execução às deliberações dos órgãos deliberativos do Conselho;

II – elaborar e submeter à Terceira Câmara, na forma e prazo estabelecidos neste Regulamento Geral, o orçamento anual da receita e da despesa, o relatório anual, o balanço e as contas;

III – elaborar estatística anual dos trabalhos e julgados do Conselho;

IV – distribuir e redistribuir as atribuições e competências entre os seus membros;

V – elaborar e aprovar o plano de cargos e salários e a política de administração de pessoal do Conselho, propostos pelo Secretário-Geral;

VI – promover assistência financeira aos órgãos da OAB, em caso de necessidade comprovada e de acordo com previsão orçamentária;

VII – definir critérios para despesas com transporte e hospedagem dos Conselheiros, membros das comissões e convidados;

VIII – alienar ou onerar bens móveis;

IX – resolver os casos omissos no Estatuto e no Regulamento Geral, *ad referendum* do Conselho Pleno.

Art. 100. Compete ao Presidente:

I – representar a OAB em geral e os advogados brasileiros, no país e no exterior, em juízo ou fora dele;

II – representar o Conselho Federal, em juízo ou fora dele;

III – convocar e presidir o Conselho Federal e executar suas decisões;

IV – adquirir, onerar e alienar bens imóveis, quando autorizado, e administrar o patrimônio do Conselho Federal, juntamente com o Tesoureiro;

V – aplicar penas disciplinares, no caso de infração cometida no âmbito do Conselho Federal;

VI – assinar, com o Tesoureiro, cheques e ordens de pagamento;

VII – executar e fazer executar o Estatuto e a legislação complementar.

Art. 101. Compete ao Vice-Presidente:

I – presidir o Órgão Especial e executar suas decisões;

II – executar as atribuições que lhe forem cometidas pela Diretoria ou delegadas, por portaria, pelo Presidente.

Art. 102. Compete ao Secretário-Geral:

I – presidir a Primeira Câmara e executar suas decisões;

II – dirigir todos os trabalhos de Secretaria do Conselho Federal;

III – secretariar as sessões do Conselho Pleno;

IV – manter sob sua guarda e inspeção todos os documentos do Conselho Federal;

V – controlar a presença e declarar a perda de mandato dos Conselheiros Federais;

VI – executar a administração do pessoal do Conselho Federal;

VII – emitir certidões e declarações do Conselho Federal.

Art. 103. Compete ao Secretário-Geral Adjunto:

I – presidir a Segunda Câmara e executar suas decisões;

II – organizar e manter o cadastro nacional dos advogados e estagiários, requisitando os dados e informações necessários aos Conselhos Seccionais e promovendo as medidas necessárias;

(*) V. Provimento nº 95/2000.

III – executar as atribuições que lhe forem cometidas pela Diretoria ou delegadas pelo Secretário-Geral;

IV – secretariar o Órgão Especial.

Art. 104. Compete ao Tesoureiro:

I – presidir a Terceira Câmara e executar suas decisões;

II – manter sob sua guarda os bens e valores e o almoxarifado do Conselho;

III – administrar a Tesouraria, controlar e pagar todas as despesas autorizadas e assinar cheques e ordens de pagamento com o Presidente;

IV – elaborar a proposta de orçamento anual, o relatório, os balanços e as contas mensais e anuais da Diretoria;

V – propor à Diretoria a tabela de custas do Conselho Federal;

VI – fiscalizar e cobrar as transferências devidas pelos Conselhos Seccionais ao Conselho Federal, propondo à Diretoria a intervenção nas Tesourarias dos inadimplentes;

VII – manter inventário dos bens móveis e imóveis do Conselho Federal, atualizado anualmente;

VIII – receber e dar quitação dos valores recebidos pelo Conselho Federal.

§ 1º. Em casos imprevistos, o Tesoureiro pode realizar despesas não constantes do orçamento anual, quando autorizadas pela Diretoria.

§ 2º. Cabe ao Tesoureiro propor à Diretoria o regulamento para aquisições de material de consumo e permanente.

Capítulo IV
DO CONSELHO SECCIONAL

Art. 105. Compete ao Conselho Seccional, além do previsto nos arts. 57 e 58 do Estatuto:

I – cumprir o disposto nos incisos I, II e III do art. 54 do Estatuto;

II – adotar medidas para assegurar o regular funcionamento das Subseções;

III – intervir, parcial ou totalmente, nas Subseções e na Caixa de Assistência dos Advogados, onde e quando constatar grave violação do Estatuto, deste Regulamento Geral e do Regimento Interno do Conselho Seccional;

IV – cassar ou modificar, de ofício ou mediante representação, qualquer ato de sua diretoria e dos demais órgãos executivos e deliberativos, da diretoria ou do conselho da Subseção e da diretoria da Caixa de Assistência dos Advogados, contrários ao Estatuto, ao Regulamento Geral, aos Provimentos, ao Código de Ética e Disciplina, ao seu Regimento Interno e às suas Resoluções;

V – ajuizar, após deliberação:

a) ação direta de inconstitucionalidade de leis ou atos normativos estaduais e municipais, em face da Constituição Estadual ou da Lei Orgânica do Distrito Federal;

b) ação civil pública, para defesa de interesses difusos de caráter geral e coletivos e individuais homogêneos;

(*) Alínea "b" com redação dada pelo Conselho Pleno, *DJ* nº 238-E, de 12.12.2000.

c) mandado de segurança coletivo, em defesa de seus inscritos, independentemente de autorização pessoal dos interessados;

d) mandado de injunção, em face da Constituição Estadual ou da Lei Orgânica do Distrito Federal.

Parágrafo único. O ajuizamento é decidido pela Diretoria, no caso de urgência ou recesso do Conselho Seccional.

Art. 106. Os Conselhos Seccionais são compostos de conselheiros eleitos, incluindo os membros da Diretoria, proporcionalmente ao número de advogados com inscrição concedida, observados os seguintes critérios:

I – abaixo de 3.000 (três mil) inscritos, até 30 (trinta) membros;

(*) Inciso I com redação dada pela Resolução nº 02/2009, *DJ* de 17.6.2009.

II – a partir de 3.000 (três mil) inscritos, mais um membro por grupo completo de 3.000 (três mil) inscritos, até o total de 80 (oitenta) membros.

(*) Inciso II com redação dada pela Resolução nº 02/2009, *DJ* de 17.6.2009.

§ 1º. Cabe ao Conselho Seccional, observado o número da última inscrição concedida, fixar o número de seus membros, mediante resolução, sujeita a referendo do Conselho Federal, que aprecia a base de cálculo e reduz o excesso, se houver.

§ 2º. O Conselho Seccional, a delegação do Conselho Federal, a diretoria da Caixa de Assistência dos Advogados, a diretoria e o conselho da Subseção podem ter suplentes, eleitos na chapa vencedora, em número fixado entre a metade e o total de conselheiros titulares.

(*) § 2º com redação dada pela Resolução nº 03/2012, *DOU* de 19.4.2012.

§ 3º. Não se incluem no cálculo da composição dos elegíveis ao Conselho seus ex-Presidentes e o Presidente do Instituto dos Advogados.

Art. 107. Todos os órgãos vinculados ao Conselho Seccional reúnem-se, ordinariamente, nos meses de fevereiro a dezembro, em suas sedes, e para a sessão de posse no mês de janeiro do primeiro ano do mandato.

§ 1º. Em caso de urgência ou nos períodos de recesso (janeiro), os Presidentes dos órgãos ou um terço de seus membros podem convocar sessão extraordinária.

(*) § 1º com redação dada pela Resolução nº 01/2010, *DJ* de 28.6.2010.

§ 2º. As convocações para as sessões ordinárias são acompanhadas de minuta da ata da sessão anterior e dos demais documentos necessários.

Art. 108. Para aprovação ou alteração do Regimento Interno do Conselho, de criação e intervenção em Caixa de Assistência dos Advogados e Subseções e para aplicação da pena de exclusão de inscrito é necessário *quorum* de presença de dois terços dos conselheiros.

§ 1º. Para as demais matérias exige-se *quorum* de instalação e deliberação de metade dos membros de cada órgão deliberativo, não se computando no cálculo os ex-Presidentes presentes, com direito a voto.

§ 2º. A deliberação é tomada pela maioria dos votos dos presentes, incluindo os ex-Presidentes com direito a voto.

§ 3º. Comprova-se a presença pela assinatura no documento próprio, sob controle do Secretário da sessão.

§ 4º. Qualquer membro presente pode requerer a verificação do *quorum*, por chamada.

§ 5º. A ausência à sessão depois da assinatura de presença, não justificada ao Presidente, é contada para efeito de perda do mandato.

Art. 109. O Conselho Seccional pode dividir-se em órgãos deliberativos e instituir comissões especializadas, para melhor desempenho de suas atividades.

§ 1º. Os órgãos do Conselho podem receber a colaboração gratuita de advogados não conselheiros, inclusive para instrução processual, considerando-se função relevante em benefício da advocacia.

§ 2º. No Conselho Seccional e na Subseção que disponha de conselho é obrigatória a instalação e o funcionamento da Comissão de Direitos Humanos, da Comissão de Orçamento e Contas e da Comissão de Estágio e Exame de Ordem.

§ 3º. Os suplentes podem desempenhar atividades permanentes e temporárias, na forma do Regimento Interno.

§ 4º. As Câmaras e os órgãos julgadores em que se dividirem os Conselhos Seccionais para o exercício das respectivas competências serão integradas exclusivamente por Conselheiros eleitos, titulares ou suplentes.

(*) § 4º acrescido pela Resolução nº 04/2010, *DOU* de 16.2.2011.

(*) Resolução nº 04/2010 (*DOU* de 16.2.2011): "Art. 2º. Os Regimentos Internos dos Conselhos Seccionais adaptar-se-ão ao disposto no § 4º do art. 109 do Regulamento Geral, acrescido por esta Resolução, no prazo de 90 (noventa) dias.".

Art. 110. Os relatores dos processos em tramitação no Conselho Seccional têm competência para instrução, podendo ouvir depoimentos, requisitar documentos, determinar diligências e propor o arquivamento ou outra providência porventura cabível ao Presidente do órgão colegiado competente.

Art. 111. O Conselho Seccional fixa tabela de honorários advocatícios, definindo as referências mínimas e as proporções, quando for o caso.

Parágrafo único. A tabela é amplamente divulgada entre os inscritos e encaminhada ao Poder Judiciário para os fins do art. 22 do Estatuto.

Art. 112. O Exame de Ordem será regulamentado por Provimento editado pelo Conselho Federal.

(*) Art. 112, *caput*, com redação dada pela Resolução nº 01/2011, *DOU* de 15.6.2011.

§ 1º. O Exame de Ordem é organizado pela Coordenação Nacional de Exame de Ordem, na forma de Provimento do Conselho Federal.

(*) § 1º com redação dada pela Resolução nº 01/2011, *DOU* de 15.6.2011.

§ 2º. Às Comissões de Estágio e Exame de Ordem dos Conselhos Seccionais compete fiscalizar a aplicação da prova e verificar o preenchimento dos requisitos exigidos dos examinandos quando dos pedidos de inscrição, assim como difundir as diretrizes e defender a necessidade do Exame de Ordem.

(*) § 2º com redação dada pela Resolução nº 01/2011, *DOU* de 15.6.2011.

Art. 113. O Regimento Interno do Conselho Seccional define o procedimento de intervenção total ou parcial nas Subseções e na Caixa de Assistência dos Advogados, observados os critérios estabelecidos neste Regulamento Geral para a intervenção no Conselho Seccional.

Art. 114. Os Conselhos Seccionais definem nos seus Regimentos Internos a composição, o modo de eleição e o funcionamento dos Tribunais de Ética e Disciplina, observados os procedimentos do Código de Ética e Disciplina.

§ 1º. Os membros dos Tribunais de Ética e Disciplina, inclusive seus Presidentes, são eleitos na primeira sessão ordinária após a posse dos Conselhos Seccionais, dentre os seus integrantes ou advogados de notável reputação ético-profissional, observados os mesmos requisitos para a eleição do Conselho Seccional.

§ 2º. O mandato dos membros dos Tribunais de Ética e Disciplina tem a duração de três anos.

§ 3º. Ocorrendo qualquer das hipóteses do art. 66 do Estatuto, o membro do Tribunal de Ética e Disciplina perde o mandato antes do seu término, cabendo ao Conselho Seccional eleger o substituto.

Capítulo V
DAS SUBSEÇÕES

Art. 115. Compete às subseções dar cumprimento às finalidades previstas no art. 61 do Estatuto e neste Regulamento Geral.

Art. 116. O Conselho Seccional fixa, em seu orçamento anual, dotações específicas para as subseções, e as repassa segundo programação financeira aprovada ou em duodécimos.

Art. 117. A criação de Subseção depende, além da observância dos requisitos estabelecidos no Regimento Interno do Conselho Seccional, de estudo preliminar de viabilidade realizado por comissão especial designada pelo Presidente do Conselho Seccional, incluindo o número de advogados efetivamente residentes na base territorial, a existência de comarca judiciária, o levantamento e a perspectiva do mercado de trabalho, o custo de instalação e de manutenção.

Art. 118. A resolução do Conselho Seccional que criar a Subseção deve:

I – fixar sua base territorial;

II – definir os limites de suas competências e autonomia;

III – fixar a data da eleição da diretoria e do conselho, quando for o caso, e o início do mandato com encerramento coincidente com o do Conselho Seccional;

IV – definir a composição do conselho da Subseção e suas atribuições, quando for o caso.

§ 1º. Cabe à Diretoria do Conselho Seccional encaminhar cópia da resolução ao Conselho Federal, comunicando a composição da diretoria e do conselho.

§ 2º. Os membros da diretoria da Subseção integram seu conselho, que tem o mesmo presidente.

Art. 119. Os conflitos de competência entre subseções e entre estas e o Conselho Seccional são por este decididos, com recurso voluntário ao Conselho Federal.

Art. 120. Quando a Subseção dispuser de conselho, o Presidente deste designa um de seus membros, como relator, para instruir processo de inscrição no quadro da OAB, para os residentes em sua base territorial, ou processo disciplinar, quando o fato tiver ocorrido na sua base territorial.

§ 1º. Os relatores dos processos em tramitação na Subseção têm competência para instrução, podendo ouvir depoimentos, requisitar documentos, determinar diligências e propor o arquivamento ou outra providência ao Presidente.

§ 2º. Concluída a instrução do pedido de inscrição, o relator submete parecer prévio ao Conselho da Subseção, que pode ser acompanhado pelo relator do Conselho Seccional.

§ 3º. Concluída a instrução do processo disciplinar, nos termos previstos no Estatuto e no Código de Ética e Disciplina, o relator emite parecer prévio, o qual, se homologado pelo Conselho da Subseção, é submetido ao julgamento do Tribunal de Ética e Disciplina.

§ 4º. Os demais processos, até mesmo os relativos à atividade de advocacia, incompatibilidades e impedimentos, obedecem a procedimento equivalente.

Capítulo VI
DAS CAIXAS DE ASSISTÊNCIA DOS ADVOGADOS

Art. 121. As Caixas de Assistência dos Advogados são criadas mediante aprovação e registro de seus estatutos pelo Conselho Seccional.

Art. 122. O estatuto da Caixa define as atividades da Diretoria e a sua estrutura organizacional.

§ 1º. A Caixa pode contar com departamentos específicos, integrados por profissionais designados por sua Diretoria.

§ 2º. O plano de empregos e salários do pessoal da Caixa é aprovado por sua Diretoria e homologado pelo Conselho Seccional.

Art. 123. A assistência aos inscritos na OAB é definida no estatuto da Caixa e está condicionada à:

I – regularidade do pagamento, pelo inscrito, da anuidade à OAB;

II – carência de um ano, após o deferimento da inscrição;

III – disponibilidade de recursos da Caixa.

Parágrafo único. O estatuto da Caixa pode prever a dispensa dos requisitos de que cuidam os incisos I e II, em casos especiais.

Art. 124. A seguridade complementar pode ser implementada pela Caixa, segundo dispuser seu estatuto.

Art. 125. As Caixas promovem entre si convênios de colaboração e execução de suas finalidades.

Art. 126. A Coordenação Nacional das Caixas, por elas mantida, composta de seus presidentes, é órgão de assessoramento do Conselho Federal da OAB para a política nacional de assistência e seguridade dos advogados, tendo seu Coordenador direito a voz nas sessões, em matéria a elas pertinente.

Art. 127. O Conselho Federal pode constituir fundos nacionais de seguridade e assistência dos advogados, coordenados pelas Caixas, ouvidos os Conselhos Seccionais.

Capítulo VII
DAS ELEIÇÕES

Art. 128. O Conselho Seccional, até 45 (quarenta e cinco) dias antes da data da votação, no último ano do mandato, convocará os advogados inscritos para a votação obrigatória, mediante edital resumido, publicado na imprensa oficial, do qual constarão, dentre outros, os seguintes itens:

(*) Art. 128, *caput*, com redação dada pela Resolução nº 01/2014, *DOU* de 14.11.2014.

I – dia da eleição, na segunda quinzena de novembro, dentro do prazo contínuo de oito horas, com início fixado pelo Conselho Seccional;

II – prazo para o registro das chapas, na Secretaria do Conselho, até trinta dias antes da votação;

III – modo de composição da chapa, incluindo o número de membros do Conselho Seccional;

IV – prazo de três dias úteis, tanto para a impugnação das chapas quanto para a defesa, após o encerramento do prazo do pedido de registro (item II), e de cinco dias úteis para a decisão da Comissão Eleitoral;

V – nominata dos membros da Comissão Eleitoral escolhida pela Diretoria;

VI – locais de votação;

VII – referência a este capítulo do Regulamento Geral, cujo conteúdo estará à disposição dos interessados.

§ 1º. O edital define se as chapas concorrentes às Subseções são registradas nestas ou na Secretaria do próprio Conselho.

§ 2º. Cabe aos Conselhos Seccionais promover ampla divulgação das eleições, em seus meios de comunicação, não podendo recusar a publicação, em condições de absoluta igualdade, do programa de todas as chapas.

(*) § 2º com redação dada pelo Conselho Pleno, *DJ* nº 238-E, de 12.12.2000.

§ 3º. Mediante requerimento escrito formulado pela chapa e assinado por seu representante legal, dirigido ao Presidente da Comissão Eleitoral, esta fornecerá, em 72 (setenta e duas) horas, listagem atualizada com nome e endereço postal dos advogados.

(*) § 3º com redação dada pela Resolução nº 02/2011, *DOU* de 20.12.2011.

§ 4º. A listagem a que se refere o parágrafo 3º será fornecida mediante o pagamento das taxas fixadas pelo Conselho Seccional, não se admitindo mais de um requerimento por chapa concorrente.

(*) § 4º acrescido pelo Conselho Pleno, *DJ* nº 238-E, de 12.12.2000.

Art. 128-A. A Diretoria do Conselho Federal, no mês de fevereiro do ano das eleições, designará Comissão Eleitoral Nacional, composta por 5 (cinco) advogados e presidida preferencialmente por Conselheiro Federal que não seja candidato, como órgão deliberativo encarregado de supervisionar, com função correcional e consultiva, as eleições seccionais e a eleição para a Diretoria do Conselho Federal.

(*) Art. 128-A acrescido pela Resolução nº 01/2014, *DOU* de 14.11.2014.

Art. 129. A Comissão Eleitoral é composta de cinco advogados, sendo um Presidente, que não integrem qualquer das chapas concorrentes.

§ 1º. A Comissão Eleitoral utiliza os serviços das Secretarias do Conselho Seccional e das subseções, com o apoio necessário de suas Diretorias, convocando ou atribuindo tarefas aos respectivos servidores.

§ 2º. No prazo de cinco dias úteis, após a publicação do edital de convocação das eleições, qualquer advogado pode arguir a suspeição de membro da Comissão Eleitoral, a ser julgada pelo Conselho Seccional.

§ 3º. A Comissão Eleitoral pode designar Subcomissões para auxiliar suas atividades nas subseções.

§ 4º. As mesas eleitorais são designadas pela Comissão Eleitoral.

§ 5º. A Diretoria do Conselho Seccional pode substituir os membros da Comissão Eleitoral quando, comprovadamente, não estejam cumprindo suas atividades, em prejuízo da organização e da execução das eleições.

Art. 130. Contra decisão da Comissão Eleitoral cabe recurso ao Conselho Seccional, no prazo de quinze dias, e deste para o Conselho Federal, no mesmo prazo, ambos sem efeito suspensivo.

Parágrafo único. Quando a maioria dos membros do Conselho Seccional estiver concorrendo às eleições, o recurso contra decisão da Comissão Eleitoral será encaminhado diretamente ao Conselho Federal.

(*) Parágrafo único acrescido pela Resolução nº 02/2011, *DOU* de 20.12.2011.

Art. 131. São admitidas a registro apenas chapas completas, que deverão atender ao mínimo de 30% (trinta por cento) e ao máximo de 70% (setenta por cento) para candidaturas de cada sexo, com indicação dos candidatos aos cargos de diretoria do Conselho Seccional, de conselheiros seccionais, de conselheiros federais, de diretoria da Caixa de Assistência dos Advogados e de suplentes, se houver, sendo vedadas candidaturas isoladas ou que integrem mais de uma chapa.

(*) Art. 131, *caput*, com redação dada pela Resolução nº 01/2014, *DOU* de 14.11.2014.

§ 1º. O percentual mínimo previsto no *caput* deste artigo poderá ser alcançado levando-se em consideração a chapa completa, compreendendo os cargos de titular e de suplência, não sendo obrigatória a observância em cargos específicos ou de diretoria, incluindo a do Conselho Federal.

(*) § 1º com redação dada pela Resolução nº 01/2014, *DOU* de 14.11.2014.

§ 2º. Para o alcance do percentual mínimo previsto no *caput* deste artigo observar-se-á o arredondamento de fração para cima, considerando-se o número inteiro de vagas subsequente.

(*) § 2º com redação dada pela Resolução nº 01/2014, *DOU* de 14.11.2014.

§ 3º. É facultativa a observação do percentual mínimo previsto neste artigo nas Subseções que não possuam Conselho.

(*) § 3º com redação dada pela Resolução nº 01/2014, *DOU* de 14.11.2014.

§ 4º. O requerimento de inscrição, dirigido ao Presidente da Comissão Eleitoral, é subscrito pelo candidato a Presidente e por 2 (dois) outros candidatos à Diretoria, contendo nome completo, número de inscrição na OAB e endereço profissional de cada candidato, com indicação do cargo a que concorre, acompanhado das autorizações escritas dos integrantes da chapa.

(*) § 4º com redação dada pela Resolução nº 01/2014, *DOU* de 14.11.2014.

§ 5º. Somente integra chapa o candidato que, cumulativamente:

(*) § 5º, *caput*, com redação dada pela Resolução nº 01/2014, *DOU* de 14.11.2014.

a) seja advogado regularmente inscrito na respectiva Seccional da OAB, com inscrição principal ou suplementar;

(*) Alínea "a" com redação dada pela Resolução nº 01/2014, *DOU* de 14.11.2014.

b) esteja em dia com as anuidades;

(*) Alínea "b" com redação dada pela Resolução nº 01/2014, *DOU* de 14.11.2014.

c) não ocupe cargos ou funções incompatíveis com a advocacia, referidos no art. 28 do Estatuto, em caráter permanente ou temporário, ressalvado o disposto no art. 83 da mesma Lei;

(*) Alínea "c" com redação dada pela Resolução nº 01/2014, *DOU* de 14.11.2014.

d) não ocupe cargos ou funções dos quais possa ser exonerável *ad nutum*, mesmo que compatíveis com a advocacia;

(*) Alínea "d" com redação dada pela Resolução nº 01/2014, *DOU* de 14.11.2014.

e) não tenha sido condenado em definitivo por qualquer infração disciplinar, salvo se reabilitado pela OAB, ou não tenha representação disciplinar em curso, já julgada procedente por órgão do Conselho Federal;

(*) Alínea "e" com redação dada pela Resolução nº 01/2014, *DOU* de 14.11.2014.

f) exerça efetivamente a profissão, há mais de cinco anos, excluído o período de estagiário, sendo facultado à Comissão Eleitoral exigir a devida comprovação;

(*) Alínea "f" com redação dada pela Resolução nº 01/2014, *DOU* de 14.11.2014.

g) não esteja em débito com a prestação de contas ao Conselho Federal, na condição de dirigente do Conselho Seccional ou da Caixa de Assistência dos Advogados, responsável pelas referidas contas, ou não tenha tido prestação de contas rejeitada, após apreciação do Conselho Federal, com trânsito em julgado, nos 8 (oito) anos seguintes;

(*) Alínea "g" com redação dada pela Resolução nº 01/2014, *DOU* de 14.11.2014.

h) com contas rejeitadas segundo o disposto na alínea "a" do inciso II do art. 7º do Provimento nº 101/2003, ressarcir o dano apurado pelo Conselho Federal, sem prejuízo do cumprimento do prazo de 8 (oito) anos previsto na alínea "g";

(*) Alínea "h" com redação dada pela Resolução nº 01/2014, *DOU* de 14.11.2014.

i) não integre listas, com processo em tramitação, para provimento de cargos nos tribunais judiciais ou administrativos.

(*) Alínea "i" com redação dada pela Resolução nº 01/2014, *DOU* de 14.11.2014.

§ 6º. A Comissão Eleitoral publica no quadro de avisos das Secretarias do Conselho Seccional e das subseções a composição das chapas com registro requerido, para fins de impugnação por qualquer advogado inscrito.

(*) § 6º com redação dada pela Resolução nº 01/2014, *DOU* de 14.11.2014.

§ 7º. A Comissão Eleitoral suspende o registro da chapa incompleta ou que inclua candidato inelegível na forma do § 5º, concedendo ao candidato a Presidente do Conselho Seccional prazo improrrogável de cinco dias úteis para sanar a irregularidade, devendo a Secretaria e a Tesouraria do Conselho ou da Subseção prestar as informações necessárias.

(*) § 7º com redação dada pela Resolução nº 01/2014, *DOU* de 14.11.2014.

§ 8º. A chapa é registrada com denominação própria, observada a preferência pela ordem de apresentação dos requerimentos, não podendo as seguintes utilizar termos, símbolos ou expressões iguais ou assemelhados.

(*) § 8º com redação dada pela Resolução nº 01/2014, *DOU* de 14.11.2014.

§ 9º. Em caso de desistência, morte ou inelegibilidade de qualquer integrante da chapa, a substituição pode ser requerida, sem alteração da cédula única já composta, considerando-se votado o substituído.

(*) § 9º com redação dada pela Resolução nº 01/2014, *DOU* de 14.11.2014.

§ 10. Os membros dos órgãos da OAB, no desempenho de seus mandatos, podem neles permanecer se concorrerem às eleições.

(*) § 10 com redação dada pela Resolução nº 01/2014, *DOU* de 14.11.2014.

Art. 131-A. São condições de elegibilidade: ser o candidato advogado inscrito na Seccional, com inscrição principal ou suplementar, em efetivo exercício há mais de 5 (cinco) anos, e estar em dia com as anuidades na data de protocolo do pedido de registro de candidatura, considerando-se regulares aqueles que parcelaram seus débitos e estão adimplentes com a quitação das parcelas.

(*) Art. 131-A, *caput*, acrescido pela Resolução nº 02/2011, *DOU* de 20.12.2011.

§ 1º. O candidato deverá comprovar sua adimplência junto à OAB por meio da apresentação de certidão da Seccional onde é candidato.

(*) § 1º acrescido pela Resolução nº 02/2011, *DOU* de 20.12.2011.

§ 2º. Sendo o candidato inscrito em várias Seccionais, deverá, ainda, quando da inscrição da chapa na qual concorrer, declarar, sob a sua responsabilidade e sob as penas legais, que se encontra adimplente com todas elas.

(*) § 2º acrescido pela Resolução nº 02/2011, *DOU* de 20.12.2011.

§ 3º. O período de 5 (cinco) anos estabelecido no *caput* deste artigo é o que antecede imediatamente a data da posse, computado continuamente.

(*) § 3º acrescido pela Resolução nº 02/2011, *DOU* de 20.12.2011.

Art. 131-B. Desde o pedido de registro da chapa, poderá ser efetuada doação para a campanha por advogados, inclusive candidatos, sendo vedada a doação por pessoas físicas que não sejam advogados e por qualquer empresa ou pessoa jurídica, sob pena de indeferimento de registro ou cassação do mandato.

(*) Art. 131-B, *caput*, acrescido pela Resolução nº 01/2014, *DOU* de 14.11.2014.

§ 1º. Será obrigatória a prestação de contas de campanha por parte das chapas concorrentes, devendo ser fixado pelo Conselho Federal o limite máximo de gastos.

(*) § 1º acrescido pela Resolução nº 01/2014, *DOU* de 14.11.2014.

§ 2º. Também será fixado pelo Conselho Federal o limite máximo de doações para as campanhas eleitorais por parte de quem não é candidato.

(*) § 2º acrescido pela Resolução nº 01/2014, *DOU* de 14.11.2014.

(*) Resolução nº 01/2014, *DOU* de 14.11.2014: ***Art. 2º.*** O disposto nos §§ 1º e 2º do art. 131-B do Regulamento Geral, segundo a redação atribuída por esta Resolução, será regulamentado em normativo posterior do Conselho Federal, que organizará o sistema de controle interno para esse fim, devendo ser aplicado a partir das eleições da Ordem dos Advogados do Brasil a serem realizadas no ano de 2018.

Art. 132. A votação será realizada através de urna eletrônica, salvo comprovada impossibilidade, devendo ser feita no número atribuído a cada chapa, por ordem de inscrição.

(*) Art. 132, *caput*, com redação dada pela Resolução nº 02/2011, *DOU* de 20.12.2011.

§ 1º. Caso não seja adotada a votação eletrônica, a cédula eleitoral será única, contendo as chapas concorrentes na ordem em que foram registradas, com uma só quadrícula ao lado de cada denominação, e agrupadas em colunas, observada a seguinte ordem:

(*) § 1º, *caput*, com redação dada pelo Conselho Pleno, *DJ* nº 236, de 9.12.2005.

I – denominação da chapa e nome do candidato a Presidente, em destaque;

(*) Inciso I com redação dada pelo Conselho Pleno, *DJ* nº 236 de 9.12.2005.

II – Diretoria do Conselho Seccional;

(*) Inciso II com redação dada pelo Conselho Pleno, *DJ* nº 236 de 9.12.2005.

III – Conselheiros Seccionais;

(*) Inciso III com redação dada pelo Conselho Pleno, *DJ* nº 236 de 9.12.2005.

IV – Conselheiros Federais;

(*) Inciso IV com redação dada pelo Conselho Pleno, *DJ* nº 236 de 9.12.2005.

V – Diretoria da Caixa de Assistência dos Advogados;

(*) Inciso V com redação dada pelo Conselho Pleno, *DJ* nº 236 de 9.12.2005.

VI – Suplentes.

(*) Inciso VI com redação dada pelo Conselho Pleno, *DJ* nº 236, de 9.12.2005.

§ 2º. Nas Subseções, não sendo adotado o voto eletrônico, além da cédula referida neste Capítulo, haverá outra cédula para as chapas concorrentes à Diretoria da Subseção e do respectivo Conselho, se houver, observando-se idêntica forma.

(*) § 2º com redação dada pelo Conselho Pleno, *DJ* nº 236, de 9.12.2005.

§ 3º. O Conselho Seccional, ao criar o Conselho da Subseção, fixará, na resolução, a data da eleição suplementar, regulamentando-a segundo as regras deste Capítulo.

(*) § 3º com redação dada pelo Conselho Pleno, *DJ* nº 236, de 9.12.2005.

§ 4º. Os eleitos ao primeiro Conselho da Subseção complementam o prazo do mandato da Diretoria.

(*) § 4º com redação dada pelo Conselho Pleno, *DJ* nº 236, de 9.12.2005.

Art. 133. Perderá o registro a chapa que praticar ato de abuso de poder econômico, político e dos meios de comunicação, ou for diretamente beneficiada, ato esse que se configura por:

(*) Art. 133, *caput*, com redação dada pelo Conselho Pleno, *DJ* nº 236, de 9.12.2005.

I – propaganda transmitida por meio de emissora de televisão ou rádio, permitindo-se entrevistas e debates com os candidatos;

(*) Inciso I com redação dada pelo Conselho Pleno, *DJ* nº 236, de 9.12.2005.

II – propaganda por meio de outdoors ou com emprego de carros de som ou assemelhados;

(*) Inciso II com redação dada pelo Conselho Pleno, *DJ* nº 236, de 9.12.2005.

III – propaganda na imprensa, a qualquer título, ainda que gratuita, que exceda, por edição, a um oitavo de página de jornal padrão e a um quarto de página de revista ou tabloide, não podendo exceder, ainda, a 10 (dez) edições;

(*) Inciso III com redação dada pela Resolução nº 02/2011, *DOU* de 20.12.2011.

IV – uso de bens imóveis e móveis pertencentes à OAB, à Administração direta ou indireta da União, dos Estados, do Distrito Federal e dos Municípios, ou de serviços por estes custeados, em benefício de chapa ou de candidato, ressalvados os espaços da Ordem que devam ser utilizados, indistintamente, pelas chapas concorrentes;

(*) Inciso IV com redação dada pelo Conselho Pleno, *DJ* nº 236, de 9.12.2005.

V – pagamento, por candidato ou chapa, de anuidades de advogados ou fornecimento de quaisquer outros tipos de recursos financeiros ou materiais que possam desvirtuar a liberdade do voto;

(*) Inciso V com redação dada pelo Conselho Pleno, *DJ* nº 236, de 9.12.2005.

VI – utilização de servidores da OAB em atividades de campanha eleitoral.

(*) Inciso VI com redação dada pelo Conselho Pleno, *DJ* nº 236, de 9.12.2005.

§ 1º. A propaganda eleitoral, que só poderá ter início após o pedido de registro da chapa, tem como finalidade apresentar e debater propostas e ideias relacionadas às finalidades da OAB e aos interesses da Advocacia, sendo vedada a prática de atos que visem a exclusiva promoção pessoal de candidatos e, ainda, a abordagem de temas de modo a comprometer a dignidade da profissão e da Ordem dos Advogados do Brasil ou ofender a honra e imagem de candidatos.

(*) § 1º com redação dada pela Resolução nº 01/2014, *DOU* de 14.11.2014.

§ 2º. A propaganda antecipada ou proibida importará em notificação de advertência a ser expedida pela Comissão Eleitoral competente para que, em 24 (vinte e quatro horas), seja suspensa, sob pena de aplicação de multa correspondente ao valor de 1 (uma) até 10 (dez) anuidades.

(*) § 2º com redação dada pela Resolução nº 01/2014, *DOU* de 14.11.2014.

§ 3º. Havendo recalcitrância ou reincidência, a Comissão Eleitoral procederá à abertura de procedimento de indeferimento ou cassação de registro da chapa ou do mandato, se já tiver sido eleita.

(*) § 3º com redação dada pela Resolução nº 01/2014, *DOU* de 14.11.2014.

§ 4º. Se a Comissão Eleitoral entender que qualquer ato configure infração disciplinar, deverá notificar os órgãos correcionais competentes da OAB.

(*) § 4º com redação dada pela Resolução nº 01/2014, *DOU* de 14.11.2014.

§ 5º. É vedada:

(*) § 5º, *caput*, com redação dada pela Resolução nº 01/2014, *DOU* de 14.11.2014.

I – no período de 15 (quinze) dias antes da data das eleições, a divulgação de pesquisa eleitoral;

(*) Inciso I com redação dada pela Resolução nº 01/2014, *DOU* de 14.11.2014.

II – no período de 30 (trinta) dias antes da data das eleições, a regularização da situação financeira de advogado perante a OAB para torná-lo apto a votar;

(*) Inciso II com redação dada pela Resolução nº 01/2014, *DOU* de 14.11.2014.

III – no período de 60 (sessenta) dias antes das eleições, a promoção pessoal de candidatos na inauguração de obras e serviços da OAB;

(*) Inciso III com redação dada pela Resolução nº 01/2014, *DOU* de 14.11.2014.

IV – no período de 90 (noventa) dias antes da data das eleições, a concessão ou distribuição, às Seccionais e Subseções, por dirigente, candidato ou chapa, de recursos financeiros, salvo os destinados ao pagamento de despesas de pessoal e de custeio ou decorrentes de obrigações e de projetos pré-existentes, bem como de máquinas, equipamentos, móveis e utensílios, ressalvados os casos de reposição, e a convolação de débitos em auxílios financeiros, salvo quanto a obrigações e a projetos pré-existentes.

(*) Inciso IV com redação dada pela Resolução nº 01/2014, *DOU* de 14.11.2014.

§ 6º. Qualquer chapa pode representar, à Comissão Eleitoral, relatando fatos e indicando provas, indícios e circunstâncias, para que se promova a apuração de abuso.

(*) § 6º com redação dada pela Resolução nº 01/2014, *DOU* de 14.11.2014.

§ 7º. Cabe ao Presidente da Comissão Eleitoral, de ofício ou mediante representação, até a proclamação do resultado do pleito, instaurar processo e determinar a notificação da chapa representada, por intermédio de qualquer dos candidatos à Diretoria do Conselho ou, se for o caso, da Subseção, para que apresente defesa no prazo de 5 (cinco) dias, acompanhada de documentos e rol de testemunhas.

(*) § 7º com redação dada pela Resolução nº 01/2014, *DOU* de 14.11.2014.

§ 8º. Pode o Presidente da Comissão Eleitoral determinar à representada que suspenda o ato impugnado, se entender relevante o fundamento e necessária a medida para preservar a normalidade e legitimidade do pleito, cabendo recurso, à Comissão Eleitoral, no prazo de 3 (três) dias.

(*) § 8º com redação dada pela Resolução nº 01/2014, *DOU* de 14.11.2014.

§ 9º. Apresentada ou não a defesa, a Comissão Eleitoral procede, se for o caso, a instrução do processo, pela requisição de documentos e a oitiva de testemunhas, no prazo de 3 (três) dias.

(*) § 9º com redação dada pela Resolução nº 01/2014, *DOU* de 14.11.2014.

§ 10. Encerrada a dilação probatória, as partes terão prazo comum de 2 (dois) dias para apresentação das alegações finais.

(*) § 10 com redação dada pela Resolução nº 01/2014, *DOU* de 14.11.2014.

§ 11. Findo o prazo de alegações finais, a Comissão Eleitoral decidirá, em no máximo 2 (dois) dias, notificando as partes da decisão, podendo, para isso, valer-se do uso de fax.

(*) § 11 com redação dada pela Resolução nº 01/2014, *DOU* de 14.11.2014.

§ 12. A decisão que julgar procedente a representação implica no cancelamento de registro da chapa representada e, se for o caso, na anulação dos votos, com a perda do mandato de seus componentes.

(*) § 12 com redação dada pela Resolução nº 01/2014, *DOU* de 14.11.2014.

§ 13. Se a nulidade atingir mais da metade dos votos a eleição estará prejudicada, convocando-se outra no prazo de 30 (trinta) dias.

(*) § 13 acrescido pela Resolução nº 01/2014, *DOU* de 14.11.2014.

§ 14. Os candidatos da chapa que tiverem dado causa à anulação da eleição não podem concorrer no pleito que se realizar em complemento.

(*) § 14 acrescido pela Resolução nº 01/2014, *DOU* de 14.11.2014.

§ 15. Ressalvado o disposto no § 7º deste artigo, os prazos correm em Secretaria, publicando-se, no quadro de avisos do Conselho Seccional ou da Subseção, se for o caso, os editais relativos aos atos do processo eleitoral.

(*) § 15 acrescido pela Resolução nº 01/2014, *DOU* de 14.11.2014.

Art. 134. O voto é obrigatório para todos os advogados inscritos da OAB, sob pena de multa equivalente a 20% (vinte por cento) do valor da anuidade, salvo ausência justificada por escrito, a ser apreciada pela Diretoria do Conselho Seccional.

§ 1º. O eleitor faz prova de sua legitimação apresentando seu Cartão ou a Carteira de Identidade de Advogado, a Cédula de Identidade – RG, a Carteira Nacional de Habilitação – CNH, a Carteira de Trabalho e Previdência Social – CTPS ou o Passaporte, e o comprovante de quitação com a OAB, suprível por listagem atualizada da Tesouraria do Conselho ou da Subseção.

(*) § 1º com redação dada pela Resolução nº 02/2011, *DOU* de 20.12.2011.

§ 2º. O eleitor, na cabine indevassável, deverá optar pela chapa de sua escolha, na urna eletrônica ou na cédula fornecida e rubricada pelo presidente da mesa eleitoral.

(*) § 2º com redação dada pela Resolução nº 02/2011, *DOU* de 20.12.2011.

§ 3º. Não pode o eleitor suprir ou acrescentar nomes ou rasurar a cédula, sob pena de nulidade do voto.

§ 4º. O advogado com inscrição suplementar pode exercer opção de voto, comunicando ao Conselho onde tenha inscrição principal.

§ 5º. O eleitor somente pode votar no local que lhe for designado, sendo vedada a votação em trânsito.

§ 6º. Na hipótese de voto eletrônico, adotar-se-ão, no que couber, as regras estabelecidas na legislação eleitoral.

(*) § 6º acrescido pelo Conselho Pleno, *DJ* nº 227, de 24.11.1997.

§ 7º. A transferência do domicílio eleitoral para exercício do voto somente poderá ser requerida até as 18 (dezoito) horas do dia anterior à publicação do edital de abertura do período eleitoral da respectiva Seccional, observado o art. 10 do Estatuto e ressalvados os casos do § 4º do art. 134 do Regulamento Geral e dos novos inscritos.

(*) § 7º acrescido pela Resolução nº 04/2012, *DOU* de 27.8.2012.

Art. 135. Encerrada a votação, as mesas receptoras apuram os votos das respectivas urnas, nos mesmos locais ou em outros designados pela Comissão Eleitoral, preenchendo e assinando os documentos dos resultados e entregando todo o material à Comissão Eleitoral ou à Subcomissão.

§ 1º. As chapas concorrentes podem credenciar até dois fiscais para atuar alternadamente junto a cada mesa eleitoral e assinar os documentos dos resultados.

§ 2º. As impugnações promovidas pelos fiscais são registradas nos documentos dos resultados, pela mesa, para decisão da Comissão Eleitoral ou de sua Subcomissão, mas não prejudicam a contagem de cada urna.

§ 3º. As impugnações devem ser formuladas às mesas eleitorais, sob pena de preclusão.

Art. 136. Concluída a totalização da apuração pela Comissão Eleitoral, esta proclamará o resultado, lavrando ata encaminhada ao Conselho Seccional.

§ 1º. São considerados eleitos os integrantes da chapa que obtiver a maioria dos votos válidos, proclamada vencedora pela Comissão Eleitoral, sendo empossados no primeiro dia do início de seus mandatos.

§ 2º. A totalização dos votos relativos às eleições para diretoria da Subseção e do Conselho, quando houver, é promovida pela Subcomissão Eleitoral, que proclama o resultado, lavrando ata encaminhada à Subseção e ao Conselho Seccional.

Art. 137. A eleição para a Diretoria do Conselho Federal observa o disposto no art. 67 do Estatuto.

§ 1º. O requerimento de registro das candidaturas, a ser apreciado pela Diretoria do Conselho Federal, deve ser protocolado ou postado com endereçamento ao Presidente da entidade:

(*) § 1º, *caput*, com redação dada pela Resolução nº 01/2006, *DJ* de 4.9.2006.

I – de 31 de julho a 31 de dezembro do ano anterior à eleição, para registro de candidatura à Presidência, acompanhado das declarações de apoio de, no mínimo, seis Conselhos Seccionais;

(*) Inciso I com redação dada pela Resolução nº 01/2006, *DJ* de 4.9.2006.

II – até 31 de dezembro do anterior à eleição, para registro de chapa completa, com assinaturas, nomes, números de inscrição na OAB e comprovantes de eleição para o Conselho Federal, dos candidatos aos demais cargos da Diretoria.

(*) Inciso II com redação dada pela Resolução nº 01/2006, *DJ* de 4.9.2006.

§ 2º. Os recursos interpostos nos processos de registro de chapas serão decididos pelo Conselho Pleno do Conselho Federal.

(*) § 2º com redação dada pela Resolução nº 01/2006, *DJ* de 4.9.2006.

§ 3º. A Diretoria do Conselho Federal concederá o prazo de cinco dias úteis para a correção de eventuais irregularidades sanáveis.

(*) § 3º com redação dada pela Resolução nº 01/2006, *DJ* de 4.9.2006.

§ 4º. O Conselho Federal confecciona as cédulas únicas, com indicação dos nomes das chapas, dos respectivos integrantes e dos cargos a que concorrem, na ordem em que forem registradas.

(*) § 4º com redação dada pela Resolução nº 01/2006, *DJ* de 4.9.2006.

§ 5º. O eleitor indica seu voto assinalando a quadrícula ao lado da chapa escolhida.

(*) § 5º com redação dada pela Resolução nº 01/2006, *DJ* de 4.9.2006.

§ 6º. Não pode o eleitor suprimir ou acrescentar nomes ou rasurar a cédula, sob pena de nulidade do voto.

(*) § 6º com redação dada pela Resolução nº 01/2006, *DJ* de 4.9.2006.

Art. 137-A. A eleição dos membros da Diretoria do Conselho Federal será realizada às 19 horas do dia 31 de janeiro do ano seguinte ao da eleição nas Seccionais.

(*) Art. 137-A, *caput*, acrescido pela Resolução nº 01/2006, *DJ* de 4.9.2006.

§ 1º. Comporão o colégio eleitoral os Conselheiros Federais eleitos no ano anterior, nas respectivas Seccionais.

(*) § 1º acrescido pela Resolução nº 01/2006, *DJ* de 4.9.2006.

§ 2º. O colégio eleitoral será presidido pelo mais antigo dos Conselheiros Federais eleitos, e, em caso de empate, o de inscrição mais antiga, o qual designará um dos membros como Secretário.

(*) § 2º acrescido pela Resolução nº 01/2006, *DJ* de 4.9.2006.

§ 3º. O colégio eleitoral reunir-se-á no Plenário do Conselho Federal, devendo os seus membros ocupar as bancadas das respectivas Unidades federadas.

(*) § 3º acrescido pela Resolução nº 01/2006, *DJ* de 4.9.2006.

§ 4º. Instalada a sessão, com a presença da maioria absoluta dos Conselheiros Federais eleitos, será feita a distribuição da cédula de votação a todos os eleitores, incluído o Presidente.

(*) § 4º acrescido pela Resolução nº 01/2006, *DJ* de 4.9.2006.

§ 5º. As cédulas serão rubricadas pelo Presidente e pelo Secretário-Geral e distribuídas entre todos os membros presentes.

(*) § 5º acrescido pela Resolução nº 01/2006, *DJ* de 4.9.2006.

§ 6º. O colégio eleitoral contará com serviços de apoio de servidores do Conselho Federal, especificamente designados pela Diretoria.

(*) § 6º acrescido pela Resolução nº 01/2006, *DJ* de 4.9.2006.

§ 7º. As cédulas deverão ser recolhidas mediante o chamamento dos representantes de cada uma das Unidades federadas, observada a ordem alfabética, devendo ser depositadas em urna colocada na parte central e à frente da mesa, após o que o eleitor deverá assinar lista de frequência, sob guarda do Secretário--Geral.

(*) § 7º acrescido pela Resolução nº 01/2006, *DJ* de 4.9.2006.

§ 8º. Imediatamente após a votação, será feita a apuração dos votos por comissão de três membros, designada pelo Presidente, dela não podendo fazer parte eleitor da mesma Unidade federada dos integrantes das chapas.

(*) § 8º acrescido pela Resolução nº 01/2006, *DJ* de 4.9.2006.

§ 9º. Será proclamada eleita a chapa que obtiver a maioria simples do colegiado, presente metade mais um dos eleitores.

(*) § 9º acrescido pela Resolução nº 01/2006, *DJ* de 4.9.2006.

§ 10. No caso de nenhuma das chapas atingir a maioria indicada no § 9º, haverá outra votação, na qual concorrerão as duas chapas mais votadas, repetindo se a votação até que a maioria seja atingida.

(*) § 10 acrescido pela Resolução nº 01/2006, *DJ* de 4.9.2006.

§ 11. Proclamada a chapa eleita, será suspensa a reunião para a elaboração da ata, que deverá ser lida, discutida e votada, considerada aprovada se obtiver a maioria de votos dos presentes. As impugnações serão apreciadas imediatamente pelo colégio eleitoral.

(*) § 11 acrescido pela Resolução nº 01/2006, *DJ* de 4.9.2006.

Art. 137-B. Os membros do colegiado tomarão posse para o exercício do mandato trienal de Conselheiro Federal, em reunião realizada no Plenário, presidida pelo Presidente do Conselho Federal, após prestarem o respectivo compromisso.

(*) Art. 137-B acrescido pela Resolução nº 01/2006, *DJ* de 4.9.2006.

Art. 137-C. Na ausência de normas expressas no Estatuto e neste Regulamento, ou em Provimento, aplica-se, supletivamente, no que couber, a legislação eleitoral.

(*) Art. 137-C acrescido pela Resolução nº 01/ 2006, *DJ* de 4.9.2006.

Capítulo VIII
DAS NOTIFICAÇÕES E DOS RECURSOS

(*) Título do Capítulo VIII com redação dada pelo Conselho Pleno, *DJ* nº 238-E, de 12.12.2000.

Art. 137-D. A notificação inicial para a apresentação de defesa prévia ou manifestação em processo administrativo perante a OAB deverá ser feita através de correspondência, com aviso de recebimento, enviada para o endereço profissional ou residencial constante do cadastro do Conselho Seccional.

(*) Art. 137-D, primitivo art. 137-A (acrescido pelo Conselho Pleno, *DJ* nº 238-E, de 12.12.2000), renumerado e com nova redação dada ao *caput* pela Resolução nº 01/2006, *DJ* de 4.9.2006.

§ 1º. Incumbe ao advogado manter sempre atualizado o seu endereço residencial e profissional no cadastro do Conselho Seccional, presumindo-se recebida a correspondência enviada para o endereço nele constante.

§ 2º. Frustrada a entrega da notificação de que trata o *caput* deste artigo, será a mesma realizada através de edital, a ser publicado na imprensa oficial do Estado.

§ 3º. Quando se tratar de processo disciplinar, a notificação inicial feita através de edital deverá respeitar o sigilo de que trata o art. 72, § 2º, da Lei nº 8.906/1994, dele não podendo constar qualquer referência de que se trate de matéria disciplinar, constando apenas o nome completo do advogado, o seu número de inscrição e a observação de que ele deverá comparecer à sede do Conselho Seccional ou da Subseção para tratar de assunto de seu interesse.

§ 4º. As demais notificações no curso do processo disciplinar serão feitas através de correspondência, na forma prevista no *caput* deste artigo, ou através de publicação na imprensa oficial do Estado ou da União, quando se tratar de processo em trâmite perante o Conselho Federal, devendo, as publicações, observarem que o nome do representado deverá ser substituído pelas suas respectivas iniciais, indicando-se o nome completo do seu procurador ou o seu, na condição de advogado, quando postular em causa própria.

§ 5º. A notificação de que trata o inciso XXIII, do art. 34, da Lei nº 8.906/1994 será feita na forma prevista no *caput* deste artigo ou através de edital coletivo publicado na imprensa oficial do Estado.

Art. 138. À exceção dos embargos de declaração, os recursos são dirigidos ao órgão julgador superior competente, embora interpostos perante a autoridade ou órgão que proferiu a decisão recorrida.

§ 1º. O juízo de admissibilidade é do relator do órgão julgador a que se dirige o recurso, não podendo a autoridade ou órgão recorrido rejeitar o encaminhamento.

§ 2º. O recurso tem efeito suspensivo, exceto nas hipóteses previstas no Estatuto.

§ 3º. Os embargos de declaração são dirigidos ao relator da decisão recorrida, que lhes pode negar seguimento, fundamentadamente, se os tiver por manifestamente protelatórios, intempestivos ou carentes dos pressupostos legais para interposição.

§ 4º. Admitindo os embargos de declaração, o relator os colocará em mesa para julgamento, independentemente de inclusão em pauta ou publicação, na primeira sessão seguinte, salvo justificado impedimento.

§ 5º. Não cabe recurso contra as decisões referidas nos §§ 3º e 4º.

Art. 139. O prazo para qualquer recurso é de quinze dias, contados do primeiro dia útil seguinte, seja da publicação da decisão na imprensa oficial, seja da data do recebimento da notificação, anotada pela Secretaria do órgão da OAB ou pelo agente dos Correios.

(*) Art. 139, *caput*, com redação dada pelo Conselho Pleno, *DJ* nº 238-E, de 12.12.2000.

§ 1º. O recurso poderá ser interposto via *fac-simile* ou similar, devendo o original ser entregue até 10 (dez) dias da data da interposição.

(*) § 1º com redação dada pelo Conselho Pleno, *DJ* nº 238-E, de 12.12.2000.

§ 2º. Os recursos poderão ser protocolados nos Conselhos Seccionais ou nas Subseções nos quais se originaram os processos correspondentes, devendo o interessado indicar a quem recorre e remeter cópia integral da peça, no prazo de

10 (dez) dias, ao órgão julgador superior competente, via sistema postal rápido, fac-símile ou correio eletrônico.

(*) § 2º com redação dada pela Resolução nº 02/2012, *DOU* de 19.4.2012.

§ 3º. Durante o período de recesso do Conselho da OAB que proferiu a decisão recorrida, os prazos são suspensos, reiniciando-se no primeiro dia útil após o seu término.

(*) § 3º com redação dada pelo Conselho Pleno, *DJ* nº 238-E, de 12.12.2000.

Art. 140. O relator, ao constatar intempestividade ou ausência dos pressupostos legais para interposição do recurso, profere despacho indicando ao Presidente do órgão julgador o indeferimento liminar, devolvendo-se o processo ao órgão recorrido para executar a decisão.

Parágrafo único. Contra a decisão do Presidente, referida neste artigo, cabe recurso voluntário ao órgão julgador.

Art. 141. Se o relator da decisão recorrida também integrar o órgão julgador superior, fica neste impedido de relatar o recurso.

Art. 142. Quando a decisão, inclusive dos Conselhos Seccionais, conflitar com orientação de órgão colegiado superior, fica sujeita ao duplo grau de jurisdição.

Art. 143. Contra decisão do Presidente ou da Diretoria da Subseção cabe recurso ao Conselho Seccional, mesmo quando houver conselho na Subseção.

Art. 144. Contra a decisão do Tribunal de Ética e Disciplina cabe recurso ao plenário ou órgão especial equivalente do Conselho Seccional.

Parágrafo único. O Regimento Interno do Conselho Seccional disciplina o cabimento dos recursos no âmbito de cada órgão julgador.

Art. 144-A. Para a formação do recurso interposto contra decisão de suspensão preventiva de advogado (art. 77, Lei nº 8.906/1994), dever-se-á juntar cópia integral dos autos da representação disciplinar, permanecendo o processo na origem para cumprimento da pena preventiva e tramitação final, nos termos do art. 70, § 3º, do Estatuto.

(*) Art. 144-A acrescido pelo Conselho Pleno, *DJ* nº 238-E, de 12.12.2000.

Capítulo IX
DAS CONFERÊNCIAS E DOS COLÉGIOS DE PRESIDENTES

Art. 145. A Conferência Nacional dos Advogados é órgão consultivo máximo do Conselho Federal, reunindo-se trienalmente, no segundo ano do mandato, tendo por objetivo o estudo e o debate das questões e problemas que digam respeito às finalidades da OAB e ao congraçamento dos advogados.

§ 1º. As Conferências dos Advogados dos Estados e do Distrito Federal são órgãos consultivos dos Conselhos Seccionais, reunindo-se trienalmente, no segundo ano do mandato.

§ 2º. No primeiro ano do mandato do Conselho Federal ou do Conselho Seccional, decidem-se a data, o local e o tema central da Conferência.

§ 3º. As conclusões das Conferências têm caráter de recomendação aos Conselhos correspondentes.

Art. 146. São membros das Conferências:

I – efetivos: os Conselheiros e Presidentes dos órgãos da OAB presentes, os advogados e estagiários inscritos na Conferência, todos com direito a voto;

II – convidados: as pessoas a quem a Comissão Organizadora conceder tal qualidade, sem direito a voto, salvo se for advogado.

§ 1º. Os convidados, expositores e membros dos órgãos da OAB têm identificação especial durante a Conferência.

§ 2º. Os estudantes de direito, mesmo inscritos como estagiários na OAB, são membros ouvintes, escolhendo um porta-

-voz entre os presentes em cada sessão da Conferência.

Art. 147. A Conferência é dirigida por uma Comissão Organizadora, designada pelo Presidente do Conselho, por ele presidida e integrada pelos membros da Diretoria e outros convidados.

§ 1º. O Presidente pode desdobrar a Comissão Organizadora em comissões específicas, definindo suas composições e atribuições.

§ 2º. Cabe à Comissão Organizadora definir a distribuição do temário, os nomes dos expositores, a programação dos trabalhos, os serviços de apoio e infraestrutura e o regimento interno da Conferência.

Art. 148. Durante o funcionamento da Conferência, a Comissão Organizadora é representada pelo Presidente, com poderes para cumprir a programação estabelecida e decidir as questões ocorrentes e os casos omissos.

Art. 149. Os trabalhos da Conferência desenvolvem-se em sessões plenárias, painéis ou outros modos de exposição ou atuação dos participantes.

§ 1º. As sessões são dirigidas por um Presidente e um Relator, escolhidos pela comissão Organizadora.

§ 2º. Quando as sessões se desenvolvem em forma de painéis, os expositores ocupam a metade do tempo total e a outra metade é destinada aos debates e votação de propostas ou conclusões pelos participantes.

§ 3º. É facultado aos expositores submeter as suas conclusões à aprovação dos participantes.

Art. 150. O Colégio de Presidentes dos Conselhos Seccionais é regulamentado em Provimento.

Parágrafo único. O Colégio de Presidentes das subseções é regulamentado no Regimento Interno do Conselho Seccional.

TÍTULO III
DAS DISPOSIÇÕES GERAIS E TRANSITÓRIAS

Art. 151. Os órgãos da OAB não podem se manifestar sobre questões de natureza pessoal, exceto em caso de homenagem a quem tenha prestado relevantes serviços à sociedade e à advocacia.

Parágrafo único. As salas e dependências dos órgãos da OAB não podem receber nomes de pessoas vivas ou inscrições estranhas às suas finalidades, respeitadas as situações já existentes na data da publicação deste Regulamento Geral.

Art. 152. A "Medalha Rui Barbosa" é a comenda máxima conferida pelo Conselho Federal às grandes personalidades da advocacia brasileira.

Parágrafo único. A Medalha só pode ser concedida uma vez, no prazo do mandato do Conselho, e será entregue ao homenageado em sessão solene.

Art. 153. Os estatutos das Caixas criadas anteriormente ao advento do Estatuto serão a ele adaptados e submetidos ao Conselho Seccional, no prazo de cento e vinte dias, contado da publicação deste Regulamento Geral.

Art. 154. Os Provimentos editados pelo Conselho Federal complementam este Regulamento Geral, no que não sejam com ele incompatíveis.

Parágrafo único. Todas as matérias relacionadas à Ética do advogado, às infrações e sanções disciplinares e ao processo disciplinar são regulamentadas pelo Código de Ética e Disciplina.

Art. 155. Os Conselhos Seccionais, até o dia 31 de dezembro de 2007, adotarão os documentos de identidade profissional, na forma prevista nos arts. 32 a 36 deste Regulamento.

(*) Art. 155, *caput*, com redação dada pela Resolução nº 02/2006, *DJ* de 19.9.2006.

§ 1º. Os advogados inscritos até a data da implementação a que se refere o *caput* deste artigo deverão substituir os cartões de identidade até 31 de janeiro de 2009.

(*) § 1º com redação dada pela Resolução nº 01/2008, *DJ* de 16.6.2008.

§ 2º. Facultar-se-á ao advogado inscrito até 31 de dezembro de 1997 o direito de usar e permanecer exclusivamente com a carteira de identidade, desde que, até 31 de dezembro de 1999, assim solicite formalmente.

(*) § 2º com redação pelo Conselho Pleno, *DJ* nº 227, de 24.11.1997.

§ 3º. O pedido de uso e permanência da carteira de identidade, que impede a concessão de uma nova, deve ser anotado no documento profissional, como condição de sua validade.

(*) § 3º com redação pelo Conselho Pleno, *DJ* nº 227, de 24.11.1997.

§ 4º. Salvo nos casos previstos neste artigo, findos os prazos nele fixados, os atuais documentos perderão a validade, mesmo que permaneçam em poder de seus portadores.

(*) § 4º com redação pelo Conselho Pleno, *DJ* nº 227, de 24.11.1997.

Art. 156. Os processos em pauta para julgamento das Câmaras Reunidas serão apreciados pelo Órgão Especial, a ser instalado na primeira sessão após a publicação deste Regulamento Geral, mantidos os relatores anteriormente designados, que participarão da respectiva votação.

Art. 156-A. Excetuados os prazos regulados pelo Provimento nº 102/2004, previstos em editais próprios, ficam suspensos até 1º de agosto de 2010 os prazos processuais iniciados antes ou durante o mês de julho de 2010.

(*) Art. 156-A acrescido pela Resolução nº 01/2010, *DJ* de 28.6.2010.

Art. 157. Revogam-se as disposições em contrário, especialmente os Provimentos de nºs 1, 2, 3, 5, 6, 7, 9, 10, 11, 12, 13, 14, 15, 16, 17, 18, 19, 20, 21, 22, 24, 25, 27, 28, 29, 30, 31, 32, 33, 34, 35, 36, 38, 39, 40, 41, 46, 50, 51, 52, 54, 57, 59, 60, 63, 64, 65, 67 e 71, e o Regimento Interno do Conselho Federal, mantidos os efeitos das Resoluções nºs 01/1994 e 02/1994.

Art. 158. Este Regulamento Geral entra em vigor na data de sua publicação.

Brasília, 16 de outubro e 6 de novembro de 1994.

José Roberto Batochio – Presidente / *Paulo Luiz Neto Lôbo* – Relator

CÓDIGO DE ÉTICA E DISCIPLINA DA OAB

RESOLUÇÃO Nº 02, DE 19 DE OUTUBRO DE 2015

Aprova o Código de Ética e Disciplina da Ordem dos Advogados do Brasil – OAB.

O Conselho Federal da Ordem dos Advogados do Brasil, no uso das atribuições que lhe são conferidas pelos arts. 33 e 54, V, da Lei nº 8.906, de 4 de julho de 1994 – Estatuto da Advocacia e da OAB, e considerando o decidido nos autos da Proposição nº 49.0000.2015.000250-3/COP;

Considerando que a realização das finalidades institucionais da Ordem dos Advogados do Brasil inclui o permanente zelo com a conduta dos profissionais inscritos em seus quadros;

Considerando que o advogado é indispensável à administração da Justiça, devendo guardar atuação compatível com a elevada função social que exerce, velando pela observância dos preceitos éticos e morais no exercício de sua profissão;

Considerando que as mudanças na dinâmica social exigem a inovação na regulamentação das relações entre os indivíduos, especialmente na atuação do advogado em defesa dos direitos do cidadão;

Considerando a necessidade de modernização e atualização das práticas advocatícias, em consonância com a dinamicidade das transformações sociais e das novas exigências para a defesa efetiva dos direitos de seus constituintes e da ordem jurídica do Estado Democrático de Direito;

Considerando que, uma vez aprovado o texto do novo Código de Ética e Disciplina, cumpre publicá-lo para que entre em vigor 180 (cento e oitenta) dias após a data de sua publicação, segundo o disposto no seu art. 79;

Considerando que, com a publicação, tem-se como editado o Código de Ética e Disciplina da Ordem dos Advogados do Brasil – OAB;

Resolve:

Art. 1º. Fica aprovado o Código de Ética e Disciplina da Ordem dos Advogados do Brasil – OAB, na forma do Anexo Único da presente Resolução.

Art. 2º. Esta Resolução entra em vigor na data da sua publicação, revogadas as disposições em contrário.

Brasília, 19 de outubro de 2015.

Marcus Vinicius Furtado Coêlho – Presidente Nacional da OAB

DOU de 4.11.2015

ANEXO ÚNICO DA RESOLUÇÃO CFOAB Nº 02/2015

CÓDIGO DE ÉTICA E DISCIPLINA DA ORDEM DOS ADVOGADOS DO BRASIL – OAB

O Conselho Federal da Ordem dos Advogados do Brasil, ao instituir o Código de Ética e Disciplina, norteou-se por princípios que formam a consciência profissional do advogado e representam imperativos de sua conduta, os quais se traduzem nos seguintes mandamentos: lutar sem receio pelo primado da Justiça; pugnar pelo cumprimento da Constituição e pelo respeito à Lei, fazendo com que o ordenamento jurídico seja interpretado com retidão, em perfeita sintonia com os fins sociais a que se dirige e as exigências do bem comum; ser fiel à verdade para poder servir à Justiça como um de seus elementos essenciais; proceder com lealdade e boa-fé em suas relações profissionais e em todos os atos do seu ofício; empenhar-se na defesa das causas confiadas ao seu patrocínio, dando ao constituinte o amparo do Direito, e proporcionando-lhe a realização prática de seus legítimos interesses; comportar-se, nesse mister, com independência e altivez, defendendo com o mesmo denodo humildes e poderosos; exercer a advocacia com o indispensável senso profissional, mas também com desprendimento, jamais permitindo que o anseio de ganho material sobreleve a finalidade social do seu trabalho; aprimorar-se no culto dos princípios éticos e no domínio da ciência jurídica, de modo a tornar-se merecedor da confiança do cliente e da sociedade como um todo, pelos atributos intelectuais e pela probidade pessoal; agir, em suma, com a dignidade e a correção dos profissionais que honram e engrandecem a sua classe.

Inspirado nesses postulados, o Conselho Federal da Ordem dos Advogados do Brasil, no uso das atribuições que lhe são conferidas pelos arts. 33 e 54, V, da Lei nº 8.906, de 4 de julho de 1994, aprova e edita este Código, exortando os advogados brasileiros à sua fiel observância.

TÍTULO I
DA ÉTICA DO ADVOGADO

Capítulo I
DOS PRINCÍPIOS FUNDAMENTAIS

Art. 1º. O exercício da advocacia exige conduta compatível com os preceitos deste Código, do Estatuto, do Regulamento Geral, dos Provimentos e com os princípios da moral individual, social e profissional.

Art. 2º. O advogado, indispensável à administração da Justiça, é defensor do Estado Democrático de Direito, dos direitos humanos e garantias fundamentais, da cidadania, da moralidade, da Justiça e da paz social, cumprindo-lhe exercer o seu ministério em consonância com a sua elevada função pública e com os valores que lhe são inerentes.

Parágrafo único. São deveres do advogado:

I – preservar, em sua conduta, a honra, a nobreza e a dignidade da profissão, zelando pelo caráter de essencialidade e indispensabilidade da advocacia;

II – atuar com destemor, independência, honestidade, decoro, veracidade, lealdade, dignidade e boa-fé;

III – velar por sua reputação pessoal e profissional;

IV – empenhar-se, permanentemente, no aperfeiçoamento pessoal e profissional;

V – contribuir para o aprimoramento das instituições, do Direito e das leis;

VI – estimular, a qualquer tempo, a conciliação e a mediação entre os litigantes, prevenindo, sempre que possível, a instauração de litígios;

VII – desaconselhar lides temerárias, a partir de um juízo preliminar de viabilidade jurídica;

VIII – abster-se de:

a) utilizar de influência indevida, em seu benefício ou do cliente;

b) vincular seu nome a empreendimentos sabidamente escusos;

c) emprestar concurso aos que atentem contra a ética, a moral, a honestidade e a dignidade da pessoa humana;

d) entender-se diretamente com a parte adversa que tenha patrono constituído, sem o assentimento deste;

e) ingressar ou atuar em pleitos administrativos ou judiciais perante autoridades com as quais tenha vínculos negociais ou familiares;

f) contratar honorários advocatícios em valores aviltantes.

IX – pugnar pela solução dos problemas da cidadania e pela efetivação dos direitos individuais, coletivos e difusos;

X – adotar conduta consentânea com o papel de elemento indispensável à administração da Justiça;

XI – cumprir os encargos assumidos no âmbito da Ordem dos Advogados do Brasil ou na representação da classe;

XII – zelar pelos valores institucionais da OAB e da advocacia;

XIII – ater-se, quando no exercício da função de defensor público, à defesa dos necessitados.

Art. 3º. O advogado deve ter consciência de que o Direito é um meio de mitigar as desigualdades para o encontro de soluções justas e que a lei é um instrumento para garantir a igualdade de todos.

Art. 4º. O advogado, ainda que vinculado ao cliente ou constituinte, mediante relação empregatícia ou por contrato de prestação permanente de serviços, ou como integrante de departamento jurídico, ou de órgão de assessoria jurídica, público ou privado, deve zelar pela sua liberdade e independência.

Parágrafo único. É legítima a recusa, pelo advogado, do patrocínio de causa e de manifestação, no âmbito consultivo, de pretensão concernente a direito que também lhe seja aplicável ou contrarie orientação que tenha manifestado anteriormente.

Art. 5º. O exercício da advocacia é incompatível com qualquer procedimento de mercantilização.

Art. 6º. É defeso ao advogado expor os fatos em Juízo ou na via administrativa falseando deliberadamente a verdade e utilizando de má-fé.

Art. 7º. É vedado o oferecimento de serviços profissionais que implique, direta ou indiretamente, angariar ou captar clientela.

Capítulo II
DA ADVOCACIA PÚBLICA

Art. 8º. As disposições deste Código obrigam igualmente os órgãos de advocacia pública, e advogados públicos, incluindo aqueles que ocupem posição de chefia e direção jurídica.

§ 1º. O advogado público exercerá suas funções com independência técnica, contribuindo para a solução ou redução de litigiosidade, sempre que possível.

§ 2º. O advogado público, inclusive o que exerce cargo de chefia ou direção jurídica, observará nas relações com os colegas, autoridades, servidores e o público em geral, o dever de urbanidade, tratando a todos com respeito e consideração, ao mesmo tempo em que preservará suas prerrogativas e o direito de receber igual tratamento das pessoas com as quais se relacione.

Capítulo III
DAS RELAÇÕES COM O CLIENTE

Art. 9º. O advogado deve informar o cliente, de modo claro e inequívoco, quanto a eventuais riscos da sua pretensão, e das consequências que poderão advir da demanda. Deve, igualmente, denunciar, desde logo, a quem lhe solicite parecer ou patrocínio, qualquer circunstância que possa influir na resolução de submeter-lhe a consulta ou confiar-lhe a causa.

Art. 10. As relações entre advogado e cliente baseiam-se na confiança recíproca. Sentindo o advogado que essa confiança lhe falta, é recomendável que externe ao cliente sua impressão e, não se dissipando as dúvidas existentes, promova, em seguida, o substabelecimento do mandato ou a ele renuncie.

Art. 11. O advogado, no exercício do mandato, atua como patrono da parte, cumprindo-lhe, por isso, imprimir à causa orientação que lhe pareça mais adequada, sem se subordinar a intenções contrárias do cliente, mas, antes, procurando esclarecê-lo quanto à estratégia traçada.

Art. 12. A conclusão ou desistência da causa, tenha havido, ou não, extinção do mandato, obriga o advogado a devolver ao cliente bens, valores e documentos que lhe hajam sido confiados e ainda estejam em seu poder, bem como a prestar-lhe contas, pormenorizadamente, sem prejuízo de esclarecimentos complementares que se mostrem pertinentes e necessários.

Parágrafo único. A parcela dos honorários paga pelos serviços até então prestados não se inclui entre os valores a ser devolvidos.

Art. 13. Concluída a causa ou arquivado o processo, presume-se cumprido e extinto o mandato.

Art. 14. O advogado não deve aceitar procuração de quem já tenha patrono constituído, sem prévio conhecimento deste, salvo por motivo plenamente justificável ou para adoção de medidas judiciais urgentes e inadiáveis.

Art. 15. O advogado não deve deixar ao abandono ou ao desamparo as causas sob seu patrocínio, sendo recomendável que, em face de dificuldades insuperáveis ou inércia do cliente quanto a providências que lhe tenham sido solicitadas, renuncie ao mandato.

Art. 16. A renúncia ao patrocínio deve ser feita sem menção do motivo que a determinou, fazendo cessar a responsabilidade profissional pelo acompanhamento da causa, uma vez decorrido o prazo previsto em lei (EAOAB, art. 5º, § 3º).

§ 1º. A renúncia ao mandato não exclui responsabilidade por danos eventualmente causados ao cliente ou a terceiros.

§ 2º. O advogado não será responsabilizado por omissão do cliente quanto a documento ou informação que lhe devesse fornecer para a prática oportuna de ato processual do seu interesse.

Art. 17. A revogação do mandato judicial por vontade do cliente não o desobriga do pagamento das verbas honorárias contratadas, assim como não retira o direito do advogado de receber o quanto lhe seja devido em eventual verba honorária de sucumbência, calculada proporcionalmente em face do serviço efetivamente prestado.

Art. 18. O mandato judicial ou extrajudicial não se extingue pelo decurso de tempo, salvo se o contrário for consignado no respectivo instrumento.

Art. 19. Os advogados integrantes da mesma sociedade profissional, ou reunidos em caráter permanente para cooperação recíproca, não podem representar, em juízo ou fora dele, clientes com interesses opostos.

Art. 20. Sobrevindo conflitos de interesse entre seus constituintes e não conseguindo o advogado harmonizá-los, caber-lhe-á optar, com prudência e discrição, por um dos mandatos, renunciando aos demais, resguardado sempre o sigilo profissional.

Art. 21. O advogado, ao postular em nome de terceiros, contra ex-cliente ou ex-empregador, judicial e extrajudicialmente, deve resguardar o sigilo profissional.

Art. 22. Ao advogado cumpre abster-se de patrocinar causa contrária à validade ou legitimidade de ato jurídico em cuja formação haja colaborado ou intervindo de qualquer maneira; da mesma forma, deve declinar seu impedimento ou o da sociedade que integre quando houver conflito de interesses motivado por intervenção anterior no trato de assunto que se prenda ao patrocínio solicitado.

Art. 23. É direito e dever do advogado assumir a defesa criminal, sem considerar sua própria opinião sobre a culpa do acusado.

Parágrafo único. Não há causa criminal indigna de defesa, cumprindo ao advogado agir, como defensor, no sentido de que a todos seja concedido tratamento condizente com a dignidade da pessoa humana, sob a égide das garantias constitucionais.

Art. 24. O advogado não se sujeita à imposição do cliente que pretenda ver com ele atuando outros advogados, nem fica na contingência de aceitar a indicação de outro profissional para com ele trabalhar no processo.

Art. 25. É defeso ao advogado funcionar no mesmo processo, simultaneamente, como patrono e preposto do empregador ou cliente.

Art. 26. O substabelecimento do mandato, com reserva de poderes, é ato pessoal do advogado da causa.

§ 1º. O substabelecimento do mandato sem reserva de poderes exige o prévio e inequívoco conhecimento do cliente.

§ 2º. O substabelecido com reserva de poderes deve ajustar antecipadamente seus honorários com o substabelecente.

Capítulo IV
DAS RELAÇÕES COM OS COLEGAS, AGENTES POLÍTICOS, AUTORIDADES, SERVIDORES PÚBLICOS E TERCEIROS

Art. 27. O advogado observará, nas suas relações com os colegas de profissão, agentes políticos, autoridades, servidores públicos e terceiros em geral, o dever de urbanidade, tratando a todos com respeito e consideração, ao mesmo tempo em que preservará seus direitos e prerrogativas, devendo exigir igual tratamento de todos com quem se relacione.

§ 1º. O dever de urbanidade há de ser observado, da mesma forma, nos atos e manifestações relacionados aos pleitos eleitorais no âmbito da Ordem dos Advogados do Brasil.

§ 2º. No caso de ofensa à honra do advogado ou à imagem da instituição, adotar-se-ão as medidas cabíveis, instaurando-se processo ético-disciplinar e dando-se ciência às autoridades competentes para apuração de eventual ilícito penal.

Art. 28. Consideram-se imperativos de uma correta atuação profissional o emprego de linguagem escorreita e polida, bem como a observância da boa técnica jurídica.

Art. 29. O advogado que se valer do concurso de colegas na prestação de serviços advocatícios, seja em caráter individual, seja no âmbito de sociedade de advogados ou de empresa ou entidade em que trabalhe, dispensar-lhes-á tratamento condigno, que não os torne subalternos seus nem lhes avilte os serviços prestados mediante remuneração incompatível com a natureza do trabalho profissional ou inferior ao mínimo fixado pela Tabela de Honorários que for aplicável.

Parágrafo único. Quando o aviltamento de honorários for praticado por empresas ou entidades públicas ou privadas, os advogados responsáveis pelo respectivo departamento ou gerência jurídica serão instados a corrigir o abuso, inclusive intervindo junto aos demais órgãos competentes e com poder de decisão da pessoa jurídica de que se trate, sem prejuízo das providências que a Ordem dos Advogados do Brasil possa adotar com o mesmo objetivo.

Capítulo V
DA ADVOCACIA *PRO BONO*

Art. 30. No exercício da advocacia *pro bono*, e ao atuar como defensor nomeado, conveniado ou dativo, o advogado empregará o zelo e a dedicação habituais, de forma que a parte por ele assistida se sinta amparada e confie no seu patrocínio.

§ 1º. Considera-se advocacia *pro bono* a prestação gratuita, eventual e voluntária de serviços jurídicos em favor de instituições sociais sem fins econômicos e aos seus assistidos, sempre que os beneficiários não dispuserem de recursos para a contratação de profissional.

§ 2º. A advocacia *pro bono* pode ser exercida em favor de pessoas naturais que, igualmente, não dispuserem de recursos para, sem prejuízo do próprio sustento, contratar advogado.

§ 3º. A advocacia *pro bono* não pode ser utilizada para fins político-partidários ou eleitorais, nem beneficiar instituições que visem a tais objetivos, ou como instrumento de publicidade para captação de clientela.

Capítulo VI
DO EXERCÍCIO DE CARGOS E FUNÇÕES NA OAB E NA REPRESENTAÇÃO DA CLASSE

Art. 31. O advogado, no exercício de cargos ou funções em órgãos da Ordem dos Advogados do Brasil ou na representação da classe junto a quaisquer instituições, órgãos ou comissões, públicos ou privados, manterá conduta consentânea com as disposições deste Código e que revele plena lealdade aos interesses, direitos e prerrogativas da classe dos advogados que representa.

Art. 32. Não poderá o advogado, enquanto exercer cargos ou funções em órgãos da OAB ou representar a classe junto a quaisquer instituições, órgãos ou comissões, públicos ou privados, firmar contrato oneroso de prestação de serviços ou fornecimento de produtos com tais entidades nem adquirir bens postos à venda por quaisquer órgãos da OAB.

Art. 33. Salvo em causa própria, não poderá o advogado, enquanto exercer cargos ou funções em órgãos da OAB ou tiver assento, em qualquer condição, nos seus Conselhos, atuar em processos que tramitem perante a entidade nem oferecer pareceres destinados a instruí-los.

Parágrafo único. A vedação estabelecida neste artigo não se aplica aos dirigentes de Seccionais quando atuem, nessa qualidade, como legitimados a recorrer nos processos em trâmite perante os órgãos da OAB.

Art. 34. Ao submeter seu nome à apreciação do Conselho Federal ou dos Conselhos Seccionais com vistas à inclusão em listas destinadas ao provimento de vagas reservadas à classe nos tribunais, no Conselho Nacional de Justiça, no Conselho Nacional do Ministério Público e em outros colegiados, o candidato assumirá o compromisso de respeitar os direitos e prerrogativas do advogado, não praticar nepotismo nem agir em desacordo com a moralidade administrativa e com os princípios deste Código, no exercício de seu mister.

Capítulo VII
DO SIGILO PROFISSIONAL

Art. 35. O advogado tem o dever de guardar sigilo dos fatos de que tome conhecimento no exercício da profissão.

Parágrafo único. O sigilo profissional abrange os fatos de que o advogado tenha tido conhecimento em virtude de funções desempenhadas na Ordem dos Advogados do Brasil.

Art. 36. O sigilo profissional é de ordem pública, independendo de solicitação de reserva que lhe seja feita pelo cliente.

§ 1º. Presumem-se confidenciais as comunicações de qualquer natureza entre advogado e cliente.

§ 2º. O advogado, quando no exercício das funções de mediador, conciliador e árbitro, se submete às regras de sigilo profissional.

Art. 37. O sigilo profissional cederá em face de circunstâncias excepcionais que configurem justa causa, como nos casos de grave ameaça ao direito à vida e à honra ou que envolvam defesa própria.

Art. 38. O advogado não é obrigado a depor, em processo ou procedimento judicial, administrativo ou arbitral, sobre fatos a cujo respeito deva guardar sigilo profissional.

Capítulo VIII
DA PUBLICIDADE PROFISSIONAL

Art. 39. A publicidade profissional do advogado tem caráter meramente informativo e deve primar pela discrição e sobriedade, não podendo configurar captação de clientela ou mercantilização da profissão.

Art. 40. Os meios utilizados para a publicidade profissional hão de ser compatíveis com a diretriz estabelecida no artigo anterior, sendo vedados:

I – a veiculação da publicidade por meio de rádio, cinema e televisão;

II – o uso de *outdoors*, painéis luminosos ou formas assemelhadas de publicidade;

III – as inscrições em muros, paredes, veículos, elevadores ou em qualquer espaço público;

IV – a divulgação de serviços de advocacia juntamente com a de outras atividades ou a indicação de vínculos entre uns e outras;

V – o fornecimento de dados de contato, como endereço e telefone, em colunas ou artigos literários, culturais, acadêmicos ou jurídicos, publicados na imprensa, bem assim quando de eventual participação em programas de rádio ou televisão, ou em veiculação de matérias pela internet, sendo permitida a referência a e-mail;

VI – a utilização de mala direta, a distribuição de panfletos ou formas assemelhadas de publicidade, com o intuito de captação de clientela.

Parágrafo único. Exclusivamente para fins de identificação dos escritórios de advocacia, é permitida a utilização de placas, painéis luminosos e inscrições em suas fachadas, desde que respeitadas as diretrizes previstas no art. 39.

Art. 41. As colunas que o advogado mantiver nos meios de comunicação social ou os textos que por meio deles divulgar não deverão induzir o leitor a litigar nem promover, dessa forma, captação de clientela.

Art. 42. É vedado ao advogado:

I – responder com habitualidade a consulta sobre matéria jurídica, nos meios de comunicação social;

II – debater, em qualquer meio de comunicação, causa sob o patrocínio de outro advogado;

III – abordar tema de modo a comprometer a dignidade da profissão e da instituição que o congrega;

IV – divulgar ou deixar que sejam divulgadas listas de clientes e demandas;

V – insinuar-se para reportagens e declarações públicas.

Art. 43. O advogado que eventualmente participar de programa de televisão ou de rádio, de entrevista na imprensa, de reportagem televisionada ou veiculada por qualquer outro meio, para manifestação profissional, deve visar a objetivos exclusivamente ilustrativos, educacionais e instrutivos, sem propósito de promoção pessoal ou profissional, vedados pronunciamentos sobre métodos de trabalho usados por seus colegas de profissão.

Parágrafo único. Quando convidado para manifestação pública, por qualquer modo e forma, visando ao esclarecimento de tema jurídico de interesse geral, deve o advogado evitar insinuações com o sentido de promoção pessoal ou profissional, bem como o debate de caráter sensacionalista.

Art. 44. Na publicidade profissional que promover ou nos cartões e material de escritório de que se utilizar, o advogado fará constar seu nome ou o da sociedade de advogados, o número ou os números de inscrição na OAB.

§ 1º. Poderão ser referidos apenas os títulos acadêmicos do advogado e as distinções honoríficas relacionadas à vida profissional, bem como as instituições jurídicas de que faça parte, e as especialidades a que se dedicar, o endereço, e-mail, site, página eletrônica, *QR code*, logotipo e a fotografia do escritório, o horário de atendimento e os idiomas em que o cliente poderá ser atendido.

§ 2º. É vedada a inclusão de fotografias pessoais ou de terceiros nos cartões de visitas do advogado, bem como menção a qualquer emprego, cargo ou função ocupado, atual ou pretérito, em qualquer órgão ou instituição, salvo o de professor universitário.

Art. 45. São admissíveis como formas de publicidade o patrocínio de eventos ou publicações de caráter científico ou cultural, assim como a divulgação de boletins, por meio físico ou eletrônico, sobre matéria cultural de interesse dos advogados, desde que sua circulação fique adstrita a clientes e a interessados do meio jurídico.

Art. 46. A publicidade veiculada pela internet ou por outros meios eletrônicos deverá observar as diretrizes estabelecidas neste capítulo.

Parágrafo único. A telefonia e a internet podem ser utilizadas como veículo de publicidade, inclusive para o envio de mensagens a destinatários certos, desde que estas não impliquem o oferecimento de serviços ou representem forma de captação de clientela.

Art. 47. As normas sobre publicidade profissional constantes deste capítulo poderão ser complementadas por outras que o Conselho Federal aprovar, observadas as diretrizes do presente Código.

Capítulo IX
DOS HONORÁRIOS PROFISSIONAIS

Art. 48. A prestação de serviços profissionais por advogado, individualmente ou integrado em sociedades, será contratada, preferentemente, por escrito.

§ 1º. O contrato de prestação de serviços de advocacia não exige forma especial, devendo estabelecer, porém, com clareza e precisão, o seu objeto, os honorários ajustados, a forma de pagamento, a extensão do patrocínio, esclarecendo se este abrangerá todos os atos do processo ou limitar-se-á a determinado grau de jurisdição, além de dispor sobre a hipótese de a causa encerrar-se mediante transação ou acordo.

§ 2º. A compensação de créditos, pelo advogado, de importâncias devidas ao cliente, somente será admissível quando o contrato de prestação de serviços a autorizar ou quando houver autorização especial do cliente para esse fim, por este firmada.

§ 3º. O contrato de prestação de serviços poderá dispor sobre a forma de contratação de profissionais para serviços auxiliares, bem como sobre o pagamento de custas e emolumentos, os quais, na ausência de disposição em contrário, presumem-se devam ser atendidos pelo cliente. Caso o contrato preveja que o advogado antecipe tais despesas, ser-lhe-á lícito reter o respectivo valor atualizado, no ato de prestação de contas, mediante comprovação documental.

§ 4º. As disposições deste capítulo aplicam-se à mediação, à conciliação, à arbitragem ou a qualquer outro método adequado de solução dos conflitos.

§ 5º. É vedada, em qualquer hipótese, a diminuição dos honorários contratados em decorrência da solução do litígio por qualquer mecanismo adequado de solução extrajudicial.

§ 6º. Deverá o advogado observar o valor mínimo da Tabela de Honorários instituída pelo respectivo Conselho Seccional onde for realizado o serviço, inclusive aquele referente às diligências, sob pena de caracterizar-se aviltamento de honorários.

§ 7º. O advogado promoverá, preferentemente, de forma destacada a execução dos honorários contratuais ou sucumbenciais.

Art. 49. Os honorários profissionais devem ser fixados com moderação, atendidos os elementos seguintes:

I – a relevância, o vulto, a complexidade e a dificuldade das questões versadas;

II – o trabalho e o tempo a ser empregados;

III – a possibilidade de ficar o advogado impedido de intervir em outros casos, ou de se desavir com outros clientes ou terceiros;

IV – o valor da causa, a condição econômica do cliente e o proveito para este resultante do serviço profissional;

V – o caráter da intervenção, conforme se trate de serviço a cliente eventual, frequente ou constante;

VI – o lugar da prestação dos serviços, conforme se trate do domicílio do advogado ou de outro;

VII – a competência do profissional;

VIII – a praxe do foro sobre trabalhos análogos.

Art. 50. Na hipótese da adoção de cláusula *quota litis*, os honorários devem ser necessariamente representados por pecúnia e, quando acrescidos dos honorários da sucumbência, não podem ser superiores às vantagens advindas a favor do cliente.

§ 1º. A participação do advogado em bens particulares do cliente só é admitida em caráter excepcional, quando esse, comprovadamente, não tiver condições pecuniárias de satisfazer o débito de honorários e ajustar com o seu patrono, em instrumento contratual, tal forma de pagamento.

§ 2º. Quando o objeto do serviço jurídico versar sobre prestações vencidas e vincendas, os honorários advocatícios poderão incidir sobre o valor de umas e outras, atendidos os requisitos da moderação e da razoabilidade.

Art. 51. Os honorários da sucumbência e os honorários contratuais, pertencendo ao advogado que houver atuado na causa, poderão ser por ele executados, assistindo-lhe direito autônomo para promover a execução do capítulo da sentença que os estabelecer ou para postular, quando for o caso, a expedição de precatório ou requisição de pequeno valor em seu favor.

§ 1º. No caso de substabelecimento, a verba correspondente aos honorários da sucumbência será repartida entre o substabelecente e o substabelecido, proporcionalmente à atuação de cada um no processo ou conforme haja sido entre eles ajustado.

§ 2º. Quando for o caso, a Ordem dos Advogados do Brasil ou os seus Tribunais de Ética e Disciplina poderão ser solicitados a indicar mediador que contribua no sentido de que a distribuição dos honorários da sucumbência, entre advogados, se faça segundo o critério estabelecido no § 1º.

§ 3º. Nos processos disciplinares que envolverem divergência sobre a percepção de honorários da sucumbência, entre advogados, deverá ser tentada a conciliação destes, preliminarmente, pelo relator.

Art. 52. O crédito por honorários advocatícios, seja do advogado autônomo, seja de sociedade de advogados, não autoriza o saque de duplicatas ou qualquer outro título de crédito de natureza mercantil, podendo, apenas, ser emitida fatura, quando o cliente assim pretender, com fundamento no contrato de prestação de serviços, a qual, porém, não poderá ser levada a protesto.

Parágrafo único. Pode, todavia, ser levado a protesto o cheque ou a nota promissória emitido pelo cliente em favor do advogado, depois de frustrada a tentativa de recebimento amigável.

Art. 53. É lícito ao advogado ou à sociedade de advogados empregar, para o recebimento de honorários, sistema de cartão de crédito, mediante credenciamento junto a empresa operadora do ramo.

Parágrafo único. Eventuais ajustes com a empresa operadora que impliquem pagamento antecipado não afetarão a responsabilidade do advogado perante o cliente, em caso de rescisão do contrato de prestação de serviços, devendo ser observadas as disposições deste quanto à hipótese.

Art. 54. Havendo necessidade de promover arbitramento ou cobrança judicial de honorários, deve o advogado renunciar previamente ao mandato que recebera do cliente em débito.

TÍTULO II
DO PROCESSO DISCIPLINAR

Capítulo I
DOS PROCEDIMENTOS

Art. 55. O processo disciplinar instaura-se de ofício ou mediante representação do interessado.

§ 1º. A instauração, de ofício, do processo disciplinar dar-se-á em função do conhecimento do fato, quando obtido por meio de fonte idônea ou em virtude de comunicação da autoridade competente.

§ 2º. Não se considera fonte idônea a que consistir em denúncia anônima.

Art. 56. A representação será formulada ao Presidente do Conselho Seccional ou ao Presidente da Subseção, por escrito ou verbalmente, devendo, neste último caso, ser reduzida a termo.

Parágrafo único. Nas Seccionais cujos Regimentos Internos atribuírem competência ao Tribunal de Ética e Disciplina para instaurar o processo ético disciplinar, a representação poderá ser dirigida ao seu Presidente ou será a este encaminhada por qualquer dos dirigentes referidos no *caput* deste artigo que a houver recebido.

Art. 57. A representação deverá conter:

I – a identificação do representante, com a sua qualificação civil e endereço;

II – a narração dos fatos que a motivam, de forma que permita verificar a existência, em tese, de infração disciplinar;

III – os documentos que eventualmente a instruam e a indicação de outras provas a ser produzidas, bem como, se for o caso, o rol de testemunhas, até o máximo de cinco;

IV – a assinatura do representante ou a certificação de quem a tomou por termo, na impossibilidade de obtê-la.

Art. 58. Recebida a representação, o Presidente do Conselho Seccional ou o da Subseção, quando esta dispuser de Conselho, designa relator, por sorteio, um de seus integrantes, para presidir a instrução processual.

§ 1º. Os atos de instrução processual podem ser delegados ao Tribunal de Ética e Disciplina, conforme dispuser o regimento interno do Conselho Seccional, caso em que caberá ao seu Presidente, por sorteio, designar relator.

§ 2º. Antes do encaminhamento dos autos ao relator, serão juntadas a ficha cadastral do representado e certidão negativa ou positiva sobre a existência de punições anteriores, com menção das faltas atribuídas. Será providenciada, ainda, certidão sobre a existência ou não de representações em andamento, a qual, se positiva, será acompanhada da informação sobre as faltas imputadas.

§ 3º. O relator, atendendo aos critérios de admissibilidade, emitirá parecer propondo a instauração de processo disciplinar ou o arquivamento liminar da representação, no prazo de 30 (trinta) dias, sob pena de redistribuição do feito pelo Presidente do Conselho Seccional ou da Subseção para outro relator, observando-se o mesmo prazo.

§ 4º. O Presidente do Conselho competente ou, conforme o caso, o do Tribunal de Ética e Disciplina, proferirá despacho declarando instaurado o processo disciplinar ou determinando o arquivamento da representação, nos termos do parecer do relator ou segundo os fundamentos que adotar.

§ 5º. A representação contra membros do Conselho Federal e Presidentes de Conselhos Seccionais é processada e julgada pelo Conselho Federal, sendo competente a Segunda Câmara reunida em sessão plenária. A representação contra membros da diretoria do Conselho Federal, Membros Honorários Vitalícios e detentores da Medalha Rui Barbosa será processada e julgada pelo Conselho Federal, sendo competente o Conselho Pleno.

§ 6º. A representação contra dirigente de Subseção é processada e julgada pelo Conselho Seccional.

Art. 59. Compete ao relator do processo disciplinar determinar a notificação dos interessados para prestar esclarecimentos ou a do representado para apresentar defesa prévia, no prazo de 15 (quinze) dias, em qualquer caso.

§ 1º. A notificação será expedida para o endereço constante do cadastro de inscritos do Conselho Seccional, observando-se, quanto ao mais, o disposto no Regulamento Geral.

§ 2º. Se o representado não for encontrado ou ficar revel, o Presidente do Conselho competente ou, conforme o caso, o do Tribunal de Ética e Disciplina designar-lhe-á defensor dativo.

§ 3º. Oferecida a defesa prévia, que deve ser acompanhada dos documentos que possam instruí-la e do rol de testemunhas, até o limite de 5 (cinco), será proferido despacho saneador e, ressalvada a hipótese do § 2º do art. 73 do EAOAB, designada, se for o caso, audiência para oitiva do representante, do representado e das testemunhas.

§ 4º. O representante e o representado incumbir-se-ão do comparecimento de suas testemunhas, salvo se, ao apresentarem o respectivo rol, requererem, por motivo justificado, sejam elas notificadas a comparecer à audiência de instrução do processo.

§ 5º. O relator pode determinar a realização de diligências que julgar convenientes, cumprindo-lhe dar andamento ao processo, de modo que este se desenvolva por impulso oficial.

§ 6º. O relator somente indeferirá a produção de determinado meio de prova quando esse for ilícito, impertinente, desnecessário ou protelatório, devendo fazê-lo fundamentadamente.

§ 7º. Concluída a instrução, o relator profere parecer preliminar, a ser submetido ao Tribunal de Ética e Disciplina, dando enquadramento legal aos fatos imputados ao representado.

§ 8º. Abre-se, em seguida, prazo comum de 15 (quinze) dias para apresentação de razões finais.

Art. 60. O Presidente do Tribunal de Ética e Disciplina, após o recebimento do processo, devidamente instruído, designa, por sorteio, relator para proferir voto.

§ 1º. Se o processo já estiver tramitando perante o Tribunal de Ética e Disciplina ou perante o Conselho competente, o relator não será o mesmo designado na fase de instrução.

§ 2º. O processo será incluído em pauta na primeira sessão de julgamento após a distribuição ao relator, da qual serão as partes notificadas com 15 (quinze) dias de antecedência.

§ 3º. O representante e o representado são notificados pela Secretaria do Tribunal, com 15 (quinze) dias de antecedência, para comparecerem à sessão de julgamento.

§ 4º. Na sessão de julgamento, após o voto do relator, é facultada a sustentação oral pelo tempo de 15 (quinze) minutos, primeiro pelo representante e, em seguida, pelo representado.

Art. 61. Do julgamento do processo disciplinar lavrar-se-á acórdão, do qual constarão, quando procedente a representação, o enquadramento legal da infração, a sanção aplicada, o quórum de instalação e o de deliberação, a indicação de haver sido esta adotada com base no voto do relator ou em voto divergente, bem como as circunstâncias agravantes ou atenuantes consideradas e as razões determinantes de eventual conversão da censura aplicada em advertência sem registro nos assentamentos do inscrito.

Art. 62. Nos acórdãos serão observadas, ainda, as seguintes regras:

§ 1º. O acórdão trará sempre a ementa, contendo a essência da decisão.

§ 2º. O autor do voto divergente que tenha prevalecido figurará como redator para o acórdão.

§ 3º. O voto condutor da decisão deverá ser lançado nos autos, com os seus fundamentos.

§ 4º. O voto divergente, ainda que vencido, deverá ter seus fundamentos lançados nos autos, em voto escrito ou em transcrição na ata de julgamento do voto oral proferido, com seus fundamentos.

§ 5º. Será atualizado nos autos o relatório de antecedentes do representado, sempre que o relator o determinar.

Art. 63. Na hipótese prevista no art. 70, § 3º, do EAOAB, em sessão especial designada pelo Presidente do Tribunal, serão facultadas ao representado ou ao seu defensor a apresentação de defesa, a produção de prova e a sustentação oral.

Art. 64. As consultas submetidas ao Tribunal de Ética e Disciplina receberão autuação própria, sendo designado relator, por sorteio, para o seu exame, podendo o Presidente, em face da complexidade da questão, designar, subsequentemente, revisor.

Parágrafo único. O relator e o revisor têm prazo de 10 (dez) dias cada um para elaboração de seus pareceres, apresentando-os na primeira sessão seguinte, para deliberação.

Art. 65. As sessões do Tribunal de Ética e Disciplina obedecerão ao disposto no respectivo Regimento Interno, aplicando-se-lhes, subsidiariamente, o do Conselho Seccional.

Art. 66. A conduta dos interessados, no processo disciplinar, que se revele temerária ou caracterize a intenção de alterar a verdade dos fatos, assim como a interposição de recursos com intuito manifestamente protelatório, contrariam os princípios deste Código, sujeitando os responsáveis à correspondente sanção.

Art. 67. Os recursos contra decisões do Tribunal de Ética e Disciplina, ao Conselho Seccional, regem-se pelas disposições do Estatuto da Advocacia e da Ordem dos Advogados do Brasil, do Regulamento Geral e do Regimento Interno do Conselho Seccional.

Parágrafo único. O Tribunal dará conhecimento de todas as suas decisões ao Conselho Seccional, para que determine periodicamente a publicação de seus julgados.

Art. 68. Cabe revisão do processo disciplinar, na forma prevista no Estatuto da Advocacia e da Ordem dos Advogados do Brasil (art. 73, § 5º).

§ 1º. Tem legitimidade para requerer a revisão o advogado punido com a sanção disciplinar.

§ 2º. A competência para processar e julgar o processo de revisão é do órgão de que emanou a condenação final.

§ 3º. Quando o órgão competente for o Conselho Federal, a revisão processar-se-á perante a Segunda Câmara, reunida em sessão plenária.

§ 4º. Observar-se-á, na revisão, o procedimento do processo disciplinar, no que couber.

§ 5º. O pedido de revisão terá autuação própria, devendo os autos respectivos ser apensados aos do processo disciplinar a que se refira.

Art. 69. O advogado que tenha sofrido sanção disciplinar poderá requerer reabilitação, no prazo e nas condições previstos no Estatuto da Advocacia e da Ordem dos Advogados do Brasil (art. 41).

§ 1º. A competência para processar e julgar o pedido de reabilitação é do Conselho Seccional em que tenha sido aplicada a sanção disciplinar. Nos casos de competência originária do Conselho Federal, perante este tramitará o pedido de reabilitação.

§ 2º. Observar-se-á, no pedido de reabilitação, o procedimento do processo disciplinar, no que couber.

§ 3º. O pedido de reabilitação terá autuação própria, devendo os autos respectivos ser apensados aos do processo disciplinar a que se refira.

§ 4º. O pedido de reabilitação será instruído com provas de bom comportamento, no exercício da advocacia e na vida social, cumprindo à Secretaria do Conselho competente certificar, nos autos, o efetivo cumprimento da sanção disciplinar pelo requerente.

§ 5º. Quando o pedido não estiver suficientemente instruído, o relator assinará prazo ao requerente para que complemente a documentação; não cumprida a determinação, o pedido será liminarmente arquivado.

Capítulo II
DOS ÓRGÃOS DISCIPLINARES

Seção I
Dos Tribunais de Ética e Disciplina

Art. 70. O Tribunal de Ética e Disciplina poderá funcionar dividido em órgãos fracionários, de acordo com seu regimento interno.

Art. 71. Compete aos Tribunais de Ética e Disciplina:

I – julgar, em primeiro grau, os processos ético-disciplinares;

II – responder a consultas formuladas, em tese, sobre matéria ético-disciplinar;

III – exercer as competências que lhe sejam conferidas pelo Regimento Interno da Seccional ou por este Código para a instauração, instrução e julgamento de processos ético-disciplinares;

IV – suspender, preventivamente, o acusado, em caso de conduta suscetível de acarretar repercussão prejudicial à advocacia, nos termos do Estatuto da Advocacia e da Ordem dos Advogados do Brasil;

V – organizar, promover e ministrar cursos, palestras, seminários e outros eventos da mesma natureza acerca da ética profissional do advogado ou estabelecer parcerias com as Escolas de Advocacia, com o mesmo objetivo;

VI – atuar como órgão mediador ou conciliador nas questões que envolvam:

a) dúvidas e pendências entre advogados;

b) partilha de honorários contratados em conjunto ou decorrentes de substabelecimento, bem como os que resultem de sucumbência, nas mesmas hipóteses;

c) controvérsias surgidas quando da dissolução de sociedade de advogados.

Seção II
Das Corregedorias-Gerais

Art. 72. As Corregedorias-Gerais integram o sistema disciplinar da Ordem dos Advogados do Brasil.

§ 1º. O Secretário-Geral Adjunto exerce, no âmbito do Conselho Federal, as funções de Corregedor-Geral, cuja competência é definida em Provimento.

§ 2º. Nos Conselhos Seccionais, as Corregedorias-Gerais terão atribuições da mesma natureza, observando, no que couber, Provimento do Conselho Federal sobre a matéria.

§ 3º. A Corregedoria-Geral do Processo Disciplinar coordenará ações do Conselho Federal e dos Conselhos Seccionais voltadas para o objetivo de reduzir a ocorrência das infrações disciplinares mais frequentes.

TÍTULO III
DAS DISPOSIÇÕES GERAIS E TRANSITÓRIAS

Art. 73. O Conselho Seccional deve oferecer os meios e o suporte de apoio material, logístico, de informática e de pessoal necessários ao pleno funcionamento e ao desenvolvimento das atividades do Tribunal de Ética e Disciplina.

§ 1º. Os Conselhos Seccionais divulgarão, trimestralmente, na internet, a quantidade de processos ético-disciplinares em andamento e as punições decididas em caráter definitivo, preservadas as regras de sigilo.

§ 2º. A divulgação das punições referidas no parágrafo anterior destacará cada infração tipificada no art. 34 da Lei nº 8.906/1994.

Art. 74. Em até 180 (cento e oitenta) dias após o início da vigência do presente Código de Ética e Disciplina da OAB, os Conselhos Seccionais e os Tribunais de Ética e Disciplina deverão elaborar ou rever seus Regimentos Internos, adaptando-os às novas regras e disposições deste Código. No caso dos Tribunais de Ética e Disciplina, os Regimentos Internos serão submetidos à aprovação do respectivo Conselho Seccional e, subsequentemente, do Conselho Federal.

Art. 75. A pauta de julgamentos do Tribunal é publicada em órgão oficial e no quadro de avisos gerais, na sede do Conselho Seccional, com antecedência de 15 (quinze) dias, devendo ser dada prioridade, nos julgamentos, aos processos cujos interessados estiverem presentes à respectiva sessão.

Art. 76. As disposições deste Código obrigam igualmente as sociedades de advogados, os consultores e as sociedades consultoras em direito estrangeiro e os estagiários, no que lhes forem aplicáveis.

Art. 77. As disposições deste Código aplicam-se, no que couber, à mediação, à conciliação e à arbitragem, quando exercidas por advogados.

Art. 78. Os autos do processo disciplinar podem ter caráter virtual, mediante adoção de processo eletrônico.

Parágrafo único. O Conselho Federal da OAB regulamentará em Provimento o processo ético-disciplinar por meio eletrônico.

Art. 79. Este Código entra em vigor 180 (cento e oitenta) dias após a data de sua publicação, cabendo ao Conselho Federal e aos Conselhos Seccionais, bem como às Subseções da OAB, promover-lhe ampla divulgação.

Art. 80. Fica revogado o Código de Ética e Disciplina editado em 13 de fevereiro de 1995, bem como as demais disposições em contrário.

Brasília, 19 de outubro de 2015.

Marcus Vinicius Furtado Coêlho – Presidente Nacional da OAB

Paulo Roberto de Gouvêa Medina – Relator originário e para sistematização final

Humberto Henrique Costa Fernandes do Rêgo – Relator em Plenário

DOU de 4.11.2015

REGIMENTO INTERNO DA CORREGEDORIA-GERAL DO PROCESSO DISCIPLINAR DA ORDEM DOS ADVOGADOS DO BRASIL – OAB/CGD

RESOLUÇÃO Nº 03, DE 18 DE OUTUBRO DE 2010

Aprova o Regimento Interno da Corregedoria-Geral do Processo Disciplinar da Ordem dos Advogados do Brasil.

O Conselho Pleno do Conselho Federal da Ordem dos Advogados do Brasil, no uso das atribuições que lhe são conferidas pelo art. 54, V, da Lei nº 8.906, de 4 de julho de 1994 – Estatuto da Advocacia e da OAB, considerando os termos do Provimento nº 134, de 2009, e tendo em vista o decidido nos autos da Proposição nº 2010.19.06940-01,

Resolve:

Art. 1º. Fica aprovado o Regimento Interno da Corregedoria-Geral do Processo Disciplinar da Ordem dos Advogados do Brasil, com a seguinte redação:

(*) Regimento Interno Da Corregedoria--Geral Do Processo Disciplinar Da Ordem Dos Advogados Do Brasil – OAB/CGD (art. 89, VII, RG/EAOAB e Provimento nº 134/2009-CFOAB).

Art. 2º. Esta Resolução entra em vigor na data de sua publicação.

Brasília, 18 de outubro de 2010.

Ophir Cavalcante Junior, Presidente

DJ de 23.11.2010

REGIMENTO INTERNO DA CORREGEDORIA-GERAL DO PROCESSO DISCIPLINAR DA ORDEM DOS ADVOGADOS DO BRASIL OAB/CGD

(Art. 89, VII, RG/EAOAB e Provimento nº 134/2009-CFOAB)

Capítulo I
DA NATUREZA E DA ORGANIZAÇÃO

Seção I
Da Corregedoria-Geral do Processo Disciplinar e do Corregedor-Geral

Art. 1º. A Corregedoria-Geral do Processo Disciplinar da Ordem dos Advogados do Brasil – CGD é órgão do Conselho Federal e tem como titular o Corregedor-Geral da OAB.

§ 1º. A função de Corregedor-Geral da OAB é exercida pelo Secretário-Geral Adjunto do Conselho Federal, durante o período de vigência do mandato da Diretoria eleita para o triênio correspondente, sendo substituído, nos casos de licença, falta ou impedimento, pelo Secretário da Segunda Câmara.

§ 2º. O Corregedor-Geral da OAB indicará, para auxiliá-lo em suas atividades, até 2 (dois) Corregedores-Adjuntos, que serão designados pela Diretoria do Conselho Federal, após a aprovação do Conselho Pleno.

Art. 2º. Cabe à CGD receber e processar reclamações e denúncias de natureza ético-disciplinar, oriundas de pessoas ou entidades com interesse legítimo, concernentes ao cumprimento dos deveres funcionais de membros da OAB e de advogados, como integrantes dos órgãos da Instituição que, em qualquer instância, atuem no processo disciplinar, e dos respectivos serviços auxiliares.

§ 1º. Para efeito de admissibilidade das reclamações e denúncias, considera-se legítimo o interesse que transcenda a esfera subjetiva do reclamante ou do denunciante e se destine ao funcionamento regular dos órgãos citados no *caput*.

§ 2º. Reclamações e denúncias apócrifas, anônimas ou enviadas por intermédio de mensagens eletrônicas, sem a devida assinatura eletrônica digital, serão arquivadas sumariamente.

§ 3º. A atuação direta da CGD relativamente a reclamações e denúncias de natureza ético-disciplinar concernentes ao cumprimento dos deveres funcionais de membros da OAB e de advogados, como integrantes das Subseções, dos Tribunais de Ética e Disciplina, das Câmaras Recursais e do Órgão Especial dos Conselhos Seccionais, ocorrerá quando as Corregedorias Seccionais deixarem de atuar de forma adequada ou demonstrarem incapacidade de atuação ou, ainda, dentre outros procedimentos evasivos, protelarem, sem justa causa, seu processamento.

Art. 3º. Compete ao Corregedor-Geral da OAB, no âmbito de sua competência regulamentar e correcional:

I – receber as reclamações e denúncias, relativas à legalidade, oportunidade e conveniência de atos administrativos praticados;

II – determinar o processamento das reclamações e denúncias que atendam aos requisitos de admissibilidade, instaurando sindicância quando evidenciada a existência de indícios de infração;

III – instaurar procedimento de verificação de excesso de prazo ou determinar a adoção de providências administrativas para apuração da existência de irregularidade ou infração;

IV – determinar o arquivamento sumário das reclamações e denúncias anônimas ou abrangidas pela prescrição e daquelas que, mediante análise preliminar, sejam manifestamente improcedentes ou desprovidas de elementos mínimos para a sua compreensão ou seu processamento, ou que descrevam fato que não caracterize infração disciplinar;

V – promover, sob o rito do presente Regimento Interno, a instauração de processo administrativo disciplinar, após a conclusão de sindicância, que poderá ser dispensada, em razão de elementos já conhecidos em procedimento preliminar;

VI – promover ou determinar a realização de correições, diante da verificação de fatos graves ou relevantes que as justifiquem ou que devam ser prevenidos, podendo adotar as medidas cautelares necessárias, urgentes e adequadas ou propor a implementação das medidas cabíveis para suprir ou prevenir as necessidades ou deficiências constatadas ou de ocorrência provável;

VII – promover de ofício, *ad referendum* da Segunda Câmara do Conselho Federal da OAB, em caso de urgência e relevância, quaisquer medidas visando à eficácia e ao bom desempenho dos órgãos da Instituição que, em qualquer instância, atuem no processo disciplinar, e dos respectivos serviços auxiliares;

VIII – convocar funcionários, colaboradores ou prestadores de serviços da OAB para a promoção de tarefas especiais, requisitando-lhes o auxílio por prazo determinado e fixando-lhes atribuições;

IX – apresentar ao Conselho Federal da OAB relatório das correições realizadas e das diligências e providências adotadas no âmbito de sua competência, no prazo de 15 (quinze) dias, contados da finalização dos trabalhos correspondentes;

X – propor à Segunda Câmara do Conselho Federal da OAB a edição de atos normativos destinados ao aperfeiçoamento das atividades dos órgãos da Instituição que, em qualquer instância, atuem no processo disciplinar, e dos demais órgãos correicionais, assim como dos respectivos serviços auxiliares;

XI – promover levantamento estatístico dos processos disciplinares que tramitam nos órgãos da Instituição que, em qualquer instância, atuem no processo disciplinar, e nas Corregedorias Seccionais;

XII – propor ao Conselho Pleno do Conselho Federal a edição de atos normativos que assegurem a autonomia dos órgãos da Instituição que, em qualquer instância, atuem no processo disciplinar, assim como das Corregedorias Seccionais, com o cumprimento do Estatuto da Advocacia e da OAB, do seu Regulamento Geral e do Código de Ética e Disciplina;

XIII – executar, de ofício ou por determinação, e fazer executar as ordens e deliberações do Conselho Pleno e da Segunda Câmara do Conselho Federal da OAB, em matéria de sua competência;

XIV – requisitar aos dirigentes dos órgãos da Instituição que, em qualquer instância, atuem no processo disciplinar informações a respeito dos reclamados ou denunciados, exames, perícias ou documentos, sigilosos ou não, imprescindíveis ao esclarecimento de processos ou procedimentos submetidos à apreciação da CGD;

XV – constituir comissões ou grupos de trabalho com prazo determinado, para a coleta de dados necessários ao bom desempenho das atividades da CGD;

XVI – indicar ao Presidente do Conselho Federal as pessoas que pretenda ver designadas ou nomeadas, no âmbito da CGD, para o exercício de cargos sem remuneração;

XVII – instituir, manter e promover a criação de bancos de dados atualizados sobre as atividades dos órgãos da Instituição que, em qualquer instância, atuem no processo disciplinar e dos respectivos serviços auxiliares, com o acompanhamento da produtividade e geração de relatórios, visando ao diagnóstico e à adoção de providências para a efetivação das suas atividades fiscalizatória e correicional, dando ciência de seus resultados à Diretoria e ao Conselho Federal da OAB;

XVIII – promover ou sugerir a criação de mecanismos e meios destinados à coleta dos dados necessários ao regular desempenho das atividades da CGD;

XIX – manter contato direto e efetivo com as Corregedorias dos Conselhos Seccionais;

XX – delegar, nos limites legais, aos Corregedores Seccionais, Corregedores-Adjuntos, assessores ou funcionários expressamente indicados atribuições sobre questões específicas de competência da CGD;

XXI – avocar para a CGD o exame das reclamações e denúncias em curso nas Corregedorias Seccionais, nas hipóteses previstas no § 3º do art. 2º deste Regimento Interno;

XXII – proferir despachos preliminares, instaurar diligências e determinar a realização de atos que visem à busca de informações a respeito dos fatos constantes de reclamações e denúncias protocoladas diretamente na CGD, fixando prazo de, no máximo, 30 (trinta) dias para cumprimento;

XXIII – zelar pela razoável duração do processo disciplinar.

Seção II
Da Estrutura da CGD

Art. 4º. A CGD poderá constituir uma assessoria técnica para auxílio em suas manifestações e contará com uma coordenadoria encarregada de executar os serviços administrativos de apoio.

§ 1º. A assessoria, sem remuneração, quando constituída, será coordenada por um assessor indicado pelo Corregedor-Geral da OAB, dentre advogados, membros da Entidade ou não, com mais de 10 (dez) anos de inscrição e reputação ilibada, e nomeado pela Diretoria do Conselho Federal, cabendo-lhe zelar pela qualidade dos trabalhos sob sua responsabilidade e verificar a regularidade da tramitação de processos e documentos a seu encargo.

§ 2º. A coordenadoria da CGD será ocupada por um funcionário do Conselho Federal, nomeado por sua Diretoria.

Art. 5º. É facultada ao Corregedor-Geral da OAB a delegação de funções e atribuições ao assessor, que, dentre outras atividades, poderá:

I – examinar processos administrativos de competência da CGD;

II – acompanhar o Corregedor-Geral da OAB e os Corregedores-Adjuntos nas diligências e atividades a serem desenvolvidas;

III – receber, transmitir, cumprir e fazer cumprir as normas internas de trabalho;

IV – estabelecer interlocução, em assuntos de natureza administrativa, técnica ou processual, com as Corregedorias das Seccionais;

V – colacionar a legislação, a doutrina e a jurisprudência relacionadas às atividades a seu encargo;

VI – sugerir providências indispensáveis ao resguardo das normas, à lisura dos pleitos e à regularidade do cadastro de processos, dos bancos de dados e dos relatórios de atividade, observados os limites de competência da CGD;

VII – elaborar as minutas de atos administrativos ou normativos de competência ou a serem propostos pela CGD.

Art. 6º. Compete à coordenadoria:

I – coordenar as atividades administrativas visando ao pronto e permanente atendimento ao Corregedor-Geral da OAB, aos Corregedores-Adjuntos e à sua assessoria;

II – supervisionar e controlar a recepção, a seleção e o encaminhamento do expediente e da correspondência da CGD, dando-lhes o destino conveniente, de acordo com a natureza do assunto;

III – despachar com o Corregedor-Geral da OAB e os Corregedores-Adjuntos todos os expedientes de interesse da CGD, relativos a procedimentos de competência da CGD;

IV – preparar e expedir toda a correspondência de competência da CGD, efetuando o registro e o arquivamento das respectivas cópias;

V – conservar sob sua guarda os papéis e documentos relativos aos atos da CGD e aos procedimentos em tramitação, assim como os que, em razão de sua natureza, devam ser mantidos de modo reservado;

VI – controlar e supervisionar a atualização da movimentação processual no sistema informatizado;

VII – manter sob controle os prazos relativos aos procedimentos em tramitação ou que tenham sido fixados em expedientes da CGD;

VIII – promover as audiências e o atendimento ao público em geral, organizando a agenda de compromissos do Corregedor-Geral da OAB, dos Corregedores-Adjuntos e de sua assessoria;

IX – elaborar o relatório anual das atividades da CGD e o calendário de correições, assim como promover e coordenar a atualização tanto dos relatórios dos órgãos da OAB que atuem no processo disciplinar quanto dos bancos de dados contendo as informações decorrentes das suas atividades fiscalizatória e correicional;

X – cumprir, pessoalmente, tarefas ou missões especiais que lhe forem atribuídas pelo Corregedor-Geral da OAB;

XI – preparar e submeter ao Corregedor-Geral da OAB a escala de férias dos funcionários lotados na CGD ou à sua disposição;

XII – controlar a frequência, a pontualidade e a eficiência dos funcionários lotados na CGD ou que estejam a seu serviço;

XIII – requisitar os materiais permanentes e de consumo necessários às atividades da CGD, solicitar a substituição dos considerados inadequados ou danificados e conferir os termos de entrega correspondentes, assim como controlar o estoque disponível;

XIV – efetuar o controle da transferência de material permanente, submetendo-o ao funcionário responsável pela gestão patrimonial da unidade;

XV – coordenar a execução das deliberações do órgão e do Corregedor-Geral da OAB nas matérias de competência da CGD;

XVI – orientar os demais funcionários lotados na CGD ou em outros órgãos ou departamentos acerca dos procedimentos adotados na unidade;

XVII – controlar as atividades sob sua responsabilidade, identificar as necessidades de serviço e propor as medidas hábeis para supri-las.

Capítulo II
DOS ATOS

Art. 7º. Os atos expedidos pela CGD, no âmbito de sua competência, observam a seguinte nomenclatura:

I – Orientação: ato de caráter explicativo, contendo medidas destinadas ao aperfeiçoamento dos serviços dos órgãos da Instituição que, em qualquer instância, atuem no processo disciplinar e dos respectivos serviços auxiliares;

II – Requisição: ato de caráter requisitório, contendo demanda de informações administrativas, técnicas ou processuais a respeito dos respectivos processos, dirigido aos dirigentes dos órgãos da Instituição que, em qualquer instância, atuem no processo disciplinar;

III – Portaria: ato interno, destinado às delegações e designações de natureza geral ou especial, para desempenho de funções definidas, ou à instauração de procedimentos;

IV – outros atos de mero expediente sem denominação específica. Parágrafo único. Os atos deverão ter numeração própria, em sequência numérica, renovável anualmente e com indicação expressa, quando for o caso, do número do ato objeto de alteração.

Capítulo III
DOS PROCEDIMENTOS DISCIPLINARES

Seção I
Do Procedimento em Geral

Art. 8º. Os autos dos processos de competência da CGD serão públicos, quando encerrados os procedimentos.

§ 1º. Nos limites legais e expressos da Constituição da República, notadamente do Estatuto da Advocacia e da OAB e sua legislação complementar, enquanto não admitido o processo ou durante as investigações e até a sua finalização, o acesso aos respectivos autos ficará restrito aos interessados e seus procuradores habilitados.

§ 2º. As petições e os requerimentos dos interessados e seus procuradores, as informações e manifestações das autoridades demandadas e as intervenções de terceiros poderão ser apresentados em meio eletrônico, mediante certificação eletrônica de assinatura digital, ou outro meio de verificação de autenticidade.

§ 3º. As diligências necessárias aos esclarecimentos de fato, notadamente a inquirição de testemunhas ou a oitiva dos interessados, serão realizadas diretamente ou mediante carta de ordem, sempre com as cautelas adequadas à preservação do sigilo, nos limites referidos no *caput*.

§ 4º. Da decisão proferida pela CGD serão notificados os interessados ou seus procuradores habilitados, nos endereços indicados na petição, por meio dos endereços eletrônicos cadastrados na OAB ou mediante publicação na imprensa oficial, observados, quando cabíveis, os termos do art. 137-D do Regulamento Geral do Estatuto da Advocacia e da OAB.

Seção II
Da Reclamação

Art. 9º. Qualquer pessoa física ou jurídica, diretamente ou por intermédio de procurador com poderes especiais para atuar perante a CGD, poderá apresentar reclamação a propósito do andamento de processo disciplinar de seu interesse.

§ 1º. A reclamação deverá ser apresentada por escrito, devidamente assinada, ou em meio eletrônico, mediante certificação eletrônica de assinatura digital, e instruída com cópia dos documentos comprobatórios da identidade e do domicílio do reclamante, bem dos documentos que comprovem seu interesse legítimo, nos termos do art. 2º deste Regimento Interno.

§ 2º. O documento apresentado em cópia poderá ser declarado autêntico pelo próprio reclamante, quando advogado, sob sua responsabilidade pessoal, ou pela secretaria, mediante conferência, antes do seu encaminhamento ao protocolo.

Art. 10. A reclamação será arquivada quando, cumulativa ou isoladamente:

I – a narrativa não configurar infração;

II – não estiver instruída com os documentos exigidos neste Regimento Interno;

III – estiver desprovida de elementos mínimos para seu processamento ou para a compreensão da controvérsia;

IV – for apócrifa ou anônima.

Art. 11. Não se tratando da hipótese de arquivamento ou indeferimento sumário da reclamação, a CGD requisitará as informações necessárias ao dirigente do respectivo órgão da Instituição que, em qualquer instância, atue no processo disciplinar, fixando o prazo de, no máximo, 30 (trinta) dias para manifestação, podendo instaurar diligências para a apuração preliminar da verossimilhança da imputação.

Art. 12. Tratando-se de fatos ainda não levados ao conhecimento da Corregedoria Seccional ou do Tribunal de Ética e Disciplina correspondentes, o Corregedor-Geral da OAB, visando à adoção das providências necessárias à apuração dos fatos narrados no expediente, remeterá os autos ao Corregedor local ou ao respectivo Presidente do Tribunal, que informará à CGD, em resposta, as diligências empreendidas, as medidas adotadas e as conclusões a que houver chegado.

Art. 13. Considerado satisfatório o esclarecimento dos fatos ou alcançado o resultado e justificada a conduta, a reclamação será arquivada.

Art. 14. Se houver indicação de falta ou infração, o Corregedor-Geral da OAB determinará a instauração de sindicância ou proporá, desde logo, a instauração de processo disciplinar em face do membro da OAB ou do advogado, como integrantes dos órgãos da Instituição que, em qualquer instância, atuem no processo disciplinar, ou promoverá procedimento funcional, quanto a funcionário, caso as Corregedorias Seccionais ou os Tribunais de Ética e Disciplina não tenham tomado as providências cabíveis.

Seção III
Da Sindicância

Art. 15. A sindicância é o procedimento investigativo sumário e preparatório à elucidação de irregularidades eventualmente praticadas, levado a efeito pela CGD, com prazo de conclusão não excedente a 90 (noventa) dias, destinado à apuração da veracidade de notícias de irregularidades em que incidam os órgãos da Instituição que, em qualquer instância, atuem no processo disciplinar, ou os membros e advogados que os integrem, no exercício de suas funções. Parágrafo único. O prazo de que trata este artigo poderá ser prorrogado pelo Corregedor-Geral da OAB, motivadamente, por prazo determinado.

Art. 16. Instaurar-se-á a sindicância mediante portaria do Corregedor-Geral da OAB, contendo os elementos seguintes:

I – o fundamento legal e regimental;

II – o nome do sindicado;

III – a descrição sumária do fato objeto de apuração;

IV – a determinação de ciência ao sindicado, quando for o caso;

V – a nomeação de instrutor-relator da sindicância.

Parágrafo único. Os autos da sindicância receberão nova autuação e classificação, ficando os originários a eles apensados.

Art. 17. Em caso de oitiva de testemunhas ou de realização de diligências, o sindicado será intimado pessoalmente, para, querendo, comparecer ao depoimento ou acompanhar a inspeção, podendo fazer-se representar por advogado.

Art. 18. Quando necessária a prestação de informação ou a apresentação de documentos pelo investigado, por terceiros ou por órgão da Administração Pública, expedir-se-á ofício para esse fim, com indicação de prazo, forma e condições de atendimento.

Art. 19. Encerrados os trabalhos de investigação, o instrutor-relator elaborará relatório circunstanciado, contendo o resumo dos atos praticados, as diligências realizadas e as provas colhidas, assim como a síntese dos fatos apurados e a respectiva conclusão, que será submetida à apreciação da Segunda Câmara do Conselho Federal da OAB, observado o disposto no art. 22 deste Regimento Interno.

Parágrafo único. A competência originária da Segunda Câmara do Conselho Federal da OAB ocorre somente quando os procedimentos forem instaurados diretamente nesta Entidade, observando as demais iniciativas e recursos as regras de competência constantes dos Regimentos Internos dos Conselhos Seccionais.

Art. 20. Se da investigação não resultar juízo de irregularidade, o Corregedor-Geral da OAB determinará o arquivamento dos autos da sindicância.

Art. 21. Havendo elementos nos autos da sindicância que indiquem a necessidade de instauração de processo administrativo disciplinar, o instrutor-relator promoverá vista, em secretaria, ao sindicado ou ao seu procurador, com o prazo de 15 (quinze) dias para, querendo, oferecimento de manifestação final.

Parágrafo único. Havendo falta funcional, a sindicância será encaminhada à Diretoria do Conselho Federal da OAB para deliberação.

Art. 22. Decorrido o prazo previsto no artigo anterior, o Corregedor-Geral da OAB submeterá os autos da sindicância, com ou sem manifestação, à deliberação da Segunda Câmara do Conselho Federal.

§ 1º. É facultada a sustentação oral do sindicado, se advogado, ou de seu procurador habilitado, na sessão específica de deliberação da sindicância.

§ 2º. A sindicância será apensada ao processo disciplinar, se houver a deliberação por seu processamento.

Seção IV
Da Correição

Art. 23. O Corregedor-Geral da OAB procederá à correição, a qualquer tempo, independentemente da verificação de fatos determinantes.

Art. 24. A correição será instaurada pelo Corregedor-Geral da OAB mediante portaria, cientificando-se o Presidente do Conselho Seccional com ao menos 3 (três) dias de antecedência do início dos trabalhos, e conterá:

I – o local, a data e o horário da sua instalação;

II – a indicação das pessoas que participarão dos trabalhos, com nomeação do relator;

III – o prazo de duração dos trabalhos;

IV – a ordem de divulgação da correição;

V – outras determinações que julgar necessárias.

§ 1º. A CGD poderá delegar, parcial ou totalmente, a realização dos trabalhos correcionais ao Corregedor Seccional, ficando o relatório e suas conclusões condicionados à aprovação do Corregedor-Geral da OAB.

§ 2º. A coordenadoria da CGD será responsável pelas anotações e pela guarda de documentos, arquivos eletrônicos e informações destinadas à consolidação do relatório dos trabalhos realizados.

§ 3º. Em caso de extrema urgência ou em virtude de relevante motivação, devidamente fundamentadas, a correição poderá ser realizada de imediato, com comunicação ao Presidente do Conselho Seccional.

Art. 25. Instaurada a correição, com a autuação da portaria correspondente e dos documentos nela indicados, poderão ser requisitados, mediante expedição de ofício dirigido aos respectivos órgãos, processos, livros, registros, documentos, dados estatísticos, arquivos eletrônicos e tudo o mais que for julgado necessário ou conveniente à sua realização, sem prejuízo de novas indicações no curso dos trabalhos.

Art. 26. Os membros e os funcionários do órgão correicionado deverão prestar as informações que lhes forem solicitadas e franquear o acesso às instalações, sistemas e arquivos, apresentando autos, livros e tudo o mais que for necessário à realização dos trabalhos, sob pena de falta funcional ou disciplinar.

Parágrafo único. Tratando-se de processo sob sigilo, caberá à CGD adotar as cautelas destinadas à sua preservação, inclusive quanto às cópias que forem extraídas.

Art. 27. A Corregedoria local e o Conselho Seccional deverão colaborar, materialmente e com os recursos humanos necessários, para o bom desempenho dos trabalhos da correição.

Art. 28. Durante a correição, a CGD poderá adotar as medidas cabíveis no âmbito de sua competência, expedir instruções, instaurar sindicâncias ou determinar as providências que entender necessárias ou adequadas ao cumprimento da sua finalidade.

Art. 29. O relatório final da correição deverá conter a descrição de todas as diligências e verificações realizadas, assim como as sugestões e proposições consideradas apropriadas para conhecimento da Segunda Câmara do Conselho Federal da OAB, e se fazer acompanhar da minuta dos atos administrativos apontados como necessários e da indicação das medidas destinadas a suprir as deficiências constatadas.

Capítulo IV
DO RECURSO ADMINISTRATIVO

Art. 30. Os interessados e requerentes que se considerarem prejudicados por decisão do Corregedor-Geral da OAB ou de seus delegados, e da qual, manifestamente, resultar restrição de direito ou de prerrogativa, ou anulação de ato, poderão, no prazo de 15 (quinze) dias, contados da sua notificação, interpor recurso administrativo, que não terá efeito suspensivo, dirigido à Segunda Câmara do Conselho Federal da OAB, contendo as razões de legalidade e de mérito e a comprovação de suas alegações.

§ 1º. Das decisões do Corregedor-Geral da OAB dar-se-á ciência aos interessados e aos requerentes, na forma do art. 8º, § 3º, deste Regimento Interno.

§ 2º. O Corregedor-Geral da OAB poderá, no prazo de 15 (quinze) dias, exercer juízo de retratação quanto à decisão recorrida ou mantê-la, submetendo, neste caso, o recurso à apreciação da Segunda Câmara do Conselho Federal da OAB.

§ 3º. Caberá ao Corregedor-Geral da OAB exercer o juízo de retratação, ainda que o recurso se dirija contra decisões ou atos daqueles que tenham recebido sua delegação.

§ 4º. Aplicam-se as disposições do art. 85 do Regulamento Geral do Estatuto da Advocacia e da OAB nas hipóteses de recursos interpostos contra decisões da Segunda Câmara.

Capítulo V
DAS DISPOSIÇÕES GERAIS E FINAIS

Art. 31. O exame dos autos de processos em curso na CGD será permitido às partes e seus procuradores habilitados, bem assim a autoridade judicial com interesse justificado, ressalvados os casos de sigilo.

Parágrafo único. Quando a qualquer dos interessados couber oferecer manifestação no processo, a vista dos autos poderá ser concedida em secretaria, por acesso eletrônico, após credenciamento, ou mediante o fornecimento de cópia integral em meio eletrônico, ficando responsável pela manutenção do sigilo aquele que obtiver a vista.

Art. 32. Todos os registros, processos, atos, decisões, arquivos ou outros dados deverão ser mantidos em meio eletrônico na secretaria, processando-se também por esse meio a discussão e a deliberação deles resultantes, garantido o acesso aos interessados, nos limites correspondentes ao seu interesse e participação, com a eventual observação do sigilo.

§ 1º. Até que sejam definitivamente julgados os pedidos ou digitalizados os autos de seus processos, serão mantidas em arquivo próprio as peças físicas correspondentes, salvo as que forem entregues e devolvidas na secretaria da CGD ou descartadas, de acordo com regulamentação própria.

§ 2º. As peças ou documentos apresentados por cópia, qualquer que seja o meio de reprodução, deverão revestir-se de nitidez e fidelidade, dispensando a autenticação, sob a responsabilidade do interessado ou de seu procurador, que responderá por excessos, abuso ou fraude.

Art. 33. Os requerimentos e pedidos endereçados à CGD, assim como os dirigidos a processos em andamento, poderão ser encaminhados por meio eletrônico, devidamente certificado, em endereço indicado no sítio eletrônico da OAB, e serão direcionados ao Setor de Protocolo e Digitalização.

§ 1º. A secretaria deverá promover a progressiva digitalização eletrônica dos documentos apresentados em meio físico e recomendar aos interessados e às partes a mesma providência, visando à agilização de rotinas e à economia de recursos materiais, adotando, preferencialmente, o meio eletrônico por ocasião do respectivo protocolo inicial.

§ 2º. As comunicações e notificações dos interessados e advogados habilitados serão efetivadas por correio eletrônico, no endereço por eles fornecido, contando-se o prazo a partir do dia seguinte ao da remessa da respectiva mensagem.

Art. 34. O cadastramento de endereço eletrônico para fins de recebimento de comunicações processuais nos feitos de competência da CGD será facultativo aos interessados e seus advogados.

§ 1º. As comunicações deverão ser expedidas para o endereço previamente indicado pelo interessado, adotando-se, no seu envio, cautelas que permitam preservar a integridade do conteúdo da mensagem.

§ 2º. A expedição da mensagem contendo a comunicação servirá como certificação de seu recebimento nos autos do processo correspondente, cabendo ao destinatário, se for o caso, demonstrar sua incorreção, irregularidade ou inexistência.

§ 3º. A notificação enviada ao interessado no endereço por este declarado nos autos presume-se recebida, na forma legal.

§ 4º. Os atos promovidos no âmbito da CGD poderão ser juntados aos autos pela secretaria, em meio físico ou digitalizados, conforme o caso, quando autorizados pelo Corregedor-Geral da OAB.

Art. 35. Mediante requerimento, com descrição expressa de sua finalidade, serão expedidas certidões, ressalvados os casos de sigilo, quando, até o término do processo, o acesso às informações ficará restrito aos interessados, seus procuradores habilitados, à autoridade judiciária ou ao membro do Ministério Público competentes.

Art. 36. Os casos omissos e as dúvidas decorrentes da aplicação deste Regimento Interno serão solucionados pelo Corregedor-Geral da OAB, no âmbito de sua competência, ou pela Segunda Câmara do Conselho Federal da OAB.

Art. 37. Os Corregedores Seccionais poderão ser nomeados dentre os membros do Conselho Seccional, por ato da Diretoria, ficando a Corregedoria local vinculada à supervisão de um de seus Diretores, no organograma do Conselho Seccional.

Art. 38. O presente Regimento Interno entra em vigor na data de sua publicação.

LEGISLAÇÃO COMPLEMENTAR E ALTERADORA

CONSTITUIÇÃO DA REPÚBLICA FEDERATIVA DO BRASIL
(Excertos)

....

TÍTULO II
DOS DIREITOS E GARANTIAS FUNDAMENTAIS

Capítulo I
DOS DIREITOS E DEVERES INDIVIDUAIS E COLETIVOS

Art. 5º. Todos são iguais perante a lei, sem distinção de qualquer natureza, garantindo-se aos brasileiros e aos estrangeiros residentes no País a inviolabilidade do direito à vida, à liberdade, à segurança e à propriedade, nos termos seguintes:

....

XIII – é livre o exercício de qualquer trabalho, ofício ou profissão, atendidas as qualificações profissionais que a lei estabelecer;

....

LXIII – o preso será informado de seus direitos, entre os quais o de permanecer calado, sendo-lhe assegurada a assistência da família e de advogado;

....

LXXIV – o Estado prestará assistência jurídica integral e gratuita aos que comprovarem insufiência de recursos;

....

LXXVII – são gratuitas as ações de *habeas corpus* e *habeas data*, e, na forma da lei, os atos necessários ao exercício da cidadania;

LXXVIII – a todos, no âmbito judicial e administrativo, são assegurados a razoável duração do processo e os meios que garantam a celeridade de sua tramitação.

(*) Inciso LXXVIII acrescido pela EC nº 45, de 8.12.2004.

....

TÍTULO IV
DA ORGANIZAÇÃO DOS PODERES

Capítulo I
DO PODER LEGISLATIVO

....

Seção IV
Do Senado Federal

Art. 52. Compete privativamente ao Senado Federal:

....

II – processar e julgar os Ministros do Supremo Tribunal Federal, os membros do Conselho Nacional de Justiça e do Conselho Nacional do Ministério Público, o Procurador-Geral da República e o Advogado-Geral da União nos crimes de responsabilidade;

(*) Inciso II com redação dada pela EC nº 45, de 8.12.2004.

....

Parágrafo único. Nos casos previstos nos incisos I e II, funcionará como Presidente o do Supremo Tribunal Federal, limitando-se à condenação, que somente será proferida por 2/3 (dois terços) dos votos do Senado Federal, à perda do cargo, com inabilitação, por 8 (oito) anos, para o exercício de função pública, sem prejuízo das demais sanções judiciais cabíveis.

....

Capítulo II
DO PODER EXECUTIVO

....

Seção II
Das Atribuições do Presidente da República

Art. 84. Compete privativamente ao Presidente da República:

....

XVI – nomear os magistrados, nos casos previstos nesta Constituição, e o Advogado-Geral da União;

(*) V. arts. 131 e 132 da CF.

....

Capítulo III
DO PODER JUDICIÁRIO

Seção I
Disposições Gerais

....

Art. 93. Lei complementar, de iniciativa do Supremo Tribunal Federal, disporá sobre o Estatuto da Magistratura, observados os seguintes princípios:

(*) V. Lei Complementar nº 35, de 14.3.1979, que dispõe sobre a Lei Orgânica da Magistratura Nacional.

I – ingresso na carreira, cujo cargo inicial será o de juiz substituto, mediante concurso público de provas e títulos, com a participação da Ordem dos Advogados do Brasil em todas as fases, exigindo-se do bacharel em direito, no mínimo, três anos de atividade jurídica e obedecendo-se, nas nomeações, à ordem de classificação;

(*) Inciso I com redação dada pela EC nº 45, de 8.12.2004.

....

Art. 94. Um quinto dos lugares dos Tribunais Regionais Federais, dos Tribunais dos Estados, e do Distrito Federal e Territórios será composto de membros do Ministério Público, com mais de 10 (dez) anos de carreira, e de advogados de notório saber jurídico e de reputação ilibada, com mais de 10 (anos) de efetiva atividade profissional, indicados em lista sêxtupla pelos órgãos de representação das respectivas classes.

Parágrafo único. Recebidas as indicações, o tribunal formará lista tríplice, enviando-a ao Poder Executivo, que, nos 20 (vinte) dias subsequentes, escolherá 1 (um) de seus integrantes para nomeação.

....

Seção II
Do Supremo Tribunal Federal

Art. 101. O Supremo Tribunal Federal compõe-se de 11 (onze) Ministros, escolhidos dentre cidadãos com mais de 35 (trinta e cinco) e menos de 65 (sessenta e cinco) anos de idade, de notável saber jurídico e reputação ilibada.

....

Art. 103. Podem propor a ação direta de inconstitucionalidade e a ação declaratória de constitucionalidade:

(*) Art. 103, *caput*, com redação dada pela EC nº 45, de 8.12.2004.

I – o Presidente da República;

II – a Mesa do Senado Federal;

III – a Mesa da Câmara dos Deputados;

IV – a Mesa de Assembleia Legislativa ou da Câmara Legislativa do Distrito Federal;

(*) Inciso IV com redação dada pela EC nº 45, de 8.12.2004.

V – o Governador de Estado ou do Distrito Federal;

(*) Inciso V com redação dada pela EC nº 45, de 8.12.2004.

VI – o Procurador-Geral da República;

VII – o Conselho Federal da Ordem dos Advogados do Brasil;

VIII – partido político com representação no Congresso Nacional;

IX – confederação sindical ou entidade de classe de âmbito nacional.

§ 1º. O Procurador-Geral da República deverá ser previamente ouvido nas ações de inconstitucionalidade e em todos os processos de competência do Supremo Tribunal Federal.

§ 2º. Declarada a inconstitucionalidade por omissão de medida para tornar efetiva norma constitucional, será dada ciência ao Poder competente para a adoção das providências necessárias e, em se tratando de órgão administrativo, para fazê-lo em 30 (trinta) dias.

§ 3º. Quando o Supremo Tribunal Federal apreciar a inconstitucionalidade, em tese, de norma legal ou ato normativo, citará, previamente, o Advogado-Geral da União, que defenderá o ato ou texto impugnado.

§ 4º. (Revogado).

(*) § 4º acrescido pela EC nº 3, de 17.3.1993, e revogado pela EC nº 45, de 8.12.2004.

Art. 103-A. O Supremo Tribunal Federal poderá, de ofício ou por provocação, mediante decisão de dois terços dos seus membros, após reiteradas decisões sobre matéria constitucional, aprovar súmula que, a partir de sua publicação na imprensa oficial, terá efeito vinculante em relação aos demais órgãos do Poder Judiciário e à administração pública direta e indireta, nas esferas federal, estadual e municipal, bem como proceder à sua revisão ou cancelamento, na forma estabelecida em lei.

(*) Art. 103-A, *caput*, acrescido pela EC nº 45, de 8.12.2004.

§ 1º. A súmula terá por objetivo a validade, a interpretação e a eficácia de normas determinadas, acerca das quais haja controvérsia atual entre órgãos judiciários ou entre esses e a administração pública que acarrete grave insegurança jurídica e relevante multiplicação de processos sobre questão idêntica.

(*) § 1º acrescido pela EC nº 45, de 8.12.2004.

§ 2º. Sem prejuízo do que vier a ser estabelecido em lei, a aprovação, revisão ou cancelamento de súmula poderá ser provocada por aqueles que podem propor a ação direta de inconstitucionalidade.

(*) § 2º acrescido pela EC nº 45, de 8.12.2004.

§ 3º. Do ato administrativo ou decisão judicial que contrariar a súmula aplicável ou que indevidamente a aplicar, caberá reclamação ao Supremo Tribunal Federal que, julgando-a procedente, anulará o ato administrativo ou cassará a decisão judicial reclamada, e determinará que outra seja proferida com ou sem a aplicação da súmula, conforme o caso.

(*) § 3º acrescido pela EC nº 45, de 8.12.2004.

Art. 103-B. O Conselho Nacional de Justiça compõe-se de 15 (quinze) membros com mandato de 2 (dois) anos, admitida 1 (uma) recondução, sendo:

(*) Art. 103-B, *caput*, acrescido pela EC nº 45, de 8.12.2004, e com redação dada pela EC nº 61, de 11.11.2009.

I – o Presidente do Supremo Tribunal Federal;

(*) Inciso I acrescido pela EC nº 45, de 8.12.2004, e com redação dada pela EC nº 61, de 11.11.2009.

II – um Ministro do Superior Tribunal de Justiça, indicado pelo respectivo tribunal;

(*) Inciso II acrescido pela EC nº 45, de 8.12.2004.

III – um Ministro do Tribunal Superior do Trabalho, indicado pelo respectivo tribunal;

(*) Inciso III acrescido pela EC nº 45, de 8.12.2004.

IV – um desembargador de Tribunal de Justiça, indicado pelo Supremo Tribunal Federal;

(*) Inciso IV acrescido pela EC nº 45, de 8.12.2004.

V – um juiz estadual, indicado pelo Supremo Tribunal Federal;

(*) Inciso V acrescido pela EC nº 45, de 8.12.2004.

VI – um juiz de Tribunal Regional Federal, indicado pelo Superior Tribunal de Justiça;

(*) Inciso VI acrescido pela EC nº 45, de 8.12.2004.

VII – um juiz federal, indicado pelo Superior Tribunal de Justiça;

(*) Inciso VII acrescido pela EC nº 45, de 8.12.2004.

VIII – um juiz de Tribunal Regional do Trabalho, indicado pelo Tribunal Superior do Trabalho;

(*) Inciso VIII acrescido pela EC nº 45, de 8.12.2004.

IX – um juiz do trabalho, indicado pelo Tribunal Superior do Trabalho;

(*) Inciso IX acrescido pela EC nº 45, de 8.12.2004.

X – um membro do Ministério Público da União, indicado pelo Procurador-Geral da República;

(*) Inciso X acrescido pela EC nº 45, de 8.12.2004.

XI – um membro do Ministério Público estadual, escolhido pelo Procurador-Geral da República dentre os nomes indicados pelo órgão competente de cada instituição estadual;

(*) Inciso XI acrescido pela EC nº 45, de 8.12.2004.

XII – dois advogados, indicados pelo Conselho Federal da Ordem dos Advogados do Brasil;

(*) Inciso XII acrescido pela EC nº 45, de 8.12.2004.

XIII – dois cidadãos, de notável saber jurídico e reputação ilibada, indicados um pela Câmara dos Deputados e outro pelo Senado Federal.

(*) Inciso XIII acrescido pela EC nº 45, de 8.12.2004.

§ 1º. O Conselho será presidido pelo Presidente do Supremo Tribunal Federal e, nas suas ausências e impedimentos, pelo Vice-Presidente do Supremo Tribunal Federal.

(*) § 1º acrescido pela EC nº 45, de 8.12.2004, e com redação dada pela EC nº 61, de 11.11.2009.

§ 2º. Os demais membros do Conselho serão nomeados pelo Presidente da República, depois de aprovada a escolha pela maioria absoluta do Senado Federal.

(*) § 2º acrescido pela EC nº 45, de 8.12.2004, e com redação dada pela EC nº 61, de 11.11.2009.

§ 3º. Não efetuadas, no prazo legal, as indicações previstas neste artigo, caberá a escolha ao Supremo Tribunal Federal.

(*) § 3º acrescido pela EC nº 45, de 8.12.2004.

§ 4º. Compete ao Conselho o controle da atuação administrativa e financeira do Poder Judiciário e do cumprimento dos deveres funcionais dos juízes, cabendo-lhe, além de outras atribuições que lhe forem conferidas pelo Estatuto da Magistratura:

(*) § 4º, *caput*, acrescido pela EC nº 45, de 8.12.2004.

I – zelar pela autonomia do Poder Judiciário e pelo cumprimento do Estatuto da Magistratura, podendo expedir atos regulamentares, no âmbito de sua competência, ou recomendar providências;

(*) Inciso I acrescido pela EC nº 45, de 8.12.2004.

II – zelar pela observância do art. 37 e apreciar, de ofício ou mediante provocação, a legalidade dos atos administrativos praticados por membros ou órgãos do Poder Judiciário, podendo desconstituí-los, revê-los ou fixar prazo para que se adotem as providências necessárias ao exato cumprimento da lei, sem prejuízo da competência do Tribunal de Contas da União;

(*) Inciso II acrescido pela EC nº 45, de 8.12.2004.

III – receber e conhecer das reclamações contra membros ou órgãos do Poder Judiciário, inclusive contra seus serviços auxiliares, serventias e órgãos prestadores de serviços notariais e de registro que atuem por delegação do poder público ou oficializados, sem prejuízo da competência disciplinar e correicional dos tribunais, podendo avocar processos disciplinares em curso e determinar a remoção, a disponibilidade ou a aposentadoria com subsídios ou proventos proporcionais ao tempo de serviço e aplicar outras sanções administrativas, assegurada ampla defesa;

(*) Inciso III acrescido pela EC nº 45, de 8.12.2004.

IV – representar ao Ministério Público, no caso de crime contra a administração pública ou de abuso de autoridade;

(*) Inciso IV acrescido pela EC nº 45, de 8.12.2004.

V – rever, de ofício ou mediante provocação, os processos disciplinares de juízes e membros de tribunais julgados há menos de um ano;

(*) Inciso V acrescido pela EC nº 45, de 8.12.2004.

VI – elaborar semestralmente relatório estatístico sobre processos e sentenças prolatadas, por unidade da Federação, nos diferentes órgãos do Poder Judiciário;

(*) Inciso VI acrescido pela EC nº 45, de 8.12.2004.

VII – elaborar relatório anual, propondo as providências que julgar necessárias, sobre a situação do Poder Judiciário no País e as atividades do Conselho, o qual deve integrar mensagem do Presidente do Supremo Tribunal Federal a ser remetida ao Congresso Nacional, por ocasião da abertura da sessão legislativa.

(*) Inciso VII acrescido pela EC nº 45, de 8.12.2004.

§ 5º. O Ministro do Superior Tribunal de Justiça exercerá a função de Ministro-Corregedor e ficará excluído da distribuição de processos no Tribunal, competindo-lhe, além das atribuições que lhe forem conferidas pelo Estatuto da Magistratura, as seguintes:

(*) § 5º, *caput*, acrescido pela EC nº 45, de 8.12.2004.

I – receber as reclamações e denúncias, de qualquer interessado, relativas aos magistrados e aos serviços judiciários;

(*) Inciso I acrescido pela EC nº 45, de 8.12.2004.

II – exercer funções executivas do Conselho, de inspeção e de correição geral;

(*) Inciso II acrescido pela EC nº 45, de 8.12.2004.

III – requisitar e designar magistrados, delegando-lhes atribuições, e requisitar servidores de juízos ou tribunais, inclusive nos Estados, Distrito Federal e Territórios.

(*) Inciso III acrescido pela EC nº 45, de 8.12.2004.

§ 6º. Junto ao Conselho oficiarão o Procurador-Geral da República e o Presidente do Conselho Federal da Ordem dos Advogados do Brasil.

(*) § 6º acrescido pela EC nº 45, de 8.12.2004.

§ 7º. A União, inclusive no Distrito Federal e nos Territórios, criará ouvidorias de justiça, competentes para receber reclamações e denúncias de qualquer interessado contra membros ou órgãos do Poder Judiciário, ou contra seus serviços auxiliares, representando diretamente ao Conselho Nacional de Justiça.

(*) § 7º acrescido pela EC nº 45, de 8.12.2004.

Seção III
Do Superior Tribunal de Justiça

(*) V. Lei nº 8.038, de 28.5.1990, que institui normas procedimentais para processos que especifica, perante o STJ e o STF.

Art. 104. O Superior Tribunal de Justiça compõe-se de, no mínimo, 33 (trinta e três) Ministros.

Parágrafo único. Os Ministros do Superior Tribunal de Justiça serão nomeados pelo Presidente da República, dentre brasileiros com mais de 35 (trinta e cinco) e menos de 65 (sessenta e cinco) anos, de notável saber jurídico e reputação ilibada, depois de aprovada a escolha pela maioria absoluta do Senado Federal, sendo:

(*) Parágrafo único, *caput*, com redação dada pela EC nº 45, de 8.12.2004.

I – 1/3 (um terço) dentre juízes dos Tribunais Regionais Federais e 1/3 (um terço) dentre desembargadores dos Tribunais de Justiça, indicados em lista tríplice elaborada pelo próprio Tribunal;

II – 1/3 (um terço), em partes iguais, dentre advogados e membros do Ministério

Público Federal, Estadual, do Distrito Federal e Territórios, alternadamente, indicados na forma do art. 94.

....

Seção IV
Dos Tribunais Regionais Federais e dos Juízes Federais

Art. 106. São órgãos da Justiça Federal:

I – os Tribunais Regionais Federais;

II – os Juízes Federais.

Art. 107. Os Tribunais Regionais Federais compõem-se de, no mínimo, 7 (sete) juízes, recrutados, quando possível, na respectiva região e nomeados pelo Presidente da República dentre brasileiros com mais de 30 (trinta) e menos de 65 (sessenta e cinco) anos, sendo:

I – 1/5 (um quinto) dentre advogados com mais de 10 (dez) anos de efetiva atividade profissional e membros do Ministério Público Federal com mais de 10 (dez) anos de carreira;

....

Seção VII
Dos Tribunais e Juízes Militares

....

Art. 123. O Superior Tribunal Militar compor-se-á de 15 (quinze) Ministros vitalícios, nomeados pelo Presidente da República, depois de aprovada a indicação pelo Senado Federal, sendo 3 (três) dentre Oficiais-Generais da Marinha, 4 (quatro) dentre Oficiais-Generais do Exército, 3 (três) dentre Oficiais-Generais da Aeronáutica, todos da ativa e do posto mais elevado da carreira, e 5 (cinco) dentre civis.

Parágrafo único. Os Ministros civis serão escolhidos pelo Presidente da República dentre brasileiros maiores de 35 (trinta e cinco) anos, sendo:

I – 3 (três) dentre advogados de notório saber jurídico e conduta ilibada, com mais de 10 (dez) anos de efetiva atividade profissional;

....

Capítulo IV
DAS FUNÇÕES ESSENCIAIS À JUSTIÇA

Seção I
Do Ministério Público

....

Art. 129. São funções institucionais do Ministério Público:

....

§ 3º. O ingresso na carreira do Ministério Público far-se-á mediante concurso público de provas e títulos, assegurada a participação da Ordem dos Advogados do Brasil em sua realização, exigindo-se do bacharel em direito, no mínimo, 3 (três) anos de atividade jurídica e observando-se, nas nomeações, a ordem de classificação.

(*) § 3º com redação dada pela EC nº 45, de 8.12.2004.

....

Art. 130-A. O Conselho Nacional do Ministério Público compõe-se de 14 (quatorze) membros nomeados pelo Presidente da República, depois de aprovada a escolha pela maioria absoluta do Senado Federal, para um mandato de 2 (dois) anos, admitida uma recondução, sendo:

(*) Art. 130-A, *caput*, acrescido pela EC nº 45, de 8.12.2004.

....

V – 2 (dois) advogados, indicados pelo Conselho Federal da Ordem dos Advogados do Brasil;

(*) Inciso V acrescido pela EC nº 45, de 8.12.2004.

....

Seção II
Da Advocacia Pública

(*) Título da Seção II com redação dada pela EC nº 19, de 4.6.1998.

Art. 131. A Advocacia-Geral da União é a instituição que, diretamente ou através de órgão vinculado, representa a União, judicial e extrajudicialmente, cabendo-lhe, nos termos da lei complementar que dispuser sobre sua organização e funcionamento, as atividades de consultoria e assessoramento jurídico do Poder Executivo.

§ 1º. A Advocacia-Geral da União tem por chefe o Advogado-Geral da União, de livre nomeação pelo Presidente da República dentre cidadãos maiores de 35 (trinta e cinco) anos, de notável saber jurídico e reputação ilibada.

§ 2º. O ingresso nas classes iniciais das carreiras de instituições de que trata este artigo far-se-á mediante concurso público de provas e títulos.

§ 3º. Na execução da dívida ativa de natureza tributária, a representação da União cabe à Procuradoria-Geral da Fazenda Nacional, observado o disposto em Lei.

Art. 132. Os Procuradores dos Estados e do Distrito Federal, organizados em carreira, na qual o ingresso dependerá de concurso público de provas e títulos, com a participação da Ordem dos Advogados do Brasil em todas as suas fases, exercerão a representação judicial e a consultoria jurídica das respectivas Unidades Federadas.

(*) Art. 132, *caput*, com redação dada pela EC nº 19, de 4.6.1998.

Parágrafo único. Aos procuradores referidos neste artigo é assegurada a estabilidade após 3 (três) anos de efetivo exercício, mediante avaliação de desempenho perante os órgãos próprios, após relatório circunstanciado das corregedorias.

(*) Parágrafo único com redação dada pela EC nº 19, de 4.6.1998.

Seção III
Da Advocacia

(*) Título da Seção III com redação dada pela EC nº 80, de 4.6.2014.

Art. 133. O advogado é indispensável à administração da justiça, sendo inviolável por seus atos e manifestações no exercício da profissão, nos limites da lei.

Seção IV
Da Defensoria Pública

(*) Título da Seção IV acrescido pela EC nº 80, de 4.6.2014.

Art. 134. A Defensoria Pública é instituição permanente, essencial à função jurisdicional do Estado, incumbindo-lhe, como expressão e instrumento do regime democrático, fundamentalmente, a orientação jurídica, a promoção dos direitos humanos e a defesa, em todos os graus, judicial e extrajudicial, dos direitos individuais e coletivos, de forma integral e gratuita, aos necessitados, na forma do inciso LXXIV do art. 5º desta Constituição Federal.

(*) Art. 134, *caput*, com redação dada pela EC nº 80, de 4.6.2014.

§ 1º. Lei complementar organizará a Defensoria Pública da União e do Distrito Federal e dos Territórios e prescreverá normas gerais para sua organização nos Estados, em cargos de carreira, providos, na classe inicial, mediante concurso público de provas e títulos, assegurada a seus integrantes a garantia da inamovibilidade e vedado o exercício da advocacia fora das atribuições institucionais.

(*) § 1º, primitivo parágrafo único, renumerado pela EC nº 45, de 8.12.2004.

§ 2º. Às Defensorias Públicas Estaduais são asseguradas autonomia funcional e administrativa e a iniciativa de sua proposta orçamentária dentro dos limites estabelecidos na lei de diretrizes orçamentárias e subordinação ao disposto no art. 99, § 2º.

(*) § 2º acrescido pela EC nº 45, de 8.12.2004.

§ 3º. Aplica-se o disposto no § 2º às Defensorias Públicas da União e do Distrito Federal.

(*) § 3º acrescido pela EC nº 74, de 6.8.2013.

§ 4º. São princípios institucionais da Defensoria Pública a unidade, a indivisibilidade e a independência funcional, aplicando-se também, no que couber, o disposto no art. 93 e no inciso II do art. 96 desta Constituição Federal.

(*) § 4º acrescido pela EC nº 80, de 4.6.2014.

Art. 135. Os servidores integrantes das carreiras disciplinadas nas Seções II e III deste Capítulo serão remunerados na forma do art. 39, § 4º.

(*) Art. 135 com redação dada pela EC nº 19, de 4.6.1998.

....

TÍTULO IX
DAS DISPOSIÇÕES CONSTITUCIONAIS GERAIS

....

Art. 235. Nos 10 (dez) primeiros anos da criação de Estado, serão observadas as seguintes normas básicas:

....

V – os primeiros Desembargadores serão nomeados pelo Governador eleito, escolhidos da seguinte forma:

a) cinco dentre os Magistrados com mais de trinta e cinco anos de idade, em exercício na área do novo Estado ou do Estado originário;

b) 2 (dois) dentre Promotores, nas mesmas condições, e advogados de comprovada idoneidade e saber jurídico, com 10 (dez) anos, no mínimo, de exercício profissional, obedecido o procedimento fixado na Constituição;

....

VIII – até a promulgação da Constituição Estadual, responderão pela Procuradoria-Geral, pela Advocacia-Geral e pela Defensoria-Geral do Estado advogados de notório saber, com 35 (trinta e cinco) anos de idade, no mínimo, nomeados pelo Governador eleito e demissíveis *ad nutum*;

....

Brasília, 5 de outubro de 1988.

Ulysses Guimarães

LEIS

LEI Nº 9.527, DE 10 DE DEZEMBRO DE 1997

Altera dispositivos das Leis nºs 8.112, de 11 de dezembro de 1990, 8.460, de 17 de setembro de 1992, e 2.180, de 5 de fevereiro de 1954, e dá outras providências.

O Presidente da República,

Faço saber que o Congresso Nacional decreta e eu sanciono a seguinte Lei:

....

Art. 4º. As disposições constantes do Capítulo V, Título I, da Lei nº 8.906, de 4 de julho de 1994, não se aplicam à Administração Pública direta da União, dos Estados, do Distrito Federal e dos Municípios, bem como às autarquias, às fundações instituídas pelo Poder Público, às empresas públicas e às sociedades de economia mista.

....

Art. 16. Ficam convalidados os atos praticados com base na Medida Provisória nº 1.573-13, de 27 de outubro de 1997, e na Medida Provisória nº 1.595-14, de 10 de novembro de 1997.

Art. 17. Esta Lei entra em vigor na data de sua publicação.

....

Brasília, 10 de dezembro de 1997; 176º da Independência e 109º da República.

Fernando Henrique Cardoso – DOU de 11.12.1997

LEI Nº 11.179, DE 22 DE SETEMBRO DE 2005

Altera os arts. 53 e 67 da Lei nº 8.906, de 4 de julho de 1994, que dispõe sobre o Estatuto da Advocacia e da Ordem dos Advogados do Brasil – OAB.

O Presidente da República,

Faço saber que o Congresso Nacional decreta e eu sanciono a seguinte Lei:

Art. 1º. Os arts. 53 e 67 da Lei nº 8.906, de 4 de julho de 1994, passam a vigorar com a seguinte redação:

(*) Alterações já efetuadas no corpo da Lei.

Art. 2º. Esta Lei entra em vigor na data de sua publicação.

Brasília, 22 de setembro de 2005; 184º da Independência e 117º da República.

Luiz Inácio Lula da Silva – DOU de 23.9.2005

LEI Nº 11.767, DE 7 DE AGOSTO DE 2008

Altera o art. 7º da Lei nº 8.906, de 4 de julho de 1994, para dispor sobre o direito à inviolabilidade do local e instrumentos de trabalho do advogado, bem como de sua correspondência.

O Vice-Presidente da República, no exercício do cargo de Presidente da República,

Faço saber que o Congresso Nacional decreta e eu sanciono a seguinte Lei:

Art. 1º. O art. 7º da Lei nº 8.906, de 4 de julho de 1994, passa a vigorar com a seguinte redação:

(*) Alterações já efetuadas no corpo da Lei.

Art. 2º. Esta Lei entra em vigor na data de sua publicação.

Brasília, 7 de agosto de 2008; 187º da Independência e 120º da República.

José Alencar Gomes da Silva – DOU de 8.8.2008

LEI Nº 11.902, DE 12 DE JANEIRO DE 2009

Acrescenta dispositivo à Lei nº 8.906, de 4 de julho de 1994, que dispõe sobre o Estatuto da Advocacia e a Ordem dos Advogados do Brasil – OAB.

O Presidente da República,

Faço saber que o Congresso Nacional decreta e eu sanciono a seguinte Lei:

Art. 1º. A Lei nº 8.906, de 4 de julho de 1994, passa a vigorar acrescida do seguinte art. 25-A:

(*) Alteração já efetuada no corpo da Lei.

Art. 2º. Esta Lei entra em vigor na data de sua publicação.

Brasília, 12 de janeiro de 2009; 188º da Independência e 121º da República.

Luiz Inácio Lula da Silva – DOU de 13.1.2009

LEI Nº 13.245, DE 12 DE JANEIRO DE 2016

Altera o art. 7º da Lei nº 8.906, de 4 de julho de 1994 (Estatuto da Ordem dos Advogados do Brasil).

A Presidenta da República,

Faço saber que o Congresso Nacional decreta e eu sanciono a seguinte Lei:

Art. 1º. O art. 7º da Lei nº 8.906, de 4 de julho de 1994 (Estatuto da Ordem dos Advogados do Brasil), passa a vigorar com as seguintes alterações:

(*) Alterações já efetuadas no corpo da Lei.

Art. 2º. Esta Lei entra em vigor na data de sua publicação.

Brasília, 12 de janeiro de 2016; 195º da Independência e 128º da República.

Dilma Rousseff – DOU de 13.1.2016

LEI Nº 13.247, DE 12 DE JANEIRO DE 2016

Altera a Lei nº 8.906, de 4 de julho de 1994 – Estatuto da Advocacia.

A Presidenta da República,

Faço saber que o Congresso Nacional decreta e eu sanciono a seguinte Lei:

Art. 1º. Esta Lei altera a Lei nº 8.906, de 4 de julho de 1994 – Estatuto da Advocacia.

Art. 2º. Os arts. 15, 16 e 17 da Lei nº 8.906, de 4 de julho de 1994 – Estatuto da Advocacia, passam a vigorar com as seguintes alterações:

(*) Alterações já efetuadas no corpo da Lei.

Art. 3º. Esta Lei entra em vigor na data de sua publicação.

Brasília, 12 de janeiro de 2016; 195º da Independência e 128º da República.

Dilma Rousseff – DOU de 13.1.2016

SÚMULAS DA ORDEM DOS ADVOGADOS DO BRASIL

CONSELHO PLENO

SÚMULA Nº 01/2011

O Conselho Pleno do Conselho Federal da Ordem dos Advogados do Brasil, no uso das atribuições que lhe são conferidas nos arts. 75, parágrafo único, e 86 do Regulamento Geral da Lei nº 8.906/1994, considerando o julgamento da Consulta nº 2010.27.02480-01, decidiu, na Sessão Ordinária realizada no dia 11 de abril de 2011, editar a Súmula nº 01/2011/COP, com o seguinte enunciado:

"PRESCRIÇÃO. I – O termo inicial para contagem do prazo prescricional, na hipótese de processo disciplinar decorrente de representação, a que se refere o *caput* do art. 43 do EAOAB, é a data da constatação oficial do fato pela OAB, considerada a data do protocolo da representação ou a data das declarações do interessado tomadas por termo perante órgão da OAB, a partir de quando começa a fluir o prazo de cinco (5) anos, o qual será interrompido nas hipóteses dos incisos I e II do § 2º do art. 43 do EAOAB, voltando a correr por inteiro a partir do fato interruptivo. II – Quando a instauração do processo disciplinar se der *ex officio*, o termo *a quo* coincidirá com a data em que o órgão competente da OAB tomar conhecimento do fato, seja por documento constante dos autos, seja pela sua notoriedade. III – A prescrição intercorrente de que trata o § 1º do art. 43 do EAOAB, verificada pela paralisação do processo por mais de três (3) anos sem qualquer despacho ou julgamento, é interrompida e recomeça a fluir pelo mesmo prazo, a cada despacho de movimentação do processo." – Ophir Cavalcante Junior, Presidente – Angela Serra Sales, Conselheira Federal, Relatora – (*DOU* de 14.4.2011).

SÚMULA Nº 02/2011

O Conselho Pleno do Conselho Federal da Ordem dos Advogados do Brasil, no uso das atribuições que lhe são conferidas nos arts. 75, parágrafo único, e 86 do Regulamento Geral da Lei nº 8.906/1994, considerando o julgamento da Proposição nº 0006/2006, decidiu, na Sessão Ordinária realizada no dia 19 de setembro de 2011, revogar a Súmula editada em 8.8.2006 e editar a Súmula nº 02/2011/COP, com o seguinte enunciado:

"ADVOCACIA – CONCORRÊNCIA – CONSUMIDOR. 1) A Lei da advocacia é especial e exauriente, afastando a aplicação, às relações entre clientes e advogados, do sistema normativo da defesa da concorrência. 2) O cliente de serviços de advocacia não se identifica com o consumidor do Código de Defesa do Consumidor – CDC. Os pressupostos filosóficos do CDC e do EAOAB são antípodas e a Lei 8.906/1994 esgota toda a matéria, descabendo a aplicação subsidiária do CDC." – Brasília, 19 de setembro de 2011 – Ophir Cavalcante Junior, Presidente – Alberto de Paula Machado, Conselheiro Federal, Relator – (*DOU* de 25.10.2011.

SÚMULA Nº 03/2012

O Conselho Pleno do Conselho Federal da Ordem dos Advogados do Brasil, no uso das atribuições que lhe são conferidas nos arts. 75, parágrafo único, e 86 do Regulamento Geral da Lei nº 8.906/1994, considerando o julgamento da Proposição nº 2010.19.03171-01/COP (SGD: 49.0000.2012.007566-3/COP), decidiu, na Sessão Ordinária realizada no dia 17 de setembro de 2012, editar a Súmula nº 03/2012/COP, com o seguinte enunciado:

"ADVOGADO – OAB – PAGAMENTO DE ANUIDADES – OBRIGATORIEDADE – SUSPENSÃO – LICENÇA. I – É obrigatório o pagamento de anuidades pelo advogado suspenso temporariamente de suas atividades profissionais. II – O advogado regularmente licenciado do exercício profissional não está sujeito ao pagamento das anuidades, sendo, contudo, obrigatória sua manifestação expressa de opção nesse sentido, presumindo-se, com a ausência de requerimento correspondente, que pretende fazer jus aos benefícios proporcionados pela OAB, com a manutenção da obrigatoriedade do respectivo recolhimento." – Brasília, 17 de setembro de 2012 – Ophir Cavalcante Junior, Presidente – Miguel Ângelo Cançado, Relator – (*DOU* de 9.10.2012).

SÚMULA Nº 04/2012

O Conselho Pleno do Conselho Federal da Ordem dos Advogados do Brasil, no uso das atribuições que lhe são conferidas nos arts. 75, parágrafo único, e 86 do Regulamento Geral da Lei nº 8.906/1994, considerando o julgamento da Proposição nº 49.0000.2012.003933-6/COP, decidiu, na Sessão Ordinária realizada no dia 17 de setembro de 2012, editar a Súmula nº 04/2012/COP, com o seguinte enunciado:

"ADVOGADO – CONTRATAÇÃO – ADMINISTRAÇÃO PÚBLICA – INEXIGIBILIDADE DE LICITAÇÃO. Atendidos os requisitos do inciso II do art. 25 da Lei nº 8.666/1993, é inexigível procedimento licitatório para contratação de serviços advocatícios pela Administração Pública, dada a singularidade da atividade, a notória especialização e a inviabilização objetiva de competição, sendo inaplicável à espécie o disposto no art. 89 (*in totum*) do referido diploma legal." – Brasília, 17 de setembro de 2012 – Ophir Cavalcante Junior, Presidente – Jardson Saraiva Cruz, Relator – (*DOU* de 23.10.2012).

SÚMULA Nº 05/2012

O Conselho Pleno do Conselho Federal da Ordem dos Advogados do Brasil, no uso das atribuições que lhe são conferidas nos arts. 75, parágrafo único, e 86 do Regulamento Geral da Lei nº 8.906/1994, considerando o julgamento da Proposição nº 49.0000.2012.003933-6/COP, decidiu, na Sessão Ordinária realizada no dia 17 de setembro de 2012, editar a Súmula nº 05/2012/COP, com o seguinte enunciado:

"ADVOGADO – DISPENSA OU INEXIGIBILIDADE DE LICITAÇÃO – CONTRATAÇÃO – PODER PÚBLICO. Não poderá ser responsabilizado, civil ou criminalmente, o advogado que, no regular exercício do seu mister, emite parecer técnico opinando sobre dispensa ou inexigibilidade de licitação para contratação pelo Poder Público, porquanto inviolável nos seus atos e manifestações no exercício profissional, nos termos do art. 2º, § 3º, da Lei nº 8.906/1994 (Estatuto da Advocacia e da OAB)." – Brasília, 17 de setembro de 2012 – Ophir Cavalcante Junior, Presidente – Jardson Saraiva Cruz, Relator – (*DOU* de 23.10.2012).

ÓRGÃO ESPECIAL

SÚMULA Nº 01/2007

O Órgão Especial do Conselho Pleno do Conselho Federal da Ordem dos Advogados do Brasil, no uso das atribuição conferidas pelo art. 86 do Regulamento Geral da Lei nº 8.906/1994, considerando o julgamento dos processos 2007.29.03302-01, 2007.29.03203-01, 2007.29.03297-01, 2007.29.03335-01, 2007.29.03204-01, 2007.29.03336-01 e 2007.29.03199-01, decidiu, por unanimidade de votos, em sessão ordinária realizada no dia 5 de novembro de 2007, editar a Súmula nº 01/2007, com o seguinte enunciado:

"NULIDADE – MATÉRIA ÉTICO-DISCIPLINAR – ÓRGÃO JULGADOR. Inexiste nulidade no julgamento de recurso em matéria ético-disciplinar realizado por órgão composto por advogado não Conselheiro, designado nos termos do Regimento Interno do Conselho Seccional." – Brasília, 5 de novembro de 2007 – Vladimir Rossi Lourenço, Presidente – (*DJ* de 8.11.2007.1).

SÚMULA Nº 02/2009

O Órgão Especial do Conselho Pleno do Conselho Federal da OAB, no uso das atribuições conferidas no art. 86 do Regulamento Geral do Estatuto da Advocacia e da OAB (Lei nº 8.906/1994), considerando o julgamento das Consultas 2007.27.02252-01, 0012/2005 e 2008.27.08505-01, decidiu, por unanimidade, em sessão realizada no dia 5 de dezembro de 2009, editar a Súmula 02/2009, com o seguinte enunciado:

"EXERCÍCIO DA ADVOCACIA POR SERVIDORES DO MINISTÉRIO PÚBLICO – IMPOSSIBILIDADE – INTELIGÊNCIA DO ART. 28, INCISO II, DO EAOAB. A expressão "membros" designa toda pessoa que pertence ou faz parte de uma corporação, sociedade ou agremiação (De Plácido e Silva, *Vocabulário Jurídico*, Forense, 15. ed.). Dessa forma, todos os servidores vinculados aos órgãos e instituições mencionados no art. 28, inciso II, do Estatuto da AOAB são incompatíveis para o exercício da advocacia. Cada uma das três categorias – Magistratura, Advocacia e Ministério Público – embora atuem, todas, no sentido de dar concretude ao ideal de Justiça, tem, cada qual, um campo definido de atribuições, em cuja distinção se verifica, justamente, o equilíbrio necessário para que esse ideal seja atingido, não devendo, pois, serem misturadas ou confundidas, deixando a cargo de uma só pessoa o exercício simultâneo de tais incumbências. São incompatíveis, portanto, para o exercício da advocacia, quaisquer servidores vinculados ao Ministério Público." – Brasília, 7 de dezembro de 2009 – Vladimir Rossi Lourenço, Presidente do Órgão Especial – (*DJ* de 3.3.2010).

SÚMULA Nº 03/2009

O Órgão Especial do Conselho Pleno do Conselho Federal da OAB, no uso das atribuições conferidas no art. 86 do Regulamento Geral do Estatuto da Advocacia e da OAB (Lei nº 8.906/1994), considerando o julgamento da Consulta 0012/2003/OEP, decidiu, por unanimidade, em sessão realizada no dia 5 de dezembro de 2009, editar a Súmula 03/2009, com o seguinte enunciado:

"O exercício da atividade de despachante de trânsito é compatível com a advocacia, não incidindo a hipótese do art. 28, V, do Estatuto da Advocacia e da OAB." – Brasília, 7 de dezembro de 2009 – Vladimir Rossi Lourenço, Presidente do Órgão Especial – (*DJ* de 3.3.2010).

SÚMULA Nº 04/2013

O Órgão Especial do Conselho Pleno do Conselho Federal da OAB, no uso das atribuições conferidas no art. 86 do Regulamento Geral da Lei nº 8.906/1994, considerando o julgamento dos Processos nº 2008.29.08966-01/OEP, 5995/2006/OEP e 2009.08.01138-01/OEP, decidiu, por unanimidade de votos, em sessão ordinária realizada no dia 23 de outubro de 2012, editar a Súmula nº 04/2012, com o seguinte enunciado:

"AGRAVO – FALTA DE PREVISÃO LEGAL. Não cabimento no âmbito dos Processos Administrativos da Ordem dos Advogados do Brasil. Os Recursos são apenas os Previstos no art. 75 do Estatuto e no art. 85 do Regulamento Geral." – Brasília, 26 de março de 2013 – Felipe Sarmento Cordeiro, Relator – Claudio Pacheco Prates Lamachia, Presidente – (*DOU* de 18.4.2013).

SÚMULA Nº 05/2013

O Órgão Especial do Conselho Pleno do Conselho Federal da OAB, no uso das atribuições conferidas no art. 86 do Regulamento Geral da Lei nº 8.906/1994, decidiu, por unanimidade de votos, em sessão ordinária realizada no dia 11 de junho de 2013, editar a Súmula nº 05/2013, com o seguinte enunciado:

"INCOMPATIBILIDADE – EXERCÍCIO DE CARGO NA OAB. Os casos de incompatibilidade dispostos no art. 28 do EAOAB ensejam a perda do cargo de Conselheiro ou Diretor em todos os órgãos da OAB, nos termos do inciso I do art. 66 do referido diploma." – Brasília, 11 de junho de 2013 – Walter de Agra Junior, Relator – Claudio Pacheco Prates Lamachia, Presidente – (*DOU* de 21.6.2013).

SÚMULA 06/2014

O Órgão Especial do Conselho Pleno do Conselho Federal da Ordem dos Advogados do Brasil, no uso das suas atribuições conferidas no art. 86 do Regulamento Geral da Lei nº 8.906/1994, considerando o julgamento da Proposição nº 49.0000.2013.006225-8/OEP, decidiu, na Sessão Ordinária realizada no dia 19 de agosto de 2014, editar a Súmula nº 06/2014/OEP, com o seguinte enunciado:

"PRESCRIÇÃO DE ANUIDADES. I – O prazo prescricional para cobrança de anuidades devidas à OAB é de 5 (cinco) anos, nos termos do § 5º do art. 206 do Código Civil. II – O termo *a quo* para a contagem do prazo prescricional é o primeiro dia útil posterior ao vencimento da cota única fixada pela Seccional no correspondente exercício." – Brasília, 19 de agosto de 2014 – Claudio Pacheco Prates Lamachia, Presidente – Henrique Neves Mariano, Relator (*DOU* de 8.12.2014).

AÇÕES DIRETAS DE INCONSTITUCIONALIDADE SUPREMO TRIBUNAL FEDERAL

ADI 1105

Ementa: AÇÃO DIRETA DE INCONSTITUCIONALIDADE. Inciso IX, do art. 7º, da Lei nº 8.906/1994 (Estatuto da Advocacia e da Ordem dos Advogados do Brasil), que pospõe a sustentação oral do advogado ao voto do relator. Liminar. Os antigos regimentos lusitanos se não confundem com os regimentos internos dos tribunais; de comum eles têm apenas o nome. Aqueles eram variantes legislativas da monarquia absoluta, enquanto estes resultam do fato da elevação do Judiciário a Poder do Estado e encontram no Direito Constitucional seu fundamento e previsão expressa. O ato do julgamento é o momento culminante da ação jurisdicional do Poder Judiciário e há de ser regulado em seu regimento interno, com exclusão de interferência dos demais Poderes. A questão está em saber se o legislador se conteve nos limites que a Constituição lhe traçou ou se o Judiciário se manteve nas raias por ela traçadas, para resguardo de sua autonomia. Necessidade do exame em face do caso concreto. A lei que interferisse na ordem do julgamento violaria a independência do judiciário e sua consequente autonomia. Aos tribunais compete elaborar seus regimentos internos, e neles dispor acerca de seu funcionamento e da ordem de seus serviços. Esta atribuição constitucional decorre de sua independência em relação aos Poderes Legislativo e Executivo. Esse poder, já exercido sob a Constituição de 1891, tornou-se expresso na Constituição de 34, e desde então vem sendo reafirmado, a despeito, dos sucessivos distúrbios institucionais. A Constituição subtraiu ao legislador a competência para dispor sobre a economia dos tribunais e a estes a imputou, em caráter exclusivo. Em relação à economia interna dos tribunais a lei é o seu regimento. O regimento interno dos tribunais é lei material. Na taxinomia das normas jurídicas o regimento interno dos tribunais se equipara à lei. A prevalência de uma ou de outro depende de matéria regulada, pois são normas de igual categoria. Em matéria processual prevalece a lei, no que tange ao funcionamento dos tribunais o regimento interno prepondera. Constituição, art. 5º, LIV e LV, e 96, I, "a". Relevância jurídica da questão: precedente do STF e resolução do Senado Federal. Razoabilidade da suspensão cautelar de norma que alterou a ordem dos julgamentos, que é deferida até o julgamento da ação direta. (**ADI 1105 MC**, Relator(a): Min. Paulo Brossard, Tribunal Pleno, julgado em 3.8.1994, *DJ* de 27.4.2001, PP-00057, *Ement* VOL-02028-02, PP-00208)

Ementa: AÇÃO DIRETA DE INCONSTITUCIONALIDADE – ART. 7º, IX, DA LEI 8.906, DE 4 DE JULHO DE 1994 – ESTATUTO DA ADVOCACIA E A ORDEM DOS ADVOGADOS DO BRASIL – SUSTENTAÇÃO ORAL PELO ADVOGADO APÓS O VOTO DO RELATOR – IMPOSSIBILIDADE – AÇÃO DIRETA JULGADA PROCEDENTE. I – A sustentação oral pelo advogado, após o voto do Relator, afronta o devido processo legal, além de poder causar tumulto processual, uma vez que o contraditório se estabelece entre as partes. II – Ação direta de inconstitucionalidade julgada procedente para declarar a inconstitucionalidade do art. 7º, IX, da Lei nº 8.906, de 4 de julho de 1994. (ADI 1105, Relator(a): Min. Marco Aurélio, Relator(a) p/ Acórdão: Min. Ricardo Lewandowski, Tribunal Pleno, julgado em 17.5.2006, *DJe*-100 Divulg 2.6.2010, Public 4.6.2010, *Ement* VOL-02404-01, PP-00011, *RDECTRAB* v. 17, nº 191, 2010, p. 273-289, *RDDP* nº 89, 2010, p. 172-180)

Ementa: EMBARGOS DE DECLARAÇÃO – AÇÃO DIRETA DE INCONSTITUCIONALIDA-

DE – LEGITIMIDADE PARA RECORRER DAQUELE QUE, EMBORA LEGITIMADO PARA A PROPOSITURA DA ADI, NÃO É PARTE NESTA AÇÃO – INADMISSIBILIDADE – EMBARGOS NÃO CONHECIDOS. I – Não tem legitimidade recursal aquele que, embora tenha legitimidade geral para propor a Ação Direta de Inconstitucionalidade, não é parte na relação instaurada no STF. II – Embargos de declaração não conhecidos. (ADI 1105 ED-segundos, Relator(a): Min. Ricardo Lewandowski, Tribunal Pleno, julgado em 1º.8.2011, *DJe*-166 Divulg 29.8.2011, Public 30.8.2011, *Ement* VOL-02576-01, PP-00001). Trânsito em julgado em 5.9.2011.

ADI 1127

Em 17 de maio de 2006, o Supremo Tribunal Federal, "examinando os dispositivos impugnados na Lei nº 8.906, de 4 de julho de 1994: a) por unanimidade, em relação ao inciso I do art. 1º, julgou prejudicada a alegação de inconstitucionalidade relativamente à expressão "juizados especiais", e, por maioria, quanto à expressão "qualquer", julgou procedente a ação direta, vencidos os Senhores Ministros Relator e Carlos Britto; b) por unanimidade, julgou improcedente a ação direta, quanto ao § 3º do art. 2º, nos termos do voto do Relator; c) por maioria, julgou parcialmente procedente a ação para declarar a inconstitucionalidade da expressão "ou desacato", contida no § 2º do art. 7º, vencidos os Senhores Ministros Relator e Ricardo Lewandowski; d) por unanimidade, julgou improcedente a ação direta, quanto ao inciso II do art. 7º, nos termos do voto do Relator; e) por unanimidade, julgou improcedente a ação direta, quanto ao inciso IV do art. 7º, nos termos do voto do Relator; f) por maioria, entendeu não estar prejudicada a ação relativamente ao inciso V do art. 7º, vencidos os Senhores Ministros Joaquim Barbosa e Cezar Peluso. No mérito, também por maioria, declarou a inconstitucionalidade da expressão "assim reconhecidas pela OAB", vencidos os Senhores Ministros Relator, Eros Grau e Carlos Britto; g) por maioria, declarou a inconstitucionalidade relativamente ao inciso IX do art. 7º, vencidos os Senhores Ministros Relator e Sepúlveda Pertence; h) por unanimidade, julgou improcedente a ação direta quanto ao § 3º do art. 7º; i) por votação majoritária, deu pela procedência parcial da ação para declarar a inconstitucionalidade da expressão "e controle", contida no § 4º do art. 7º, vencidos os Senhores Ministros Relator, Ricardo Lewandowski, Carlos Britto e Sepúlveda Pertence, sendo que este último também declarava a inconstitucionalidade da expressão "e presídios", no que foi acompanhado pelo Senhor Ministro Celso de Mello; j) por maioria, julgou parcialmente procedente a ação, quanto ao inciso II do art. 28, para excluir apenas os juízes eleitorais e seus suplentes, vencido o Senhor Ministro Marco Aurélio; k) e, por votação majoritária, quanto ao art. 50, julgou parcialmente procedente a ação para, sem redução de texto, dar interpretação conforme ao dispositivo, de modo a fazer compreender a palavra "requisitar" como dependente de motivação, compatibilização com as finalidades da lei e atendimento de custos desta requisição. Ficam ressalvados, desde já, os documentos cobertos por sigilo. Vencidos os Senhores Ministros Relator, Eros Grau, Carlos Britto e Sepúlveda Pertence. Votou a Presidente, Ministra Ellen Gracie. Redigirá o acórdão o Senhor Ministro Ricardo Lewandowski." Após oposição de Embargos de Declaração o processo pende de julgamento desde 19.10.2012.

Ementa: AÇÃO DIRETA DE INCONSTITUCIONALIDADE – ESTATUTO DA ADVOCACIA E DA ORDEM DOS ADVOGADOS DO BRASIL – Lei nº 8.906/1994. Suspensão da eficácia de dispositivos que especifica. LIMINAR – AÇÃO DIRETA. Distribuição por prevenção de competência e ilegitimidade ativa da autora. QUESTÕES DE ORDEM. Rejeição. MEDIDA LIMINAR. Interpretação conforme e suspensão da eficácia até final decisão dos dispositivos impugnados, nos termos seguintes: Art. 1º, inciso I – postulações judiciais privativa de advogado perante os juizados especiais. Inaplicabilidade aos Juizados de Pequenas Causas, à Justiça do Trabalho e à Justiça de Paz. Art. 7º, §§ 2º e 3º – suspensão da eficácia da expressão "ou desacato" e interpretação de conformidade a não abranger a hipótese de crime de desacato à autoridade judiciária. Art. 7º, § 4º – salas especiais para advogados perante os órgãos judiciários, delegacias de polícia e presídios. Suspensão da expressão "controle" assegurado à OAB. Art. 7º, inciso II – inviolabilidade do escritório ou local de trabalho do advogado. Suspensão da expressão "e acompanhada de representante da OAB" no que diz respeito à busca e apreensão determinada por magistrado. Art. 7º, inciso IV – suspensão da expressão "ter a presença de representante da OAB, quando preso em flagrante, por motivo ligado ao exercício da advocacia, para a lavratura do auto respectivo, sob pena de nulidade". Art. 7º, inciso V – suspensão da expressão "assim reconhecida pela OAB", no que diz respeito às instalações e comodidades condignas da sala de Estado Maior, em que deve ser recolhido preso o advogado, antes de sentença transitada em julgado. Art. 20, inciso II – incompatibilidade da advocacia com membros de órgãos do Poder Judiciário. Interpretação de conformidade a afastar da sua abrangência os membros da Justiça Eleitoral e os juizes suplentes não remunerados. Art. 50 – requisição de cópias de peças e documentos pelo Presidente do Conselho da OAB e das Subseções. Suspensão da expressão "Tribunal, Magistrado, Cartório e". Art. 1º, § 2º – contratos constitutivos de pessoas jurídicas. Obrigatoriedade de serem visados por advogado. Falta de pertinência temática. Arguição, nessa parte, não conhecida. Art. 2º, § 3º – inviolabilidade do advogado por seus atos e manifestação, no exercício da profissão. Liminar indeferida. Art. 7º, inciso IX – sustentação oral, pelo advogado da parte, após o voto do relator. Pedido prejudicado tendo em vista a sua suspensão na ADIn 1.105. Razoabilidade na concessão da liminar. (ADI 1127 MC, Relator(a): Min. Paulo Brossard, Tribunal Pleno, julgado em 6.10.1994, *DJ* de 29.6.2001, PP-00032, *Ement* VOL-02037-02, PP-00265)

Ementa: AÇÃO DIRETA DE INCONSTITUCIONALIDADE – LEI Nº 8.906, DE 4 DE JULHO DE 1994 – ESTATUTO DA ADVOCACIA E A ORDEM DOS ADVOGADOS DO BRASIL – DISPOSITIVOS IMPUGNADOS PELA AMB – PREJUDICADO O PEDIDO QUANTO À EXPRESSÃO "JUIZADOS ESPECIAIS", EM RAZÃO DA SUPERVENIÊNCIA DA LEI Nº 9.099/1995 – AÇÃO DIRETA CONHECIDA EM PARTE E, NESSA PARTE, JULGADA PARCIALMENTE PROCEDENTE. I – O advogado é indispensável à administração da Justiça. Sua presença, contudo, pode ser dispensada em certos atos jurisdicionais. II – A imunidade profissional é indispensável para que o advogado possa exercer condigna e amplamente seu múnus público. III – A inviolabilidade do escritório ou do local de trabalho é consectário da inviolabilidade assegurada ao advogado no exercício profissional. IV – A presença de representante da OAB em caso de prisão em flagrante de advogado constitui garantia da inviolabilidade da atuação profissional. A cominação de nulidade da prisão, caso não se faça a comunicação, configura sanção para tornar efetiva a norma. V – A prisão do advogado em sala de Estado Maior é garantia suficiente para que fique provisoriamente detido em condições compatíveis com o seu múnus público. VI – A administração de estabelecimentos prisionais e congêneres constitui uma prerrogativa indelegável do Estado. VII – A sustentação oral pelo advogado, após o voto do Relator, afronta o devido processo legal, além de poder causar tumulto processual, uma vez que o contraditório se estabelece entre as partes. VIII – A imunidade profissional do advogado não compreende o desacato, pois conflita com a autoridade do magistrado na condução da atividade jurisdicional. IX – O múnus constitucional exercido pelo advogado justifica a garantia de somente ser preso em flagrante e na hipótese de crime inafiançável. X – O controle das salas especiais para advogados é prerrogativa da Administração forense. XI – A incompatibilidade com o exercício da advocacia não alcança os juízes eleitorais e seus suplentes, em face da composição da Justiça eleitoral estabelecida na Constituição. XII – A requisição de cópias de peças e documentos a qualquer tribunal, magistrado, cartório ou órgão da Administração Pública direta, indireta ou fundacional pelos Presidentes do Conselho da OAB e das Subseções deve ser motivada, compatível com as finalidades da lei e precedida, ainda, do recolhimento dos respectivos custos, não sendo possível a requisição de documentos cobertos pelo sigilo. XIII – Ação direta de inconstitucionalidade julgada parcialmente procedente. (ADI 1127, Relator(a): Min. Marco Aurélio, Relator(a) p/ Acórdão: Min. Ricardo Lewandowski, Tribunal Pleno, julgado em 17.5.2006, *DJe*-105, Divulg 10.6.2010, Public 11.6.2010, *Ement* VOL-02405-01, PP-00040, *RTJ* VOL-00215- PP-00528). Após oposição de Embargos de Declaração o processo pende de julgamento desde 19.10.2010.

ADI 1194

Ementa: MEDIDA CAUTELAR EM AÇÃO DIRETA DE INCONSTITUCIONALIDADE. ESTATUTO DA ADVOCACIA E A ORDEM DOS ADVOGADOS DO BRASIL – LEI Nº 8.906, DE 4.7.1994: § 2º DO ART. 1º, ART. 21 E SEU PARÁGRAFO ÚNICO, ARTS. 22 E 23, § 3º DO ART. 24 E ART. 78. PRELIMINARES: LEGITIMIDADE ATIVA *AD CAUSAM*; PERTINÊNCIA TEMÁTICA. AÇÃO CONHECIDA EM PARTE, E MEDIDA CAUTELAR DEFERIDA, EM PARTE. 1. Preliminar: legitimidade ativa *ad causam*: art. 103, IX, da Constituição. 2. Preliminar: ilegitimidade ativa *ad causam*, por impertinência temática, com relação aos arts. 22, 23 e 78 da Lei nº 8.906/1994; ação direta não conhecida, nesta parte, mas conhecida quanto ao § 2º do art. 1º, ao art. 21 e seu parágrafo único e ao § 3º do art. 24. 3. Mérito do pedido cautelar: a) § 2º do art. 1º: liminar indeferida; b) art. 21 e seu parágrafo único: liminar deferida, em parte, para dar interpretação conforme a expressão "os honorários da sucumbência são devidos aos advogados dos empregados", contida no *caput* do artigo, no sentido de que é disposição supletiva da vontade das partes, podendo haver estipulação em contrário, por ser direito disponível; c) § 3º do art. 24: liminar deferida para suspender a sua eficácia até o final julgamento da ação. (ADI 1194 MC, Relator(a): Min. Maurício Corrêa, Tribunal Pleno, julgado em 14.2.1996, *DJ* de 29.3.1996, PP-09344, *Ement* VOL-01822-01, PP- 00083)

Ementa: ESTATUTO DA ORDEM DOS ADVOGADOS DO BRASIL – OAB – ARTS. 1º, § 2º; 21, PARÁGRAFO ÚNICO; 22; 23; 24, § 3º; E 78 DA LEI Nº 8.906/1994 – INTERVENÇÃO COMO LITISCONSÓRCIO PASSIVO DE SUBSECÇÕES DA OAB – INADMISSIBILIDADE – PERTINÊNCIA TEMÁTICA – ARTS. 22, 23 E 78: NÃO CONHECIMENTO DA AÇÃO – ART. 1º, § 2º: AUSÊNCIA DE OFENSA À CONSTITUIÇÃO DA REPÚBLICA – ART. 21 E SEU PARÁGRAFO ÚNICO: INTERPRETAÇÃO CONFORME À CONSTITUIÇÃO – ART. 24, § 3º: OFENSA À LIBERDADE CONTRATUAL – AÇÃO DIRETA DE INCONSTITUCIONALIDADE PARCIALMENTE PROCEDENTE. 1. A intervenção de terceiros em ação direta de inconstitucionalidade tem características distintas deste instituto nos processos subjetivos. Inadmissibilidade da intervenção de subsecções paulistas da Ordem dos Advogados do Brasil. Precedentes. 2. Ilegitimidade ativa da Confederação Nacional da Indústria – CNI, por ausência de pertinência temática, relativamente aos arts. 22, 23 e 78 da Lei nº 8.906/1994. Ausência de relação entre os objetivos institucionais da Autora e do conteúdo normativo dos dispositivos legais questionados. 3. A obrigatoriedade do visto de advogado para o registro de atos e contratos constitutivos de pessoas jurídicas (art. 1º, § 2º, da Lei nº 8.906/1994) não ofende os princípios constitucionais da isonomia e da liberdade associativa. 4. O art. 21 e seu parágrafo único da Lei nº 8.906/1994 deve ser interpretado no sentido da preservação da liberdade contratual quanto à destinação dos honorários de sucumbência fixados judicialmente. 5. Pela interpretação conforme conferida ao art. 21 e seu parágrafo único, declara-se inconstitucional o § 3º do art. 24 da Lei nº 8.906/1994, segundo o qual "é nula qualquer disposição, cláusula, regulamento ou convenção individual ou coletiva que retire do advogado o direito ao recebimento dos honorários de sucumbência". 6. Ação direta de inconstitucionalidade conhecida em parte e, nessa parte, julgada parcialmente procedente para dar interpretação conforme ao art. 21 e seu parágrafo único e declarar a inconstitucionalidade do § 3º do art. 24, todos da Lei nº 8.906/1994. (ADI 1194, Relator(a): Min. Maurício Corrêa, Relator(a) p/ Acórdão: Min. Cármen Lúcia, Tribunal Pleno, julgado em 20.5.2009, *DJe*-171, Divulg 10.9.2009, Public 11.9.2009, *Ement* VOL-02373-01, PP-00014, *LEXSTF* v. 31, nº 369, 2009, p. 46-123). Trânsito em julgado em 21.9.2009.

ADI 1552

Ementa: CONSTITUCIONAL – ADVOGADOS – ADVOGADO-EMPREGADO – EMPRESAS PÚBLICAS E SOCIEDADES DE ECONOMIA MISTA. Medida Provisória 1.522-2, de 1996, art. 3º. Lei nº 8.906/1994, arts. 18 a 21. CF, art. 173, § 1º. I. – As empresas públicas, as sociedades de economia mista e outras entidades que explorem atividade econômica em sentido estrito, sem monopólio, estão sujeitas ao regime próprio das empresas privadas, inclusive quanto às obrigações trabalhistas e tributárias. CF, art. 173, § 1º. II. – Suspensão parcial da eficácia das expressões "às empresas públicas e às sociedades de economia mista", sem redução do texto, mediante a aplicação da técnica da interpretação conforme: não aplicabilidade às empresas públicas e às sociedades de economia mista que explorem atividade econômica, em sentido estrito, sem monopólio. III. – Cautelar deferida. (ADI 1552 MC, Relator(a): Min. Carlos Velloso, Tribunal Pleno, julgado em 17.4.1997, *DJ* de 17.4.1998, PP-00002, *Ement* VOL-01906-01, PP-00088). Em 11.04.2002, "Decisão Monocrática – Prejudicada". Trânsito em julgado em 23.4.2002.

ADI 3026

Ementa: AÇÃO DIRETA DE INCONSTITUCIONALIDADE – § 1º DO ART. 79 DA LEI Nº 8.906, 2ª PARTE – "SERVIDORES" DA ORDEM DOS ADVOGADOS DO BRASIL – PRECEITO QUE POSSIBILITA A OPÇÃO PELO REGIME CELESTISTA – COMPENSAÇÃO PELA ESCOLHA DO REGIME JURÍDICO NO MOMENTO DA APOSENTADORIA – INDENIZAÇÃO – IMPOSIÇÃO DOS DITAMES INERENTES À ADMINISTRAÇÃO PÚBLICA DIRETA E INDIRETA – CONCURSO PÚBLICO (ART. 37, II DA CONSTITUIÇÃO DO BRASIL) – INEXIGÊNCIA DE CONCURSO PÚBLICO PARA A ADMISSÃO DOS CONTRATADOS PELA OAB – AUTARQUIAS ESPECIAIS E AGÊNCIAS – CARÁTER JURÍDICO DA OAB – ENTIDADE PRESTADORA DE SERVIÇO PÚBLICO INDEPENDENTE – CATEGORIA ÍMPAR NO ELENCO DAS PERSONALIDADES JURÍDICAS EXISTENTES NO DIREITO BRASILEIRO

– AUTONOMIA E INDEPENDÊNCIA DA ENTIDADE – PRINCÍPIO DA MORALIDADE – VIOLAÇÃO DO ART. 37, *CAPUT*, DA CONSTITUIÇÃO DO BRASIL – NÃO OCORRÊNCIA. 1. A Lei nº 8.906, art. 79, § 1º, possibilitou aos "servidores" da OAB, cujo regime outrora era estatutário, a opção pelo regime celetista. Compensação pela escolha: indenização a ser paga à época da aposentadoria. 2. Não procede a alegação de que a OAB sujeita-se aos ditames impostos à Administração Pública Direta e Indireta. 3. A OAB não é uma entidade da Administração Indireta da União. A Ordem é um serviço público independente, categoria ímpar no elenco das personalidades jurídicas existentes no direito brasileiro. 4. A OAB não está incluída na categoria na qual se inserem essas que se tem referido como "autarquias especiais" para pretender-se afirmar equivocada independência das hoje chamadas "agências". 5. Por não consubstanciar uma entidade da Administração Indireta, a OAB não está sujeita a controle da Administração, nem a qualquer das suas partes está vinculada. Essa não-vinculação é formal e materialmente necessária. 6. A OAB ocupa-se de atividades atinentes aos advogados, que exercem função constitucionalmente privilegiada, na medida em que são indispensáveis à administração da Justiça [art. 133 da CB/88]. É entidade cuja finalidade é afeita a atribuições, interesses e seleção de advogados. Não há ordem de relação ou dependência entre a OAB e qualquer órgão público. 7. A Ordem dos Advogados do Brasil, cujas características são autonomia e independência, não pode ser tida como congênere dos demais órgãos de fiscalização profissional. A OAB não está voltada exclusivamente a finalidades corporativas. Possui finalidade institucional. 8. Embora decorra de determinação legal, o regime estatutário imposto aos empregados da OAB não é compatível com a entidade, que é autônoma e independente. 9. Improcede o pedido do requerente no sentido de que se dê interpretação conforme o art. 37, inciso II, da Constituição do Brasil ao *caput* do art. 79 da Lei nº 8.906, que determina a aplicação do regime trabalhista aos servidores da OAB. 10. Incabível a exigência de concurso público para admissão dos contratados sob o regime trabalhista pela OAB. 11. Princípio da moralidade. Ética da legalidade e moralidade. Confinamento do princípio da moralidade ao âmbito da ética da legalidade, que não pode ser ultrapassada, sob pena de dissolução do próprio sistema. Desvio de poder ou de finalidade. 12. Julgo improcedente o pedido. (ADI 3026, Relator(a): Min. Eros Grau, Tribunal Pleno, julgado em 8.6.2006, *DJ* de 29.9.2006, PP-00031, *Ement* VOL-02249-03, PP-00478, *RTJ* VOL-00201-01, PP-00093). Trânsito em julgado em 6.10.2006.

ADI 3541

IMPUGNA ART. 28, V, EAOAB: Em 12.02.2014 – Decisão: O Tribunal, por unanimidade e nos termos do voto do Relator, julgou improcedente a ação direta. Votou o Presidente, Ministro Joaquim Barbosa. Ausente, justificadamente, o Ministro Celso de Mello. Plenário, 12.2.2014. Acórdão pende de publicação.

RECURSO EXTRAORDINÁRIO Nº 603583/STF

EXAME DE ORDEM: Decisão: O Tribunal, por unanimidade e nos termos do voto do Relator, negou provimento ao recurso extraordinário. Votou o Presidente, Ministro Cezar Peluso. Ausente, licenciado, o Senhor Ministro Joaquim Barbosa. Falaram, pelo recorrente, o Dr. Ulysses Vicente Tomasini; pela Advocacia-Geral da União, a Dra. Grace Maria Fernandes Mendonça, Secretária-Geral de Contencioso; pelo recorrido, o Dr. Ophir Cavalcanti Júnior, Presidente do Conselho Federal da OAB; pela interessada, o Dr. Alberto Gosson Jorge Júnior e, pelo Ministério Público Federal, o Dr. Roberto Monteiro Gurgel Santos, Procurador-Geral da República. Plenário, 26.10.2011.

Ementa: TRABALHO – OFÍCIO OU PROFISSÃO – EXERCÍCIO. Consoante disposto no inciso XIII do art. 5º da Constituição Federal, "é livre o exercício de qualquer trabalho, ofício ou profissão, atendidas as qualificações profissionais que a lei estabelecer". BACHARÉIS EM DIREITO – QUALIFICAÇÃO. Alcança-se a qualificação de bacharel em Direito mediante conclusão do curso respectivo e colação de grau. ADVOGADO – EXERCÍCIO PROFISSIONAL – EXAME DE ORDEM. O Exame de Ordem, inicialmente previsto no art. 48, inciso III, da Lei nº 4.215/1963 e hoje no art. 84 da Lei nº 8.906/1994, no que a atuação profissional repercute no campo de interesse de terceiros, mostra-se consentâneo com a Constituição Federal, que remete às qualificações previstas em lei. Considerações. (RE 603583, Relator(a): Min. Marco Aurélio, Tribunal Pleno, julgado em 26.10.2011, Acórdão Eletrônico Repercussão Geral – Mérito *DJe*-102, Divulg 24.5.2012, Public 25.5.2012). Trânsito em julgado em 4.10.2012.

RESOLUÇÕES DO CONSELHO FEDERAL DA ORDEM DOS ADVOGADOS DO BRASIL

RESOLUÇÃO Nº 01, DE 10 DE MARÇO DE 2009

Dispõe sobre a identificação profissional dos Advogados, Estagiários, Consultores em Direito Estrangeiro e Membros da Ordem dos Advogados do Brasil e da Caixa de Assistência dos Advogados e a carteira funcional da Instituição.

A Diretoria do Conselho Federal da Ordem dos Advogados do Brasil, no uso das suas atribuições legais e regulamentares e nos termos do art. 32 e seguintes do Regulamento Geral da Lei nº 8.906, de 1994, Resolve:

Art. 1º. Os advogados que não observaram o prazo previsto no § 1º do art. 155 do Regulamento Geral da Lei nº 8.906, de 1994, deverão substituir seus documentos de identidade mediante requerimento expresso dirigido ao Conselho Seccional da sua inscrição.

Parágrafo único. Facultar-se-á aos inscritos até 30 de novembro de 2001 o direito de permanecer com a carteira de identidade antiga que, nessa hipótese, será identificada, na parte reservada às anotações, com a seguinte expressão: "Documento histórico, substituído em dia/mês/ano. (Resolução nº 01/2009/CFOAB)".

Art. 2º. Os documentos de identidade previstos no art. 32 e seguintes do Regulamento Geral serão confeccionados sob as especificações técnicas previstas no contrato firmado pela Ordem dos Advogados do Brasil com a empresa contratada para a sua produção e fornecimento.

Art. 3º. Serão os seguintes os prazos de validade dos cartões de identidade:

I – do Advogado: indeterminado;

II – Suplementar: indeterminado;

III – do Estagiário: até dois anos;

IV – do Consultor em Direito Estrangeiro: três anos;

V – dos Membros da Ordem dos Advogados do Brasil: prazo do mandato;

VI – dos Membros Honorários Vitalícios: permanente;

VII – dos Membros das Caixas de Assistência dos Advogados: prazo do mandato.

Art. 4º. As despesas decorrentes da substituição dos documentos de identidade profissional correrão por conta do advogado ou do estagiário inscrito.

Parágrafo único. É de competência do Conselho Seccional a fixação dos valores a serem cobrados para a substituição dos documentos e para a obtenção dos concernentes às atuais inscrições.

Art. 5º. Somente poderão substituir os documentos previstos na presente Resolução os inscritos que estiverem em dia com as suas obrigações eleitorais perante a OAB e com o pagamento das anuidades, contribuições, multas e preços de serviços fixados pelo Conselho Seccional.

Art. 6º. Os documentos relativos à inscrição suplementar somente poderão ser obtidos após a prévia substituição dos documentos atinentes à inscrição principal.

Parágrafo único. O Conselho Federal disponibilizará sistema de informática permitindo a substituição dos documentos de identidade em quaisquer dos Conselhos Seccionais, sem a necessidade de deslocamento interestadual dos advogados.

Art. 7º. Com a finalidade de atestar a condição do inscrito, no interregno compreendido entre a solicitação dos documentos e o seu efetivo recebimento, o Conselho Seccional fornecerá certidão, com prazo de validade de 30 (trinta) dias, de acordo com o Anexo Único da presente Resolução.

Art. 8º. A Diretoria instituirá modelo de carteira funcional a ser observado pelo Conselho Federal, pelos Conselhos Seccionais e pelas Subseções, em todo o território nacional, para utilização no exercício das atribuições de seus funcionários.

Art. 9º. Esta Resolução entra em vigor na data de sua publicação, revogadas as disposições em contrário, em especial as Resoluções nº 03/2001, 07/2002, 09/2002, 13/2002, 14/2003 e 04/2004/CFOAB.

Dê-se ciência, registre-se e publique-se.

Brasília, 10 de março de 2009.

Cezar Britto – Presidente

RESOLUÇÃO Nº 13, DE 10 DE AGOSTO DE 2010

Institui o Conselho Gestor de Aplicação do Exame de Ordem Unificado e estabelece procedimentos para sua atuação.

A Diretoria do Conselho Federal da OAB e o Colégio de Presidentes de Seccionais, no uso das suas atribuições legais e regulamentares,

Considerando que o Colégio de Presidentes das Seccionais da OAB, em reunião realizada em 6 de agosto de 2010, deliberou sobre a instituição do Conselho Gestor de Aplicação do Exame de Ordem Unificado;

Considerando que durante a realização das provas do Exame de Ordem Unificado poderão surgir dúvidas e divergências sobre a aplicação e interpretação dos termos do Edital do Exame de Ordem e de suas demais regulamentações,

Considerando que as dúvidas relativas a situações, previstas e não previstas em edital deverão ser sanadas pelo Conselho Gestor; e

Considerando a necessidade de regulamentação das ações e atuações do Conselho Gestor do Exame de Ordem Unificado,

Resolve:

Art. 1º. Instituir o Conselho Gestor de Aplicação do Exame de Ordem Unificado com a finalidade de decidir e sanar dúvidas relativas a situações previstas e não previstas no Edital, durante a aplicação do Exame de Ordem Unificado.

§ 1º. O Conselho Gestor será composto por 6 (seis) integrantes, indicados para cada Exame, sendo:

I – 5 (cinco) membros indicados pelas Seccionais da OAB e da Diretoria do Conselho Federal da Ordem dos Advogados do Brasil, dentre os Presidentes de Seccionais; e

II – 1 (um) membro indicado pela Instituição contratada para a prestação dos serviços técnico-especializados para organização e realização dos Exames de Ordem Unificados.

§ 2º. A composição do Conselho Gestor será a mesma para ambas as etapas de cada Exame, sendo permitida a recondução de qualquer de seus membros para os Exames seguintes.

§ 3º. O Conselho Gestor terá em sua composição sempre que possível, em relação aos membros indicados, a observância de representatividade de todas as regiões do país.

Art. 2º. Compete ao Conselho Gestor decidir e solucionar todas as questões relativas a divergências e dúvidas que surjam sobre a aplicação e interpretação dos termos do Edital do Exame de Ordem e de suas demais regulamentações, durante a realização das provas, bem como as situações não previstas no Edital.

§ 1º. As decisões do Conselho Gestor são irrecorríveis e definitivas, podendo seus membros, caso assim entendam necessário, em casos específicos, submeter a decisão a posterior ratificação pela Diretoria do Conselho Federal da OAB.

§ 2º. As decisões serão comunicadas imediatamente ao Coordenador Nacional do Exame de Ordem Unificado ou representante da OAB que tenha apresentado a dúvida, para imediata aplicação.

Art. 3º. As decisões do Conselho Gestor serão tomadas por maioria simples, em votação individual de seus membros.

§ 1º. Em caso de empate prevalecerá, para decisão, o entendimento adotado pela maioria dos membros indicados pela OAB.

Art. 4º. Será lavrada ata pelo Conselho Gestor, subscrita por seus membros, em cada etapa do Exame de Ordem, na qual serão registradas todas as questões que foram submetidas à sua apreciação e a respectiva decisão.

Parágrafo único. A ata será encaminhada para conhecimento de todos os membros da Coordenação Nacional do Exame de Ordem Unificado, a Comissão Nacional de Exame de Ordem e à Diretoria do Conselho Federal da OAB.

Art. 5º. Esta Resolução entra em vigor na data da sua publicação.

Brasília, 10 de agosto de 2010.

Ophir Cavalcante Junior – Presidente

RESOLUÇÃO Nº 16, DE 23 DE SETEMBRO DE 2010

Disciplina o encaminhamento e o acompanhamento dos feitos de interesse da Ordem dos Advogados do Brasil no Conselho Nacional de Justiça, no Conselho Nacional do Ministério Público e no Conselho da Justiça Federal.

A Diretoria do Conselho Federal da Ordem dos Advogados do Brasil, no uso das atribuições legais e regulamentares, Resolve

Art. 1º. Para a garantia da unificação dos procedimentos do Sistema OAB, compete ao Conselho Federal da Ordem dos Advogados do Brasil e aos Conselhos Seccionais o encaminhamento de requerimentos, pedidos iniciais e reclamações disciplinares, dentre outros, ao Conselho Nacional de Justiça, ao Conselho Nacional do Ministério Público e ao Conselho da Justiça Federal.

Parágrafo único. Os pleitos de interesse das Subseções da Ordem dos Advogados do Brasil perante o Conselho Nacional de Justiça, o Conselho Nacional do Ministério Público e o Conselho da Justiça Federal deverão ser encaminhados por intermédio dos Conselhos

Seccionais, cujas Diretorias exercerão juízo prévio de conveniência.

Art. 2º. Compete à Assessoria Jurídica do Conselho Federal da Ordem dos Advogados do Brasil, sob a supervisão da Diretoria da Instituição, o acompanhamento dos feitos de interesse da OAB no Conselho Nacional de Justiça, no Conselho Nacional do Ministério Público e no Conselho da Justiça Federal.

Art. 3º. As iniciativas adotadas pelos Conselhos Seccionais perante o Conselho Nacional de Justiça, o Conselho Nacional do Ministério Público e o Conselho da Justiça Federal deverão ser imediatamente comunicadas ao Conselho Federal da Ordem dos Advogados do Brasil, para efeito do disposto no art. 2º desta Resolução e análise da hipótese de ingresso ou de intervenção nos feitos.

Art. 4º. Esta Resolução entra em vigor na data de sua publicação, revogadas as disposições em contrário.

Dê-se ciência, registre-se e publique-se.

Rio de Janeiro, 23 de setembro de 2010.

Ophir Cavalcante Junior – Presidente

RESOLUÇÃO Nº 01, DE 22 DE SETEMBRO DE 2011

Disciplina o processamento de processos ético-disciplinares previstos no art. 70, caput, in fine*, do Estatuto da Advocacia e da Ordem dos Advogados do Brasil (Lei nº 8.906/1994).*

A Segunda Câmara do Conselho Federal da Ordem dos Advogados do Brasil, no uso das atribuições que lhe são conferidas pelo art. 89, II, do Regulamento Geral do Estatuto da Advocacia e da Ordem dos Advogados do Brasil (Lei nº 8.906/1994), resolve:

Art. 1º. Compete às Turmas da Segunda Câmara processar e julgar, originariamente, os processos ético-disciplinares instaurados em virtude de falta cometida perante o Conselho Federal da Ordem dos Advogados do Brasil (Lei nº 8.906/1994, art. 70, *caput*, *in fine*).

Art. 2º. Aplicam-se aos processos de que trata esta Resolução os procedimentos previstos nos art. 51 e 52 do Código de Ética e Disciplina, quando cabíveis, bem como o disposto nos arts. 85, II, 89- A, § 3º, e 137-D do Regulamento Geral.

Art. 3º. Mediante despacho do Relator, a instrução dos processos de que trata esta Resolução poderá ser realizada pelo Tribunal de Ética e Disciplina do Conselho Seccional da inscrição do Representado, segundo o procedimento adotado em seu Regimento Interno.

Art. 4º. Esta Resolução entra em vigor na data de sua publicação.

Márcia Machado Melaré – Presidente da Câmara – DOU de 22.9.2011

RESOLUÇÃO Nº 01/2014/SCA, DE 3 DE JUNHO DE 2014

Institui o Cadastro Nacional de Sanções Disciplinares da Ordem dos Advogados do Brasil.

A Segunda Câmara do Conselho Federal da Ordem dos Advogados do Brasil, no uso das atribuições que lhe são conferidas pelo art. 89, II, do Regulamento Geral e considerando o disposto nos arts. 2º, 5º e 6º do Provimento nº 95/2000 e a deliberação tomada na Proposição nº 49.0000.2013.009950-2/SCA, resolve:

Art. 1º. Fica instituído o Cadastro Nacional de Sanções Disciplinares da Ordem dos Advogados do Brasil – CNSD.

Art. 2º. Após o trânsito em julgado da decisão condenatória proferida por órgão julgador da OAB, deverá o Conselho Seccional competente, ou o Conselho Federal, quando se tratar de processo originário, inserir as respectivas informações no Cadastro Nacional de Sanções Disciplinares da Ordem dos Advogados do Brasil.

§ 1º. Tratando-se de sanção aplicada como resultado de processo disciplinar instaurado em Seccional diversa da que o apenado possua inscrição principal, será enviado comunicado, via sistema, automaticamente e em meio eletrônico, ao Conselho Seccional da inscrição principal, de acordo com o § 2º do art. 70, da Lei nº 8.906, de 1994.

§ 2º. São informações a que se refere o *caput* deste artigo:

I – o número do processo disciplinar ou do pedido de revisão (Estatuto, art. 73, § 5º) ou de reabilitação (Estatuto, art. 11, §§ 3º e 4º), com referência ao processo principal, nas duas últimas hipóteses;

II – a data da decisão transitada em julgado, com a respectiva sanção aplicada;

III – os registros específicos das infrações cometidas, expressos pela indicação dos dispositivos pertinentes da Lei nº 8.906, de 1994 ou do Código de Ética e Disciplina;

IV – a data do início e do término do cumprimento de sanção disciplinar pelo inscrito, quando cabível, bem como a data da retenção da carteira de identidade profissional pela Seccional competente e de sua devolução correspondente;

V – a data da nova inscrição, na hipótese de novo pedido em que não seja restaurado o número de inscrição anterior, com anotação do novo número.

§ 3º. As informações de que trata o parágrafo anterior devem ser preservadas na hipótese de eventual transferência da inscrição para outra Seccional.

§ 4º. As suspensões preventivas serão registradas no Cadastro Nacional de Sanções Disciplinares, com informação sobre a data de início e término.

Art. 3º. As informações de que trata esta Resolução somente serão disponibilizadas aos operadores do Sistema OAB, em caráter confidencial, mediante autorização formal e senha de acesso pessoal atribuídas pelo Presidente do Tribunal de Ética e Disciplina ou pelo Presidente da Segunda Câmara do Conselho Federal.

Parágrafo único. O sistema informatizado de gerenciamento do Cadastro Nacional de Sanções Disciplinares armazenará o histórico de dados de acesso a cada informação nele contida, no mínimo quanto:

I – à identificação do usuário;

II – à data e horário da operação.

Art. 4º. São objetivos do Cadastro Nacional de Sanções Disciplinares:

I – gerar relatório de antecedentes a ser juntado, obrigatoriamente, aos processos disciplinares em trâmite, visando à sua instrução;

II – possibilitar o estudo das informações cadastradas, visando à avaliação de políticas preventivas pela Segunda Câmara do Conselho Federal, quanto à prática de infrações disciplinares ou condutas que violem o Código de Ética e Disciplina da OAB;

III – gerar dados estatísticos relacionados com as infrações disciplinares cometidas e sancionadas.

Art. 5º. As informações a que se referem os arts. 1º e 2º deverão obedecer às regras de sigilo previstas no § 2º, do art. 72, da Lei nº 8.906, de 1994, sendo permitida sua utilização, nos limites legais, pelos órgãos competentes dos Conselhos Seccionais e do Conselho Federal, bem como de suas Corregedorias de Processos Disciplinares.

§ 1º. As informações de que trata o *caput* deste artigo, resguardada sua confidencialidade, deverão ser observadas na utilização do sistema instituído pelo Provimento nº 97/2002.

§ 2º. A violação da regra de sigilo de que trata o § 2º, do art. 72, da Lei nº 8.906, de 1994, fora das hipóteses previstas na presente Resolução, sujeitará o infrator às sanções cabíveis no âmbito do processo ético-disciplinar da Ordem dos Advogados do Brasil, sem prejuízo da responsabilidade civil e criminal aplicável.

Art. 6º. O Cadastro Nacional de Sanções Disciplinares será implementado pelo Conselho Federal da Ordem dos Advogados do Brasil, sendo administrado pelo seu Secretário-Geral Adjunto, nos termos do art. 103, II, do Regulamento Geral.

Parágrafo único. O Conselho Federal prestará assistência técnica aos Conselhos Seccionais, visando ao desenvolvimento de seus cadastros, na medida de suas possibilidades e mediante solicitação.

Art. 7º. As informações inseridas no Cadastro Nacional de Sanções Disciplinares são de exclusiva responsabilidade dos Conselhos Seccionais em que tenha tramitado o processo disciplinar, que devem mantê-las constantemente atualizadas, ressalvada a responsabilidade do Conselho Federal, no tocante aos dados por ele introduzidos.

Art. 8º. Fica revogada a Resolução nº 01/2003, da Segunda Câmara do Conselho Federal da OAB, de 7 de abril de 2003.

Art. 9º. Esta Resolução entra em vigor na data de sua publicação, revogadas as disposições em contrário.

Brasília-DF, 3 de junho de 2014.

Cláudio Stábile Ribeiro, Presidente – DOU de 4.8.2014

PROVIMENTOS DO CONSELHO FEDERAL DA ORDEM DOS ADVOGADOS DO BRASIL

[Atualizado até o Provimento nº 165, *DOU* de 16.11.2015]

(*) Os Provimentos omitidos nesta edição já foram revogados ou dispõem somente sobre alterações nos demais em vigor.

PROVIMENTO Nº 04, DE 23 DE JUNHO DE 1964

Dispõe sobre o exercício da advocacia por profissionais com direitos políticos suspensos.

O Conselho Federal da Ordem dos Advogados do Brasil, no uso das atribuições que lhe são conferidas pelo art. 18, inciso IX, da Lei nº 4.215, de 27 de abril de 1963, tendo em vista o decidido no Processo nº 830/1964 sobre o exercício da advocacia por profissionais com direitos políticos suspensos, resolve:

Art. 1º. Os profissionais com direitos políticos suspensos, por força de decreto revolucionário, continuam no pleno exercício da advocacia, nos termos das respectivas inscrições, que prevalecem vigentes.

Art. 2º. Este Provimento entra em vigor a partir da sua publicação no Diário Oficial.

Rio de Janeiro, 23 de junho de 1964.

Carlos Povina Cavalcanti, Presidente – DOE-GB de 20.6.1966

PROVIMENTO Nº 08, DE 9 DE JULHO DE 1964

Dispõe sobre o modelo das vestes talares e das insígnias privativas do advogado.

O Conselho Federal da Ordem dos Advogados do Brasil, no uso das atribuições que lhe são conferidas pelo art. 18, incisos IX e XVI, da Lei nº 4.215, de 27 de abril de 1963, e tendo em vista o decidido no Processo nº 814/1964 sobre o modelo das vestes talares e das insígnias privativas do advogado, resolve:

Art. 1º. O modelo das vestes talares do advogado, de uso facultativo nos pretórios ou nas sessões da OAB, consiste na beca estabelecida para os membros do Instituto dos Advogados Brasileiros pelo Decreto Federal nº 393, de 23 de novembro de 1844, com as seguintes modificações:

a) supressão do arminho do gorro, da gravata e da tira de renda pendente;

b) inclusão de duas alças de cordão *grenat*, grosso, pendentes sob a manga esquerda.

Art. 2º. A insígnia privativa do advogado obedece ao mesmo modelo da usada pelos membros do Instituto dos Advogados Brasileiros, feita a menção expressa da "Ordem dos Advogados do Brasil" em substituição ao nome daquele sodalício.

Art. 3º. A insígnia pode ser de ouro e esmalte ou de outro metal, com a forma de alfinete ou de botão para a lapela.

Art. 4º. Este Provimento entra em vigor a partir da sua publicação no Diário Oficial.

Rio de Janeiro, 9 de julho de 1964.

Carlos Povina Cavalcanti, Presidente – DOE-GB de 20.6.1966

PROVIMENTO Nº 26, DE 24 DE MAIO DE 1966

Dispõe sobre a publicação local, pelos Conselhos Seccionais, de todos os Provimentos baixados pela Ordem dos Advogados do Brasil.

O Conselho Federal da Ordem dos Advogados do Brasil, no uso das atribuições que lhe são conferidas pelo art. 18, inciso IX, da Lei nº 4.215, de 27 de abril de 1963, tendo em vista o decidido no Processo nº 886/1965 sobre a divulgação das suas resoluções de caráter geral, resolve:

Art. 1º. Os Provimentos do Conselho Federal (art. 18, incisos VIII e IX), além de publicados no Diário Oficial da República, serão obrigatoriamente divulgados no jornal oficial da sede dos Conselhos Seccionais, por expediente dos Presidentes destes.

Parágrafo único. A divulgação prevista na segunda parte deste artigo pode ser substituída, a critério dos Presidentes dos Conselhos Seccionais, pela inserção no jornal oficial de notícia de que o texto dos Provimentos encontra-se na sede da Seção e das Subseções à disposição dos interessados, foi afixado no átrio do edifício do fórum da Capital e será publicado no Boletim da Seccional, se houver.

(*) Parágrafo único acrescido pelo Provimento nº 47/1979.

Art. 2º. Este Provimento entra em vigor a partir da sua publicação no Diário Oficial.

Rio de Janeiro, 24 de maio de 1966.

Alberto Barreto de Melo, Presidente – DOE-GB de 13.9.1966

PROVIMENTO Nº 42, DE 22 DE AGOSTO DE 1978

Dispõe sobre a uniformização de normas para exame pelas Seções da Ordem dos Advogados do Brasil nos pedidos de transferência de inscrições de advogados.

O Conselho Federal da Ordem dos Advogados do Brasil, no uso das atribuições que lhe são conferidas pelo art. 18, inciso IX, do Estatuto, e art. 31, inciso VIII, do Regimento Interno, tendo em vista o decidido no Processo nº 1.934/1977, sobre a uniformização de normas para exame pelas Seccionais dos pedidos de transferência de advogados, resolve:

Art. 1º. O Advogado que pretender transferir, definitivamente, sua inscrição para outra Seção, deverá requerê-la à Seção em que se acha inscrito, procedendo da seguinte forma:

a) formular requerimento, com a qualificação profissional completa, constante da sua carteira de Advogado;

b) indicar a Seção para onde vai se transferir;

c) pagar as taxas e outras despesas previstas no Regimento da Seção.

Art. 2º. A Seção que receber o requerimento de transferência deverá proceder da seguinte forma:

a) verificar se o requerente tem algum débito com sua Tesouraria, caso em que o pedido ficará suspenso até o pagamento;

b) fornecer certidão ou cópia autenticada do inteiro teor do processo de inscrição originária do requerente, no prazo de 5 (cinco) dias da entrada do requerimento;

c) anotar, posteriormente, a transferência, na ficha cadastral respectiva.

Art. 3º. Os documentos referidos nas alíneas *a* e *b* do art. 2º serão expedidos com a anotação de sua validade por 60 (sessenta) dias.

Parágrafo único. Após esse prazo, o interessado, na Seção de origem, ficará sujeito ao pagamento de taxa de revalidação.

Art. 4º. Na Seção para onde se transferir, o Advogado deverá proceder da seguinte maneira:

1. formular requerimento de inscrição com todos os seus dados pessoais e profissionais;

2. juntar certidão ou cópia autenticada de sua inscrição na Seção de origem;

3. apresentar documentos referentes aos incisos VI e VII do art. 48 da Lei nº 4.215, de 27 de abril de 1963.

Art. 5º. Cabe à Seção para a qual se vai transferir o exame da situação do Advogado, tendo em vista os preceitos do Estatuto sobre incompatibilidade e impedimentos para o exercício da profissão.

Art. 6º. Do deferimento da transferência se lavrará acórdão, cujo teor será transmitido à Seção de origem no prazo de 10 (dez) dias, para o efeito previsto na alínea *c* do art. 2º deste Provimento.

Art. 7º. Deferida a inscrição deverá o requerente apresentar os seguintes documentos:

a) a carteira de Ordem para a competente anotação e reenvio à Seção de origem;

b) 3 (três) retratos 3x4 para o cadastro.

Parágrafo único. O Conselho Seccional que receber a inscrição via transferência manterá como data de inscrição a primeira efetuada pelo advogado nos quadros da Ordem dos Advogados do Brasil.

(*) Parágrafo único acrescido pelo Provimento nº 148, de 13.2.2012.

Art. 8º. Após o deferimento da inscrição, será fornecida ao Advogado carteira da Seção, nos termos do § 1º do art. 63 da Lei nº 4.215, de 27 de abril de 1963.

Art. 9º. Este Provimento entrará em vigor a partir da sua publicação no *Diário Oficial*, comunicado seu texto às Seções, por intermédio de ofício da Secretaria do Conselho Federal, devendo ser publicado nos jornais oficiais da sede das Seções, por expediente dos Presidentes destas.

Rio de Janeiro, 22 de agosto de 1978.

Raymundo Faoro, Presidente – DOE-RJ de 21.9.1978

PROVIMENTO Nº 45, DE 19 DE DEZEMBRO DE 1978

Dispõe sobre a inadmissibilidade de inscrição suplementar para provisionados.

O Conselho Federal da Ordem dos Advogados do Brasil, no uso das atribuições que lhe são conferidas pelo art. 18, inciso IX, da Lei nº 4.215, de 27 de abril de 1963, tendo em vista o decidido no Processo nº 1.451/1973, sobre a sugestão feita pela Seção do Rio Grande do Sul, no sentido de ser esclarecido se é admissível a concessão de inscrição suplementar a provisionado inscrito em outra Seção, resolve:

Art. 1º. Não tem direito à inscrição suplementar de que trata o parágrafo único do art. 55 do Estatuto da OAB o provisionado inscrito em outra Seção.

Art. 2º. Na Seção em que, porventura, tenha sido concedida inscrição suplementar a provisionado, deverá o respectivo Conselho promover o seu imediato cancelamento.

Art. 3º. Este Provimento entra em vigor a partir da sua publicação no Diário Oficial.

Rio de Janeiro, 19 de dezembro de 1978.

Raymundo Faoro, Presidente – DOE-RJ de 9.2.1979

PROVIMENTO Nº 48, DE 13 DE JULHO DE 1981

Baixa normas gerais pertinentes aos direitos e às prerrogativas dos filiados à Ordem dos Advogados do Brasil e dá outras providências.

O Conselho Federal da Ordem dos Advogados do Brasil, no uso da atribuição que lhe confere o art. 18, inciso IX, da Lei nº 4.215, de 27 de abril de 1963, e

Considerando que, periodicamente, filiados das Seções que o integram são levados a responder a sindicâncias, inquéritos e ações penais, em áreas civis ou militares, de prevenção e de repressão;

Considerando que, em consequência, autoridades e seus agentes prosseguem violando a privacidade de escritórios, arquivos e correspondência (postal, telegráfica e telefônica) desses filiados, sem específico mandado judicial, e à revelia dos Presidentes das Seções e das Subseções da Ordem – medida indispensável ao resguardo dos segredos que envolvem a profissão;

Considerando, por outro lado, que têm havido detenções e prisões de filiados da Ordem em locais inadequados, com manifesto desrespeito aos direitos e às prerrogativas que tutelam o ministério da advocacia;

Considerando, por último, a necessidade de que a atuação da Ordem, em casos que tais, há de ser norteada segundo critério uniforme, em todo o território nacional, resolve baixar o seguinte Provimento:

Art. 1º. Ao tomar conhecimento de fato que possa suscitar, ou que já importou, violação de direitos ou prerrogativas da profissão, o Presidente da Seção ou da Subseção da Ordem designará, imediatamente, advogado para exame da hipótese, investido de poderes para prevenir ou restaurar, segundo a lei, o império desta, na sua plenitude.

Parágrafo único. Na hipótese de o fato imputado a filiado decorrer do exercício da profissão, ou em razão desse exercício, ressalvado à parte o direito de escolha de patrono, a Ordem integrará a Defesa, para os efeitos previstos no art. 129 e § 1º de seu Estatuto.

Art. 2º. Comprovada a violação de direitos ou de prerrogativas da profissão, a Seção, ou a Subseção, deverá representar a quem de direito contra o violador, para promover a responsabilidade administrativa, civil e penal, nos termos da Lei nº 4.898, de 9 de dezembro de 1965.

Parágrafo único. A interferência da Ordem, nos casos aqui previstos, ainda que para a defesa de seu filiado, não impede a apuração e o julgamento da conduta do agente, na hipótese de violação da disciplina e da ética da profissão.

Art. 3º. Este Provimento entrará em vigor na data da sua publicação na imprensa oficial.

Rio de Janeiro, 13 de julho de 1981.

J. Bernardo Cabral, Presidente – DOE-RJ de 27.7.1981

PROVIMENTO Nº 49, DE 13 DE JULHO DE 1981

Dispõe sobre a aplicação da Lei nº 6.884, de 9 de dezembro de 1980, na parte em que acrescenta § 4º ao art. 71 da Lei nº 4.215/1963.

O Conselho Federal da Ordem dos Advogados do Brasil, no uso das atribuições que lhe são conferidas pelo art. 18, incisos VIII, alínea *d*, e IX, da Lei nº 4.215, de 27 de abril de 1963, tendo em vista o decidido no Processo nº 2.431/1981, relativo à indicação da Seção do Estado do Paraná, resolve:

Art. 1º. O visto dos advogados em atos constitutivos e estatutos das sociedades civis e comerciais, indispensável ao registro e arquivamento nas repartições competentes, deve resultar sempre de efetiva autoria ou colaboração do profissional na elaboração dos respectivos instrumentos, incorrendo o infrator nas sanções disciplinares cabíveis, nos termos dos arts. 103, inciso VI, 105 e seguintes da Lei nº 4.215/1963.

Art. 2º. Estão impedidos de exercer a advocacia de que trata o § 4º do art. 71 da Lei nº 4.215/1963 os advogados que sejam funcionários ou empregados das Juntas Comerciais ou de quaisquer repartições administrativas competentes para o registro dos documentos mencionados no artigo anterior.

Art. 3º. Este Provimento entra em vigor a partir da sua publicação no Diário Oficial.

Rio de Janeiro, 13 de julho de 1981.

J. Bernardo Cabral, Presidente – DOE-RJ de 27.7.1981

PROVIMENTO Nº 53, DE 1º DE ABRIL DE 1982

Excetua da vedação estabelecida pelo art. 24, II, da Lei Complementar nº 40, o advogado já inscrito na Ordem dos Advogados do Brasil e integrante do Ministério Público.

O Conselho Federal da Ordem dos Advogados do Brasil, no uso das atribuições que lhe confere o art. 18, III, *d*, da Lei nº 4.215, de 27 de abril de 1963, e tendo em vista o decidido no Processo CP nº 2.595/1982,

Resolve:

Art. 1º. A vedação estabelecida pelo art. 24, II, da Lei Complementar nº 40, de 14 de dezembro de 1981, não atinge os advogados, integrantes do Ministério Público, já inscritos em Seção da Ordem dos Advogados do Brasil em 15 de dezembro de 1981, data em que entrou em vigor a citada lei.

Art. 2º. O exercício da advocacia, pelos advogados a que se refere o artigo anterior, continuará sujeito aos impedimentos declarados nas respectivas inscrições, consideradas, em cada caso, as peculiaridades da lei local, anterior à citada data de 15 de dezembro de 1981.

Rio de Janeiro, 1º de abril de 1982.

J. Bernardo Cabral, Presidente – DOE-RJ de 14.4.1982

PROVIMENTO Nº 56, DE 17 DE SETEMBRO DE 1985

Revê e consolida normas do Provimento nº 50, de 27 de julho de 1981, sobre a criação, nas Seções, de Comissões de Direitos Humanos.

(*) Provimento nº 50/1981 revogado pelo art. 157 do Regulamento Geral.

O Conselho Federal da Ordem dos Advogados do Brasil, no uso das atribuições que lhe são conferidas pelo art. 18, inciso IX, da Lei nº 4.215, de 27 de abril de 1963,

Considerando a necessidade de rever o Provimento nº 50, de 27 de julho de 1981, em face da experiência colhida no período de sua implantação e da comprovação de seus resultados;

Considerando a necessidade de adaptar a Comissão às novas exigências que surgiram com o desenvolvimento e o aumento dos trabalhos relativos às infringências dos Direitos Humanos;

Considerando as conclusões da Comissão Especial da Comissão de Direitos Humanos que se reuniu na Conferência da Ordem dos Advogados do Brasil em Recife, em outubro de 1984, com manifestações unânimes neste sentido das delegações presentes;

Considerando que entre as conclusões aprovadas naquele evento destaca-se a de que as Comissões de Direitos Humanos das Seccionais devem atender a peculiaridades locais que nem sempre se coadunam com as de outras Seccionais;

Considerando a necessidade de dar prosseguimento à estruturação da Comissão no sentido de atender às conclusões do aludido documento;

Considerando que as Comissões de Direitos Humanos das Seccionais vêm prestando relevantes serviços à comunidade, dignos de serem reconhecidos como uma das atividades mais expressivas da Ordem dos Advogados do Brasil, a merecerem pleno apoio e incentivo do Conselho Federal que deve, contudo, abster-se de impor-lhes normas rígidas de estruturação e funcionamento;

Resolve baixar o seguinte Provimento:

Art. 1º. Os Conselhos Seccionais que desejarem instituir Comissão de Direitos Humanos deverão atender ao disposto neste Provimento.

Art. 2º. A Comissão de Direitos Humanos compõe-se de membros eleitos pelo Conselho Seccional.

Parágrafo único. O mandato dos membros da Comissão será de dois (2) anos, de forma a coincidir com o do Conselho Seccional.

Art. 3º. Os membros da Comissão exercerão suas funções sem ônus para o Conselho Seccional.

Art. 4º. A Presidência da Comissão caberá ao Presidente ou a Conselheiro do Conselho Seccional.

Art. 5º. A critério do Presidente, poderão ser instituídas subcomissões, compostas por três membros, sob a presidência do advogado de inscrição mais antiga.

Art. 6º. Compete à Comissão de Direitos Humanos:

a) receber notícias e queixas de violações de direitos humanos, procedendo a sumária sindicância, entrevistas com os interessados, entendimentos com as autoridades públicas e qualquer outro procedimento adequado, visando à elucidação das denúncias apresentadas, especialmente, quando for o caso, provocar a iniciativa do Ministério Público ou da Secretaria de Segurança ou do Conselho de Defesa dos Direitos da Pessoa Humana, nesta última hipótese, através da Comissão de Direitos Humanos do Conselho Federal;

b) elaborar trabalhos escritos, emitir pareceres, promover seminários, palestras, pesquisas e outras atividades que estimulem o estudo, a divulgação a respeito dos direitos humanos;

c) manter permanente contrato com a Comissão de Direitos Humanos do Conselho Federal, informando-o das denúncias e queixas de violações de direitos humanos, que lhe forem apresentadas, bem como as diligências realizadas, no sentido de colaborar com o Presidente do Conselho Federal da Ordem dos Advogados do Brasil, em suas funções de membro do Conselho de Defesa dos Direitos da Pessoa Humana;

d) cooperar e promover intercâmbio com outras organizações em cujos objetivos se inclua a defesa dos direitos humanos;

e) criar e manter atualizado um centro de documentação onde sejam sistematizados dados sobre as denúncias e queixas de violações de direitos humanos.

Art. 7º. A criação e a composição das Comissões, a designação da Presidência, a elaboração de seus regimentos internos e respectivas alterações, e as normas de estruturação das Comissões das Subseções, competirão aos Conselhos Seccionais, com a comunicação do inteiro teor de tais atos à Comissão de Direitos Humanos do Conselho Federal.

Art. 8º. Este Provimento entrará em vigor na data em que for publicado no Diário Oficial, comunicado seu texto a todas as Seções por ofício da Secretaria da Comissão de Direitos Humanos do Conselho Federal, devendo ser divulgado nos jornais das sedes das Seções, por iniciativa de seus Presidentes.

Rio de Janeiro, 17 de setembro de 1985.

Hermann Assis Baeta, Presidente – DOE-RJ de 18.7.1988

PROVIMENTO Nº 61, DE 16 DE NOVEMBRO DE 1987

Dispõe sobre o Colégio de Presidentes dos Conselhos Seccionais.

O Conselho Federal da Ordem dos Advogados do Brasil, no uso das atribuições que lhe são conferidas pelo art. 18, IX, da Lei nº 4.215, de 27 de abril de 1963, tendo em vista o decidido no Processo CP nº 3.079/1985, e

Considerando que, de há muito, em caráter não-oficial, se reúnem os Presidentes dos Conselhos Seccionais com a Diretoria do Conselho Federal;

Considerando que esses Encontros, além de rebustecimento do entrosamento entre as unidades Seccionais com o órgão máximo, sem prejuízo da atuação dos Delegados, têm permitido a adoção de medidas salutares dentro das finalidades da instituição;

Considerando que os Presidentes dos Conselhos Seccionais exercem, no âmbito dos territórios das Seccionais, as atribuições do Presidente do Conselho Federal, resolve baixar o seguinte Provimento:

Art. 1º. É criado o Colégio de Presidentes dos Conselhos Seccionais, ao qual incumbirá, sem prejuízo da atuação dos Delegados ao Conselho Federal, promover o intercâmbio de experiências entre as diversas Seccionais e a formulação de propostas e sugestões ao Conselho Federal, bem como servir de instância consultiva do Conselho Federal, sempre que a este parecer necessário.

Art. 2º. O Colégio de Presidentes reunir-se-á ordinariamente com a Diretoria do Conselho Federal duas vezes por ano, por convocação do Presidente do Conselho Federal, e extraordinariamente quando assim for julgado necessário pelo Presidente do Conselho Federal ou por 2/3 (dois terços) dos Presidentes.

Art. 3º. As despesas com a realização das reuniões do Colégio de Presidentes correrão por conta das respectivas Seccionais, podendo o Conselho Federal, mediante deliberação de sua Diretoria, assumir parcial ou totalmente o encargo.

Art. 4º. O temário básico, o local e a data, de cada reunião, serão dados a conhecer trinta (30) dias, no mínimo, antes de sua realização.

Parágrafo único. Além do temário básico poderão ser apreciadas outras matérias de relevância para a classe dos Advogados, através de proposições ou indicações, a critério da maioria dos membros do Colégio de Presidentes.

Art. 5º. As deliberações tomadas no Colégio de Presidentes obedecerão ao critério da maioria simples e serão levadas ao Conselho Federal, por seu Presidente, como Recomendações, na primeira reunião do mesmo, seguinte à do Colégio de Presidentes.

Art. 6º. Na reunião subsequente do Colégio de Presidentes, o Presidente do Conselho Federal dará conhecimento da decisão do Conselho Federal a respeito das Recomendações referidas no artigo precedente.

Art. 7º. O Colégio de Presidentes elaborará o seu Regimento Interno.

Art. 8º. Este Provimento entrará em vigor na data de sua publicação no Diário Oficial da União, revogadas as disposições em contrário.

Brasília, 16 de novembro de 1987.

Márcio Thomaz Bastos, Presidente – DOU de 8.12.1987

PROVIMENTO Nº 62, DE 11 DE ABRIL DE 1988

Dispõe sobre a incompatibilidade de que cuida o item XII do art. 84 da Lei nº 4.215/1963.

(*) Lei nº 4.215/1963, revogada pela Lei nº 8.906, de 4.7.1994 (Estatuto da OAB).

O Conselho Federal da Ordem dos Advogados do Brasil, no uso das atribuições que lhe são conferidas pelo art. 18, incisos VIII, letra *d*, e IX da Lei nº 4.215, de 27 de abril de 1963, e tendo em vista o que foi decidido no Processo CP nº 2.858/1983, resolve baixar o seguinte Provimento:

Art. 1º. A incompatibilidade prevista no item XII do art. 84 da Lei nº 4.215, de 27 de abril de 1963, abrange todos os servidores, estatutários ou celetistas, que exerçam cargos ou funções de natureza policial ou diretamente vinculados a atividade policial, e ainda aqueles que, de forma permanente ou transitória, estejam em exercício em repartições policiais.

(*) V. art. 28, V, da Lei nº 8.906, de 4.7.1994 (Estatuto da OAB).

Parágrafo único. Compreendem-se entre os cargos mencionados neste artigo, os de Perito Criminal, Despachante Policial, Datiloscopista, e seus Auxiliares, bem como os de Guarda de Presídio e Médico-Legista.

Art. 2º. Os Conselhos Seccionais, mediante processo regular onde seja assegurada ampla defesa ao interessado, deverão cancelar as inscrições já concedidas, desde que:

I – deferidas em virtude de informações inexatas do bacharel, com omissão da sua qualidade de policial; ou

II – deferidas com base em documentação que induza à não configuração da qualidade de policial.

Art. 3º. Este Provimento entra em vigor na data de sua publicação no Diário Oficial, revogadas as disposições em contrário.

Brasília, 11 de abril de 1988.

Márcio Thomaz Bastos, Presidente – DOU de 25.5.1988

PROVIMENTO Nº 66, DE 20 DE DEZEMBRO DE 1988

Dispõe sobre a abrangência das atividades profissionais do advogado.

O Conselho Federal da Ordem dos Advogados do Brasil, no uso das atribuições que lhe são conferidas pelo art. 18, incisos VIII, letra *a* e IX, da Lei nº 4.215, de 27 de abril de 1963, considerando a necessidade de definir a abrangência das atividades profissionais dos advogados, resolve baixar o seguinte Provimento:

Art. 1º. A advocacia compreende, além da representação, em qualquer juízo, tribunal ou repartição, o procuratório extrajudicial, assim como os trabalhos jurídicos de consultoria e assessoria e as funções de diretoria jurídica.

Parágrafo único. A função de diretoria jurídica em qualquer empresa pública, privada ou paraestatal, é privativa do advogado, não podendo ser exercida por quem não se encontre inscrito regularmente na Ordem.

Art. 2º. É privativo dos advogados legalmente inscritos nos quadros da Ordem o assessoramento jurídico nas transações imobiliárias e na redação de contratos e estatutos de sociedades civis e comerciais, e a elaboração de defesas, escritas ou orais, perante quaisquer tribunais e repartições.

Art. 3º. A elaboração de memoriais do âmbito da Lei do Condomínio, no que concerne, estritamente, à sua fundamentação jurídica, também é privativa dos advogados legalmente inscritos nos quadros da Ordem.

Art. 4º. É vedado aos advogados prestar serviços de assessoria e consultoria jurídica para terceiros, através de sociedades de prestação de serviços, inclusive de cobrança de títulos ou atividades financeiras de qualquer espécie, se essas entidades não puderem ser inscritas na Ordem dos Advogados do Brasil.

Art. 5º. A prática dos atos previstos no art. 71, da Lei nº 4.215/1963, por profissionais e sociedades não inscritos na Ordem dos Advogados do Brasil, constitui exercício ilegal da profissão, a ser punido na forma da lei penal.

(*) Lei nº 4.215/1963, revogada pela Lei nº 8.906, de 4.7.1994 (Estatuto da OAB).

(*) V. arts. 1º e 2º da Lei nº 8.906, de 4.7.1994 (Estatuto da OAB).

Art. 6º. Este Provimento entrará em vigor a partir da sua publicação no Diário Oficial da União.

Brasília, 20 de dezembro de 1988.

Márcio Thomaz Bastos, Presidente – DJ de 23.12.1988

PROVIMENTO Nº 69, DE 9 DE MARÇO DE 1989

Dispõe sobre a prática de atos privativos por sociedades não registradas na Ordem.

Art. 1º. A prestação de qualquer tipo de assistência jurídica sistemática a terceiros, nela incluída a cobrança judicial ou extrajudicial, é atividade privativa de sociedade constituída apenas de inscritos, registrada na Ordem dos Advogados, nos termos dos arts. 71 e 78, da Lei nº 4.215, de 27 de abril de 1963.

(*) Lei nº 4.215/1963, revogada pela Lei nº 8.906, de 4.7.1994 (Estatuto da OAB).

(*) V. arts. 1º, 2º e 15 da Lei nº 8.906, de 4.7.1994 (Estatuto da OAB).

Art. 2º. Pratica infração disciplinar o advogado, estagiário ou provisionado que, na condição de sócio, empregado ou autônomo, facilita, de algum modo, o exercício de atividade privativa da profissão por sociedade que não preencha os requisitos para a obtenção do registro na Ordem dos Advogados (Lei nº 4.215, art. 103, II e III).

Art. 3º. A Ordem dos Advogados adotará, nas suas diversas instâncias, providências junto aos órgãos competentes, como Juntas Comerciais e Corregedorias, para obstar o arquivamento e o registro de atos constitutivos de sociedade que, tendo por objeto o exercício de atividades privativas da categoria, não possam ser registradas como sociedades de advogados, nos termos da Lei nº 4.215, bem assim para impedir o funcionamento das já existentes, como a responsabilização penal dos agentes.

Art. 4º. Este Provimento entra em vigor na data de sua publicação, revogadas as disposições em contrário.

Curitiba, 9 de março de 1989.

Márcio Thomaz Bastos, Presidente – DJ de 17.3.1989

PROVIMENTO Nº 70, DE 16 DE MAIO DE 1989

Dispõe sobre a prestação de contas de quantias recebidas por Advogados.

O Conselho Federal da Ordem dos Advogados do Brasil, no uso das atribuições que lhe são conferidas pelo art. 18, inciso IX, da Lei nº 4.215, de 27 de abril de 1963, e tendo em vista o deliberado no Processo nº 3.343/1988-CP, resolve baixar o seguinte Provimento:

Art. 1º. Para efeito do disposto nos arts. 103, inciso XIX, e 110, inciso II, da Lei nº 4.215, de 27 de abril de 1963, os débitos oriundos das quantias ali mencionadas só se terão por satisfeitos quando a restituição do seu valor ao cliente se fizer com correção monetária.

(*) Lei nº 4.215/1963, revogada pela Lei nº 8.906, de 4.7.1994 (Estatuto da OAB).

(*) V. arts. 34, XXI e 37, I, da Lei nº 8.906, de 4.7.1994 (Estatuto da OAB).

Parágrafo único. A correção deverá obedecer ao índice adotado em juízo para a atualização dos débitos, e incidirá da data do recebimento da quantia, pelo advogado, até a sua efetiva restituição ao cliente.

Art. 2º. O disposto no art. 1º não se aplica:

I – aos casos de ação de prestação de contas ou outro procedimento judicial que vise ao acertamento da relação entre o advogado e o cliente;

II – aos casos de acordo extrajudicial entre ambos.

Art. 3º. Este Provimento entra em vigor na data de sua publicação, revogadas as disposições em contrário.

Curitiba, 16 de maio de 1989.

Ophir Filgueiras Cavalcante, Presidente – DJ de 16.6.1989

PROVIMENTO Nº 72, DE 15 DE OUTUBRO DE 1990

Dispõe sobre a expedição de certidões destinadas a inscrições de Advogados em entidades congêneres no exterior.

O Conselho Federal da Ordem dos Advogados do Brasil, no uso das atribuições que lhe são conferidas pelo art. 18, inciso IX, do Estatuto e considerando o decidido no Processo nº 3.400/1989, resolve baixar o seguinte Provimento:

Art. 1º. A Seção que receber pedido de certidão para inscrição de advogado em entidade congênere, sediada no Exterior do País, deverá:

a) verificar se o requerente tem algum débito com sua Tesouraria, caso em que o pedido ficará suspenso até o respectivo pagamento;

b) fornecer certidão ou cópia autenticada do inteiro teor do processo de inscrição originária do requerente, no prazo de cinco (5) dias da entrada do requerimento;

c) anotar a transferência na ficha cadastral respectiva.

§ 1º. A certidão referida na letra b será expedida com a anotação de sua validade por cento e oitenta (180) dias.

§ 2º. Após o prazo referido no parágrafo anterior, o interessado ficará sujeito ao pagamento de taxa de revalidação.

Art. 2º. Este Provimento entrará em vigor na data de sua publicação no Diário Oficial, revogadas as disposições em contrário.

Brasília, 15 de outubro de 1990.

Ophir Filgueiras Cavalcante, Presidente – DJ de 6.12.1990

PROVIMENTO Nº 83, DE 17 DE JUNHO DE 1996

Dispõe sobre processos éticos de representação por advogado contra advogado.

O Conselho Federal da Ordem dos Advogados do Brasil, no uso de suas atribuições legais e regulamentares, e tomando em consideração o decidido no Processo CP nº 4.126/1996, resolve baixar o seguinte Provimento:

Art. 1º. Os processos de representação, de advogado contra advogado, envolvendo questões de ética profissional, serão encaminhados pelo Conselho Seccional diretamente ao Tribunal de Ética e Disciplina, que:

I – notificará o representado para apresentar defesa prévia;

II – buscará conciliar os litigantes;

III – acaso não requerida a produção de provas, ou se fundamentadamente considerada esta desnecessária pelo Tribunal, procederá ao julgamento uma vez não atingida a conciliação.

Art. 2º. Verificando o Tribunal de Ética e Disciplina a necessidade de instrução probatória, encaminhará o processo ao Conselho Seccional, para os fins dos arts. 51 e 52 do Código de Ética e Disciplina.

Art. 3º. Este Provimento entra em vigor na data de sua publicação.

Brasília, 17 de junho de 1996.

Ernando Uchoa Lima, Presidente – DJ de 16.7.1996

PROVIMENTO Nº 84, DE 18 DE JUNHO DE 1996

Dispõe sobre o combate ao nepotismo no âmbito da OAB.

O Conselho Federal da Ordem dos Advogados do Brasil, no uso das atribuições que lhe são conferidas pelo art. 54, I e V, da Lei nº 8.906/1994, de 4 de julho de 1994, tendo em vista o deliberado no Processo CP nº 4.123/1996, resolve baixar o seguinte Provimento:

Art. 1º. É vedada a contratação de servidores pela OAB, independentemente do prazo de duração do pacto laboral, vinculados por relação de parentesco a Conselheiros Federais, Membros Honorários Vitalícios, Conselheiros Estaduais ou integrantes de qualquer órgão deliberativo, assistencial, diretivo ou consultivo da OAB, no âmbito do Conselho Federal, dos Conselhos Seccionais e das Subseções.

§ 1º. A vedação a que se refere o *caput* deste artigo se aplica aos cônjuges, companheiros e parentes em linha reta ou na colateral até o terceiro grau.

§ 2º. Não se inclui na vedação a que se refere o *caput* do art. 1º a contratação precedida de concurso público, ficando, neste caso, impedido de integrar a comissão organizadora e fiscalizadora do certame o membro da OAB parente do candidato.

Art. 2º. Aplica-se o disposto no artigo anterior aos casos de contratação para o exercício de cargo em comissão, assessoramento ou função gratificada.

Art. 3º. Serão nulas de pleno direito as contratações que contrariem este Provimento, sujeitando-se o contratante às cominações legais.

Art. 4º. Este Provimento entra em vigor na data de sua publicação, revogadas as disposições em contrário.

Brasília, em 18 de junho de 1996.

Ernando Uchoa Lima, Presidente – DJ de 22.6.1996

PROVIMENTO Nº 89, DE 8 DE DEZEMBRO DE 1998

Estabelece normas e critérios para a concessão de licença aos Conselheiros Federais.

O Conselho Federal da Ordem dos Advogados do Brasil, no uso das atribuições que lhe são conferidas pelo art. 54, V, Lei nº 8.906 de 04 de julho de 1994, e tendo em vista o que ficou deliberado no Processo nº 4.414/1998/COP, resolve:

Art. 1º. O Conselheiro Federal poderá licenciar-se do cargo mediante requerimento motivado, com a pertinente comprovação, quando for o caso, da circunstância invocada.

§ 1º. Ao Conselheiro Federal Titular somente será concedida licença por período que abranja ao menos uma sessão de cada órgão colegiado por ele integrado (art. 64 do Regulamento Geral).

(*) § 1º com redação dada pelo Provimento nº 157, de 25.11.2013.

§ 2º. As concessões e prorrogações de licença são deliberadas pelo Presidente *ad referendum* do Plenário.

Art. 2º. Além da hipótese do artigo anterior, os Suplentes, uma vez empossados, assumirão o cargo nos casos de licenciamento profissional (art. 12, Estatuto), renúncia ou extinção do mandato do Titular (art. 66, Estatuto) e mediante substituição automática, sem ônus para o Conselho Federal, nas ausências ou impedimentos ocasionais do Titular (art. 67, § 1º, Regulamento Geral).

(*) Art. 2º, *caput*, com redação dada pelo Provimento nº 157, de 25.11.2013.

§ 1º. Quando não tenham sido os Suplentes eleitos com expressa indicação da ordem de substituição, observar-se-á o disposto no Regimento Interno da Seccional; se este for silente, a substitução observará a ordem de antiguidade da inscrição na OAB, contado o tempo de inscrição provisória. Se houver coincidência, adota-se o critério do mais idoso.

§ 2º. O Suplente, uma vez empossado, receberá cartão de identidade de advogado do Conselho Federal.

(*) § 2º com redação dada pelo Provimento nº 158, de 25.11.2013.

§ 3º. Enquanto perdurar a substituição, o Suplente gozará das mesmas prerrogativas, atributos e regalias conferidos ao titular.

§ 4º. Na hipótese de substituição automática prevista no *caput* deste artigo, observar-se-á a preferência dos Titulares sobre os Suplentes (art. 67, § 2º, Regulamento Geral) e, entre os Suplentes presentes, a preferência do mais antigo no Conselho e, em caso de coincidência, do que tiver inscrição mais antiga.

(*) § 4º acrescido pelo Provimento nº 157, de 25.11.2013.

Art. 3º. Este Provimento entra em vigor na data de sua publicação.

Brasília, 8 de dezembro de 1998.

Reginaldo Oscar de Castro, Presidente – DJ de 21.12.1998

PROVIMENTO Nº 91, DE 13 DE MARÇO DE 2000

Dispõe sobre o exercício da atividade de consultores e sociedades de consultores em direito estrangeiro no Brasil.

O Conselho Federal da Ordem dos Advogados do Brasil, no uso das atribuições que lhe são conferidas pelo art. 54, V, da Lei nº 8.906/1994, e tendo em vista o constante do Processo nº 4.467/1999/COP, resolve:

Art. 1º. O estrangeiro profissional em direito, regularmente admitido em seu país a exercer a advocacia, somente poderá prestar tais serviços no Brasil após autorizado pela Ordem dos Advogados do Brasil, na forma deste Provimento.

§ 1º. A autorização da Ordem dos Advogados do Brasil, sempre concedida a título precário, ensejará exclusivamente a prática de consultoria no direito estrangeiro correspondente ao país ou estado de origem do profissional interessado, vedados expressamente, mesmo com o concurso de advogados ou sociedades de advogados nacionais, regularmente inscritos ou registrados na OAB:

I – o exercício do procuratório judicial;

II – a consultoria ou assessoria em direito brasileiro.

§ 2º. As sociedades de consultores e os consultores em direito estrangeiro não poderão aceitar procuração, ainda quando restrita ao poder de substabelecer a outro advogado.

Art. 2º. A autorização para o desempenho da atividade de consultor em direito estrangeiro será requerida ao Conselho Seccional da OAB do local onde for exercer sua atividade profissional, observado no que couber o disposto nos arts. 8º, incisos I, V, VI e VII e 10, da Lei nº 8.906 de 1994, exigindo-se do requerente:

I – prova de ser portador de visto de residência no Brasil;

II – prova de estar habilitado a exercer a advocacia e/ou de estar inscrito nos quadros da Ordem dos Advogados ou Órgão equivalente do país ou estado de origem; a perda, a qualquer tempo, desses requisitos importará na cassação da autorização de que cuida este artigo;

III – prova de boas conduta e reputação, atestadas em documento firmado pela instituição de origem e por 3 (três) advogados brasileiros regularmente inscritos nos quadros do Conselho Seccional da OAB em que pretender atuar;

IV – prova de não ter sofrido punição disciplinar, mediante certidão negativa de infrações disciplinares emitida pela Ordem dos Advogados ou Órgão equivalente do país ou estado em que estiver admitido a exercer a advocacia ou, na sua falta, mediante declaração de que jamais foi punido por infração disciplinar; a superveniência comprovada de punição disciplinar, no país ou estado de origem, em qualquer outro país, ou no Brasil, importará na cassação da autorização de que cuida este artigo;

V – prova de que não foi condenado por sentença transitada em julgado em processo criminal, no local de origem do exterior e na cidade onde pretende prestar consultoria em direito estrangeiro no Brasil; a superveniência comprovada de condenação criminal, transitada em julgado, no país ou estado de origem, em qualquer outro país, ou no Brasil, importará na cassação da autorização de que cuida este artigo;

VI – prova de reciprocidade no tratamento dos advogados brasileiros no país ou estado de origem do candidato.

§ 1º. A Ordem dos Advogados do Brasil poderá solicitar outros documentos que entender necessários, devendo os documentos em língua estrangeira ser traduzidos para o vernáculo por tradutor público juramentado.

§ 2º. A Ordem dos Advogados do Brasil deverá manter colaboração estreita com os Órgãos e autoridades competentes, do país ou estado de origem do requerente, a fim estar permanentemente informada quanto aos requisitos dos incisos IV, V e VI deste artigo.

§ 3º. Deferida a autorização, o consultor estrangeiro prestará o seguinte compromisso, perante o Conselho Seccional:

"Prometo exercer exclusivamente a consultoria em direito do país onde estou originariamente habilitado a praticar a advocacia, atuando com dignidade e independência, observando a ética, os deveres e prerrogativas profissionais, e respeitando a Constituição Federal, a ordem jurídica do Estado Democrático Brasileiro e os Direitos Humanos.".

Art. 3º. Os consultores em direito estrangeiro, regularmente autorizados, poderão reunir-se em sociedade de trabalho, com o fim único e exclusivo de prestar consultoria em direito estrangeiro, observando-se para tanto o seguinte:

I – a sociedade deverá ser constituída e organizada de acordo com as leis brasileiras, com sede no Brasil e objeto social exclusivo de prestação de serviços de consultoria em direito estrangeiro;

II – os seus atos constitutivos e alterações posteriores serão aprovados e arquivados, sempre a título precário, na Seccional da OAB de sua sede social e, se for o caso, na de suas filiais, não tendo eficácia qualquer outro registro eventualmente obtido pela interessada;

III – a sociedade deverá ser integrada exclusivamente por consultores em direito estrangeiro, os quais deverão estar devidamente autorizados pela Seccional da OAB competente, na forma deste Provimento.

(*) A Instrução Normativa OAB-SP nº 3, de 29.8.2000, dispõe sobre os procedimentos para o registro das Sociedades de Consultores em Direito Estrangeiro no Brasil.

Art. 4º. A sociedade poderá usar o nome que internacionalmente adote, desde que comprovadamente autorizada pela sociedade do país ou estado de origem.

Parágrafo único. Ao nome da sociedade se acrescentará obrigatoriamente a expressão "Consultores em Direito Estrangeiro".

Art. 5º. A sociedade comunicará à Seccional competente da OAB o nome e a identificação completa de seus consultores estrangeiros, bem como qualquer alteração nesse quadro.

Art. 6º. O consultor em direito estrangeiro autorizado e a sociedade de consultores em direito estrangeiro cujos atos constitutivos hajam sido arquivados na Ordem dos Advogados do Brasil devem, respectivamente, observar e respeitar as regras de conduta e os preceitos éticos aplicáveis aos advogados e às sociedades de advogados no Brasil e estão sujeitos à periódica renovação de sua autorização ou arquivamento pela OAB.

Art. 7º. A autorização concedida a consultor em direito estrangeiro e o arquivamento dos atos constitutivos da sociedade de consultores em direito estrangeiro, concedidos pela OAB, deverão ser renovados a cada três anos, com a atualização da documentação pertinente.

§ 1º. As Seccionais manterão quadros específicos e separados para anotação da autorização e do arquivamento dos atos constitutivos, originário e suplementar, dos consultores e sociedades a que se refere este artigo.

§ 2º. A cada consultor ou sociedade de consultores será atribuído um número imutável, a que se acrescentará a letra S, quando se tratar de autorização ou arquivamento suplementar.

§ 3º. Haverá, em cada Seccional, uma Comissão de Sociedades de Advogados à qual caberá, na forma do que dispuserem seu ato de criação e o Regimento Interno da Seccional, exercer a totalidade ou algumas das competências previstas neste Provimento. Nas Seccionais em que inexista tal Comissão, deverá ser ela criada e instalada no prazo de 30 (trinta) dias, contados da publicação deste Provimento.

Art. 8º. Aplicam-se às sociedades de consultoria em direito estrangeiro e aos consultores em direito estrangeiro as disposições da Lei Federal nº 8.906 de 4 de julho de 1994, o Regulamento Geral do Estatuto da Advocacia e da OAB, o Código de Ética e Disciplina da OAB, os Regimentos Internos das Seccionais, as Resoluções e os Provimentos da OAB, em especial este Provimento, podendo a autorização e o arquivamento ser suspensos ou cancelados em caso de inobservância, respeitado o devido processo legal.

Art. 9º. A Ordem dos Advogados do Brasil adotará, de ofício ou mediante representação, as medidas legais cabíveis, administrativas e/ou judiciais, sempre que tenha ciência de condutas infringentes às regras deste Provimento.

Art. 10. Os consultores e as sociedades constituídas na forma do presente Provimento estão sujeitos às mesmas anuidades e taxas aplicáveis aos nacionais.

Art. 11. Deferida a autorização ao consultor em direito estrangeiro, ou arquivados os atos constitutivos da sociedade de consultores em direito estrangeiro, deverá a Seccional da OAB, em 30 (trinta) dias, comunicar tais atos ao Conselho Federal, que manterá um cadastro nacional desses consultores e sociedades de consultores.

Art. 12. O presente Provimento entra em vigor na data de sua publicação, revogando-se as disposições em contrário.

Brasília, 13 de março de 2000.

Reginaldo Oscar de Castro, Presidente – DJ de 24.3.2000

PROVIMENTO Nº 94, DE 5 DE SETEMBRO DE 2000

Dispõe sobre a publicidade, a propaganda e a informação da advocacia.

(*) V. arts. 39 a 47 do novo Código de Ética e Disciplina.

O Conselho Federal da Ordem dos Advogados do Brasil, no uso das atribuições que lhe são conferidas pelo art. 54, V, da Lei nº 8.906, de 4 de julho de 1994, considerando as normas sobre publicidade, propaganda e informação da advocacia, esparsas no Código de Ética e Disciplina, no Provimento nº 75, de 1992, em resoluções e em acentos dos Tribunais de Ética e Disciplina dos diversos Conselhos Seccionais; considerando a necessidade de ordená-las de forma sistemática e de especificar adequadamente sua compreensão; considerando, finalmente, a decisão tomada no Processo nº 4.585/2000/COP, resolve:

Art. 1º. É permitida a publicidade informativa do advogado e da sociedade de advogados, contanto que se limite a levar ao conhecimento do público em geral, ou da clientela, em particular, dados objetivos e verdadeiros a respeito dos serviços de advocacia que se propõe a prestar, observadas as normas do Código de Ética e Disciplina e as deste Provimento.

Art. 2º. Entende-se por publicidade informativa:

a) a identificação pessoal e curricular do advogado ou da sociedade de advogados;

b) o número da inscrição do advogado ou do registro da sociedade;

c) o endereço do escritório principal e das filiais, telefones, fax e endereços eletrônicos;

d) as áreas ou matérias jurídicas de exercício preferencial;

e) o diploma de bacharel em direito, títulos acadêmicos e qualificações profissionais obtidos em estabelecimentos reconhecidos, relativos à profissão de advogado (art. 29, §§ 1º e 2º, do Código de Ética e Disciplina);

f) a indicação das associações culturais e científicas de que faça parte o advogado ou a sociedade de advogados;

g) os nomes dos advogados integrados ao escritório;

h) o horário de atendimento ao público;

i) os idiomas falados ou escritos.

Art. 3º. São meios lícitos de publicidade da advocacia:

a) a utilização de cartões de visita e de apresentação do escritório, contendo, exclusivamente, informações objetivas;

b) a placa identificativa do escritório, afixada no local onde se encontra instalado;

c) o anúncio do escritório em listas de telefone e análogas;

d) a comunicação de mudança de endereço e de alteração de outros dados de identificação do escritório nos diversos meios de comunicação escrita, assim como por meio de mala direta aos colegas e aos clientes cadastrados;

e) a menção da condição de advogado e, se for o caso, do ramo de atuação, em anuários profissionais, nacionais ou estrangeiros;

f) a divulgação das informações objetivas, relativas ao advogado ou à sociedade de advogados, com modicidade, nos meios de comunicação escrita e eletrônica.

§ 1º. A publicidade deve ser realizada com discrição e moderação, observado o disposto nos arts. 28, 30 e 31 do Código de Ética e Disciplina.

§ 2º. As malas diretas e os cartões de apresentação só podem ser fornecidos a colegas, clientes ou a pessoas que os solicitem ou os autorizem previamente.

§ 3º. Os anúncios de publicidade de serviços de advocacia devem sempre indicar o nome do advogado ou da sociedade de advogados com o respectivo número de inscrição ou de registro; devem, também, ser redigidos em português ou, se em outro idioma, fazer-se acompanhar da respectiva tradução.

Art. 4º. Não são permitidos ao advogado em qualquer publicidade relativa à advocacia:

a) menção a clientes ou a assuntos profissionais e a demandas sob seu patrocínio;

b) referência, direta ou indireta, a qualquer cargo, função pública ou relação de emprego e patrocínio que tenha exercido;

c) emprego de orações ou expressões persuasivas, de autoengrandecimento ou de comparação;

d) divulgação de valores dos serviços, sua gratuidade ou forma de pagamento;

e) oferta de serviços em relação a casos concretos e qualquer convocação para postulação de interesses nas vias judiciais ou administrativas;

f) veiculação do exercício da advocacia em conjunto com outra atividade;

g) informações sobre as dimensões, qualidades ou estrutura do escritório;

h) informações errôneas ou enganosas;

i) promessa de resultados ou indução do resultado com dispensa de pagamento de honorários;

j) menção a título acadêmico não reconhecido;

k) emprego de fotografias e ilustrações, marcas ou símbolos incompatíveis com a sobriedade da advocacia;

l) utilização de meios promocionais típicos de atividade mercantil.

Art. 5º. São admitidos como veículos de informação publicitária da advocacia:

a) Internet, fax, correio eletrônico e outros meios de comunicação semelhantes;

b) revistas, folhetos, jornais, boletins e qualquer outro tipo de imprensa escrita;

c) placa de identificação do escritório;

d) papéis de petições, de recados e de cartas, envelopes e pastas.

Parágrafo único. As páginas mantidas nos meios eletrônicos de comunicação podem fornecer informações a respeito de eventos, de conferências e outras de conteúdo jurídico, úteis à orientação geral, contanto que estas últimas não envolvam casos concretos nem mencionem clientes.

Art. 6º. Não são admitidos como veículos de publicidade da advocacia:

a) rádio e televisão;

b) painéis de propaganda, anúncios luminosos e quaisquer outros meios de publicidade em vias públicas;

c) cartas circulares e panfletos distribuídos ao público;

d) oferta de serviços mediante intermediários.

Art. 7º. A participação do advogado em programas de rádio, de televisão e de qualquer outro meio de comunicação, inclusive eletrônica, deve limitar-se a entrevistas ou a exposições sobre assuntos jurídicos de interesse geral, visando a objetivos exclusivamente ilustrativos, educacionais e instrutivos para esclarecimento dos destinatários.

Art. 8º. Em suas manifestações públicas, estranhas ao exercício da advocacia, entrevistas ou exposições, deve o advogado abster-se de:

a) analisar casos concretos, salvo quando arguido sobre questões em que esteja envolvido como advogado constituído, como assessor jurídico ou parecerista, cumprindo-lhe, nesta hipótese, evitar observações que possam implicar a quebra ou violação do sigilo profissional;

b) responder, com habitualidade, a consultas sobre matéria jurídica por qualquer meio de comunicação, inclusive naqueles disponibilizados por serviços telefônicos ou de informática;

c) debater causa sob seu patrocínio ou sob patrocínio de outro advogado;

d) comportar-se de modo a realizar promoção pessoal;

e) insinuar-se para reportagens e declarações públicas;

f) abordar tema de modo a comprometer a dignidade da profissão e da instituição que o congrega.

Art. 9º. Ficam revogados o Provimento nº 75, de 14 de dezembro de 1992, e as demais disposições em contrário.

Art. 10. Este Provimento entra em vigor na data de sua publicação.

Brasília, 5 de setembro de 2000.

Reginaldo Oscar de Castro, Presidente – DJ de 12.9.2000

PROVIMENTO Nº 95, DE 16 DE OUTUBRO DE 2000

Dispõe sobre o Cadastro Nacional dos Advogados.

(*) V. Provimento nº 103, de 15.6.2004.

O Conselho Federal da Ordem dos Advogados do Brasil, no uso das atribuições que lhe são conferidas pelo art. 54, V, da Lei nº 8.906/1994, tendo em vista o constante do Processo nº 4.622/2000/COP, resolve:

Art. 1º. O Cadastro Nacional dos Advogados será mantido pelo Conselho Federal da Ordem dos Advogados do Brasil e administrado pelo Secretário-Geral Adjunto, nos termos do art. 103, II, do Regulamento Geral do EAOAB.

(*) Art. 1º com redação dada pelo Provimento nº 103, de 15.6.2004.

Art. 2º. O Cadastro Nacional dos Advogados será alimentado automaticamente, por via eletrônica, pelos Conselhos Seccionais e pelo Conselho Federal.

(*) Art. 2º, *caput*, com redação dada pelo Provimento nº 103, de 15.6.2004.

Parágrafo único. Não será efetivada a inserção de informações no Cadastro Nacional dos Advogados caso se verifique a ausência de qualquer dos dados a seguir: o nome completo, o sexo, o número da inscrição no CPF, o número do Registro Geral, com indicação da data de emissão e do órgão emissor, o número e o tipo de inscrição na OAB (advogado, estagiário ou suplementar), a data do nascimento, a naturalidade (UF), a nacionalidade e o endereço.

(*) Parágrafo único acrescido pelo Provimento nº 124, de 17.3.2008.

Art. 3º. Os dados a serem disponibilizados para a consulta serão o nome completo e o nome profissional, o número da inscrição, o Conselho Seccional e a Subseção, o sexo, a data de inscrição na OAB, a fotografia, o endereço e o telefone profissionais, a informação sobre a regularidade e a modalidade da inscrição dos advogados e a sociedade de advogados da qual participa (a partir da implantação do Cadastro Nacional de Sociedade de Advogados).

(*) Art. 3º, *caput*, com redação dada pelo Provimento nº 117, de 17.5.2007.

Parágrafo único. Os demais dados dos advogados inscritos na OAB, além dos previstos no *caput* deste artigo, serão fornecidos a critério exclusivo dos Conselhos Seccionais, relativamente aos inscritos nas respectivas Unidades federativas.

(*) Parágrafo único com redação dada pelo Provimento nº 103, de 15.6.2004.

Art. 4º. As informações do Cadastro Nacional dos Advogados serão disponibilizadas, individualmente, por consulta telefônica ou na Internet, nas páginas do Conselho Federal e dos Conselhos Seccionais.

§ 1º. É vedado o fornecimento do Cadastro Nacional dos Advogados a terceiros, total ou parcialmente, inclusive para fins de expedição de mala direta.

§ 2º. O acesso de manutenção ao Cadastro Nacional dos Advogados será efetivado por servidor devidamente cadastrado no Conselho Federal, mediante indicação do Presidente do Conselho Seccional.

§ 3º. O Conselho Federal, os Conselhos Seccionais, as Subseções, as Caixas de Assistência dos Advogados e as Escolas de Advocacia não poderão vender ou ceder a terceiros, a que título for, total ou parcialmente, os dados do Cadastro Nacional dos Advogados, concernentes aos inscritos em suas jurisdições.

(*) § 3º com redação dada pelo Provimento nº 131, de 18.8.2009.

§ 4º. O disposto no § 3º não se aplica nas hipóteses previstas em Provimentos, no Regulamento Geral, no Estatuto da Advocacia e da OAB e em contratos firmados com entidades que prestem serviços diretamente ligados às finalidades da OAB, das Caixas de Assistência dos Advogados e das Escolas de Advocacia, para o fim, exclusivo, de divulgação de serviços destinados à saúde, previdência, ensino e seguro dos advogados.

(*) § 4º com redação dada pelo Provimento nº 131, de 18.8.2009.

§ 5º. Fica ressalvado o direito do advogado de solicitar e obter a exclusão do seu nome dos Cadastros a serem vendidos ou cedidos, nos termos da parte final do § 4º.

(*) § 5º acrescido pelo Provimento nº 131, de 18.8.2009.

§ 6º. Considera-se falta grave o fornecimento indevido do Cadastro Nacional dos Advogados, sem prejuízo das sanções criminais e cíveis aplicáveis à espécie.

(*) § 6º, primitivo § 4º, com redação dada pelo Provimento nº 103, de 15.6.2004, e renumerado pelo Provimento nº 131, de 18.8.2009.

Art. 5º. As informações inseridas no Cadastro Nacional são de exclusiva responsabilidade dos Conselhos Seccionais, que as manterão constantemente atualizadas, ressalvada a responsabilidade do Conselho Federal, no tocante aos seus dados nele introduzidos.

Art. 6º. O Conselho Federal prestará assistência técnica aos Conselhos Seccionais, visando o desenvolvimento de seus cadastros, na medida de suas possibilidades e mediante solicitação.

Art. 7º. O Conselho Federal poderá firmar convênios com órgãos do Poder Judiciário ou outros órgãos em que o advogado exerça sua profissão, para fornecimento de informações constantes das bases de dados do Cadastro Nacional dos Advogados, ficando condicionado que a outra parte não poderá transferir os dados a terceiros.

(*) Art. 7º, *caput*, com redação dada pelo Provimento nº 103, de 15.6.2004.

Parágrafo único. O convênio a que se refere este artigo conterá necessariamente cláusula impeditiva do fornecimento de dados a terceiro.

(*) Parágrafo único com redação dada pelo Provimento nº 103, de 15.6.2004.

Art. 8º. Este Provimento entra em vigor na data de sua publicação, revogadas as disposições em contrário.

(*) Art. 8º, primitivo art. 7º, renumerado pelo Provimento nº 103, de 15.6.2004.

Brasília, 16 de outubro de 2000.

Reginaldo Oscar de Castro, Presidente – DJ de 16.11.2000

PROVIMENTO Nº 96, DE 8 DE MAIO DE 2001

Disciplina o Cerimonial da Ordem dos Advogados do Brasil.

O Conselho Federal da Ordem dos Advogados do Brasil, no uso das atribuições que lhe são conferidas pelo art. 54, inciso V, da Lei nº 8.906, de 4 de julho de 1994, e tendo em vista a necessidade de regular, de modo uniforme, o cerimonial a ser observado nas solenidades do Conselho Federal, Conselhos Seccionais e Subseções, considerada a natureza da entidade, que se exclui de normas similares editadas para os órgãos governamentais, e considerando o decidido no Processo nº 4.584/2000/COP, resolve:

Art. 1º. O Cerimonial das solenidades promovidas pelo Conselho Federal, pelos Conselhos Seccionais e pelas Subseções da Ordem dos Advogados do Brasil observará as normas fixadas neste Provimento.

Do Serviço de Cerimonial

Art. 2º. O Conselho Federal e os Conselhos Seccionais poderão manter serviço encarregado de realizar o Cerimonial das suas solenidades.

Parágrafo único. Atendendo às condições de cada Conselho Seccional, o Cerimonial dispensará estrutura administrativa, ficando, nesse caso, ao encargo de funcionário, sob a supervisão do Secretário-Geral ou de um ou mais advogados especialmente designados.

Do Protocolo

Art. 3º. O Presidente do Conselho Federal presidirá a cerimônia a que comparecer, no âmbito da Ordem dos Advogados do Brasil.

Art. 4º. Nos eventos promovidos pelo Conselho Federal, não comparecendo o Presidente, a cerimônia será presidida, sucessivamente, pelo Vice-Presidente, pelo Secretário-Geral, pelo Secretánio-Geral Adjunto e pelo Diretor Tesoureiro.

§ 1º. Nos eventos realizados no âmbito de atuação do Conselho Seccional, desde que ausentes todos os Diretores do Conselho Federal, presidirá a cerimônia o Presidente da Conselho Seccional ou, sucessivamente, os membros da sua Diretoria, na mesma ordem indicada no *caput*.

§ 2º. Na ausência dos indicados no *caput* e no parágrafo anterior, presidirá a cerimônia o Presidente da Subseção onde ocorrer o evento.

Art. 5º. A solenidade promovida por Conselho Seccional será presidida pelo respectivo Presidente, desde que ausente o Presidente do Conselho Federal.

Parágrafo único. Se ausentes as duas autoridades indicadas no *caput*, presidirá a cerimônia, sucessivamente, o Vice-Presidente, o Secretário-Geral, o Secretário-Geral Adjunto e o Diretor Tesoureiro do Conselho Seccional.

Art. 6º. A solenidade promovida por Subseção será presidida pelo respectivo Presidente, desde que ausentes o Presidente do Conselho Federal e o do Conselho Seccional.

Parágrafo único. Se ausentes as autoridades indicadas no *caput*, presidirá a cerimônia, sucessivamente, o Vice-Presidente, o Secretário-Geral, o Secretário-Geral Adjunto e o Diretor Tesoureiro da Subseção.

Art. 7º. Na composição da Mesa Diretora de solenidade, deve ser, preferencialmente, observado número ímpar de assentos, ficando o assento central destinado ao Presidente.

Parágrafo único. No caso de não ser possível acomodar todas as autoridades em fila única, deverão ser formadas filas laterais ou atrás da Mesa Diretora e, na impossibilidade, reservadas as duas primeiras filas do auditório.

Art. 8º. Na composição da Mesa Diretora das solenidades promovidas pelo Conselho Federal, após o Presidente da Ordem dos Advogados do Brasil, terão assento, pela ordem, o Presidente da República, o Presidente do Supremo Tribunal Federal, o Presidente do Congresso Nacional, o Presidente da Câmara dos Deputados, o Presidente do Instituto dos Advogados Brasileiros, o Governador do Estado, o Presidente do Superior Tribunal de Justiça, o Presidente do Tribunal de Contas da União, o Presidente do Tribunal de Justiça local, o Procurador-Geral da República, o Presidente do Conselho Seccional local, Dignatários de Igrejas locais, o Presidente da Assembleia Legislativa local e o Prefeito Municipal.

§ 1º. Também poderão compor a Mesa Diretora, na ausência de autoridades indicadas no *caput*, Presidentes de Tribunais Superiores, o Advogado-Geral da União, Ministros dos Supremo Tribunal Federal e dos Tribunais Superiores, o Ministro da Justiça e o Presidente da Câmara Municipal local.

§ 2º. Comporá, ainda, a Mesa Diretora, o Ministro de Estado ou o dirigente da entidade cuja competência se vincular à matéria sobre a qual versar o evento.

Art. 9º. Em solenidade promovida por Conselho Seccional, após o Presidente do Conselho Federal, comporá a Mesa Diretora o Presidente do respectivo Conselho Seccional, seguindo-se o Governador do Estado, o Presidente do Tribunal de Justiça, o Presidente da Assembleia

Legislativa, o Procurador-Geral de Justiça, o Prefeito Municipal, o Presidente do Instituto dos Advogados local, o Presidente da Câmara Municipal, o Cardeal ou Bispo local, o Presidente do Tribunal Regional Federal, do Tribunal Regional Eleitoral, do Tribunal Regional do Trabalho, o Juiz Federal Diretor do Fórum local, o Procurador Regional da República, o Procurador Regional do Trabalho e os Conselheiros Federais representantes do Conselho Seccional.

§ 1º. Também poderão compor a Mesa Diretora, na ausência de autoridades indicadas no *caput*, Secretários de Estado, Chefe da Advocacia-Geral da União, Procurador-Geral do Estado e diretores de órgãos a que se vincular a matéria sobre a qual versar o evento.

§ 2º. No caso do Conselho Seccional do Distrito Federal, será observado, também, o disposto no artigo anterior, com precedência para as autoridades indicadas no *caput*.

Art. 10. Os representantes das autoridades civis, militares e eclesiásticas terão a precedência que lhes competir, em razão de seus cargos, postos, graduações ou funções, e não a que caberia aos representados.

Art. 11. Na chamada para ingresso nas solenidades a hierarquia dos integrantes da Ordem dos Advogados do Brasil e autoridades correlatas deverá observar a seguinte ordem de precedência:

I – Presidente do Conselho Federal;

II – Vice-Presidente do Conselho Federal;

III – Secretário-Geral do Conselho Federal;

IV – Secretário-Geral Adjunto do Conselho Federal;

V – Diretor Tesoureiro do Conselho Federal;

VI – Membros Honorários Vitalícios do Conselho Federal;

VII – Conselheiros Federais;

VIII – Presidente do Conselho Seccional local;

IX – Presidente do Instituto dos Advogados Brasileiros;

X – Outros Presidentes de Conselhos Seccionais;

XI – Diretores do Conselho Seccional local;

XII – Coordenador Nacional das Caixas de Assistência dos Advogados;

XIII – Diretor Geral da Escola Nacional de Advocacia;

XIV – Membros Honorários Vitalícios dos Conselhos Seccionais;

XV – Conselheiros Estaduais;

XVI – Presidente da Caixa de Assistência dos Advogados local;

XVII – Presidentes de Subseção;

XVIII – Diretores de Subseção;

XIX – Presidente do Instituto dos Advogados do Estado;

XX – Presidente da Associação de Advogados do Estado.

Art. 12. Em eventos nacionais, onde presentes estiverem autoridades de poderes estatais, deverão ser observadas, simultaneamente, a ordem de precedência fixada no artigo anterior, relativamente às autoridades da OAB, e a indicada na Ordem Geral de Precedência do Cerimonial Público de que trata o Decreto nº 70.274, de 9 de março de 1972, nas gradações correspondentes.

Art. 13. No caso de o evento estar vinculado a comissão ou a outro órgão do Conselho Federal, o respectivo titular também comporá a Mesa Diretora, posicionado após as autoridades mencionadas nos arts. 7º e 8º deste Provimento.

Do Desenvolvimento dos Trabalhos

Art. 14. Sempre que for possível, as autoridades ficarão em lugar reservado, de onde serão chamadas à Mesa Diretora.

Art. 15. O Cerimonial iniciará a solenidade anunciando a denominação e/ou a finalidade a que se destina e passará à imediata composição da Mesa Diretora.

Art. 16. Nas solenidades oficiais da Ordem dos Advogados do Brasil será executado o Hino Nacional Brasileiro.

Parágrafo único. O Hino será anunciado pelo Cerimonial após a composição da Mesa Diretora, somente podendo ser executado após o Presidente da OAB ter ocupado o lugar que lhe estiver reservado.

Art. 17. Os discursos atenderão à ordem inversa da precedência dos respectivos oradores, segundo relação previamente estabelecida pelo Cerimonial.

Art. 18. Quando realizada por Conselho Seccional, a solenidade poderá ter a execução do hino do Estado em que se localizar, após à do Hino Nacional Brasileiro, ou após os discursos, precedendo o encerramento.

Art. 19. O Cerimonial deverá encarregar-se de confirmar, com antecedência, a presença das autoridades que comporão a Mesa Diretora.

Art. 20. Os casos omissos serão resolvidos mediante aplicação do Decreto nº 70.274, de 9.3.1972, ou pela Diretoria do Conselho Federal.

Art. 21. O presente Provimento entrará em vigor na data de sua publicação.

Brasília, 8 de maio de 2001.

Rubens Approbato Machado, Presidente – DJ de 27.6.2001

PROVIMENTO Nº 97, DE 23 DE ABRIL DE 2002

Institui a Infraestrutura de Chaves Públicas da Ordem dos Advogados do Brasil e dá outras providências.

O Conselho Federal da Ordem dos Advogados do Brasil, no uso das atribuições que lhe são conferidos pelo art. 54, V, da Lei nº 8.906/1994, tendo em vista o decidido na Proposição nº 0013/2002/COP, resolve:

Art. 1º. Fica instituída a Infraestrutura de Chaves Públicas da Ordem dos Advogados do Brasil – ICP-OAB, que visa a assegurar autenticidade e integridade das informações transmitidas por advogados nela inscritos, relacionadas ao exercício profissional.

Art. 2º. A ICP-OAB compreende o conjunto estruturado de sistemas e equipamentos de telemática, adequados para emissão, validação, controle e revogação de certificados eletrônicos da OAB.

Art. 3º. A função de Autoridade de Certificação de Chave Raiz da ICP-OAB – AC Raiz, será exercida pelo Conselho Federal da Ordem dos Advogados do Brasil; a de Autoridades Certificadoras – AC, pelos Conselhos Seccionais; e a de Autoridades de Registro – AR, pelas Subseções, no caso de autorizado em regulamento adotado pela respectiva Seccional.

Parágrafo único. A critério de cada Seccional, o Conselho Federal, mediante delegação, poderá atuar como Autoridade Certificadora, utilizando seus próprios sistemas e pessoal, cabendo à Seccional à função de Autoridade de Registro.

Art. 4º. Compete à Chave Raiz da ICP-OAB a emissão e o controle do certificado eletrônico raiz do sistema, bem como a certificação das Autoridades Certificadoras.

Art. 5º. Compete exclusivamente às Autoridades Certificadoras a emissão e o controle dos certificados eletrônicos dos advogados inscritos na Ordem dos Advogados do Brasil, bem como das respectivas Subseções.

Art. 6º. Compete às Autoridades de Registro, quando autorizadas a funcionar segundo regulamento da respectiva Seccional, promover a conferência pessoal dos advogados que manifestarem intenção de obter certificados eletrônicos da ICP-OAB.

Art. 7º. A chave privada da AC Raiz será de exclusivo controle e conhecimento do Presidente do Conselho Federal; a chave privada de cada Autoridade Certificadora, do respectivo Presidente do Conselho Seccional.

Parágrafo único. Fica autorizada a delegação da obrigação de guarda e uso das chaves privadas referidas neste artigo a funcionário integrante do quadro funcional da respectiva Autoridade, desde que realizada por ato formal com ampla publicidade.

Art. 8º. A AC Raiz e as AC deverão disponibilizar para acesso à distância e em tempo integral informações sobre os certificados por elas emitidos, com lista de certificados revogados e com prazos expirados.

Art. 9º. É finalidade exclusiva dos certificados eletrônicos emitidos no âmbito na ICP-OAB a comunicação eletrônica realizada no âmbito estritamente profissional, não se responsabilizando as Autoridades do sistema pelo seu uso ou aceitação para outra finalidade.

Art. 10. A AC Raiz da ICP-OAB deverá adotar e dar publicidade à política de práticas de certificação do sistema. As AC deverão adotar suas próprias Declarações de Práticas de Certificação, observando as regras estabelecidas pela AC Raiz, e dando-lhes publicidade no âmbito de seu território.

Art. 11. As Seccionais adotarão sistemas que preencham os requisitos mínimos de segurança do sistema, a serem definidos pelo Conselho Federal, provendo para que sejam dotados de transparência e auditabilidade, garantam a exclusividade do acesso à chave privada e tenham capacidade de atender a todos os usuários de sua área de abrangência.

Art. 12. Passa a integrar o presente Provimento, em razão da criação da AC OAB, subordinada à hierarquia da ICP Brasil, a Declaração de Práticas de Certificação (DPC), a Política de Certificado de Assinatura Digital (PC) e a Política de Segurança (PS), objeto dos Anexos I, II e III, respectivamente.

(*) Art. 12 acrescido pelo Provimento nº 120, de 22.10.2007.

Art. 13. Este Provimento entra em vigor na data de sua publicação, revogadas as disposições em contrário.

(*) Art. 13, primitivo art. 12, renumerado pelo Provimento nº 120, de 22.10.2007.

Maceió, 23 de abril de 2002.

Rubens Approbato Machado, Presidente – DJ de 2.5.2002

PROVIMENTO Nº 99, DE 15 DE OUTUBRO DE 2002

Dispõe sobre o Cadastro Nacional de Consultores e de Sociedades de Consultores em Direito Estrangeiro.

O Conselho Federal da Ordem dos Advogados do Brasil, no uso das atribuições que lhe são conferidas pelo art. 54, V, da Lei nº 8.906/1994, tendo em vista o decidido na Proposição nº 0001/2002/COP (processo 004/2002/CSAD/CF) e o disposto no art. 11 do Provimento nº 91/2000, resolve:

Art. 1º. O Cadastro Nacional de Consultores e de Sociedades de Consultores em Direito Estrangeiro será mantido pelo Conselho Federal da OAB e administrado pelo Secretário-Geral Adjunto, nos termos do art. 103, II, do Regulamento Geral do EAOAB.

Art. 2º. Aplicam-se a esse Cadastro as normas estabelecidas no Provimento nº 95/2000 para os advogados, assim como as restrições quanto à divulgação das informações nele inseridas.

Art. 3º. Constarão desse Cadastro: o nome e a qualificação pessoal do Consultor; os dados relativos à sua habilitação para o exercício da advocacia no país ou estado de origem; direito estrangeiro objeto da consultoria; número da autorização no Conselho Seccional e seu prazo de validade, e, se for o caso, número da autorização suplementar; endereço completo; telefones e fac-símile; endereço e correio eletrônicos.

§ 1º. Estando reunidos em Sociedade de Consultores, além dos dados pessoais dos sócios, constarão: razão social; número da autorização; e, mantendo a sociedade, filial, os seus dados, e o número do respectivo arquivamento suplementar.

§ 2º. As alterações que vierem a ocorrer nos atos constitutivos das Sociedades de Consultores, também deverão constar do Cadastro Nacional.

Art. 4º. Os Conselhos Seccionais ficam obrigados a repassar ao Conselho Federal, no prazo de 30 (trinta) dias a contar da concessão de autorização a Consultor em direito estrangeiro, ou do arquivamento dos atos constitutivos de Sociedade de Consultores, todos os dados que deverão constar do Cadastro Nacional.

Parágrafo único. Em igual prazo, os Conselhos Seccionais repassarão ao Conselho Federal as informações relativas às alterações que vierem a ocorrer em atos constitutivos de Sociedades de Consultores.

Art. 5º. Este Provimento entra em vigor na data de sua publicação, revogadas as disposições em contrário.

Brasília, 15 de outubro de 2002.

Rubens Approbato Machado, Presidente – DJ de 4.11.2002

PROVIMENTO Nº 101, DE 9 DE NOVEMBRO DE 2003

Dispõe sobre o Processo Administrativo de Prestação de Contas do Conselho Federal e dos Conselhos Seccionais da OAB.

O Conselho Federal da Ordem dos Advogados do Brasil, no uso das atribuições que lhe são conferidas no art. 54, incisos V, XI e XII, da Lei nº 8.906/1994;

Considerando a necessidade de uniformizar e dinamizar o processo de prestação de contas;

Considerando ser essencial a delimitação das responsabilidades dos administradores dos diversos órgãos que compõem a Ordem dos Advogados do Brasil;

Considerando que compete a Terceira Câmara do Conselho Federal da Ordem dos Advogados do Brasil, julgar os relatórios, os balanços e as contas dos Conselhos Seccionais e da Diretoria do Conselho Federal, conforme estabelece o art. 61 e parágrafos do Regulamento Geral do Estatuto da Advocacia e da OAB;

Considerando, finalmente, o decidido nos autos do Processo 4618/2000/COP;

Resolve baixar o presente Provimento, que consolida, modifica e substitui as normas dos Provimentos nº 44/78, 55/82 e 58/86, nos seguintes termos:

Título I – Da Prestação de Contas

Art. 1º. A Diretoria do Conselho Federal e os Conselhos Seccionais elaborarão, anualmente, no prazo indicado neste Provimento, relatório de gestão e as Demonstrações Financeiras do exercício financeiro encerrado, o qual será composto dos documentos discriminados no art. 4º deste Provimento, que formarão processo de prestação de contas a ser submetido a julgamento pela Terceira Câmara do Conselho Federal da OAB.

Parágrafo único. A Prestação de Contas será encaminhada ao Conselho Federal por ofício subscrito pelos membros da Diretoria.

Art. 2º. As contas do Conselho Seccional serão apresentadas no prazo de 120 (cento e vinte dias) dias, contados da data do encerramento do exercício financeiro a que corresponder.

§ 1º. A Diretoria da Seccional encaminhará ao Conselho da Seccional sua prestação de contas, até o final do mês de fevereiro de cada ano seguinte ao do exercício financeiro encerrado.

§ 2º. Se houver divergência de natureza econômico-financeira e contábil ou conflitos com as normas legais, o relator designado, em qualquer fase de tramitação do processo de prestação de contas, baixará o processo em diligência, notificando o representante da Diretoria da gestão respectiva para atendimento, no prazo de 15 dias.

§ 3º. Caso a Prestação de Contas não seja aprovada pelo Conselho Seccional, a Diretoria encaminhará ao Presidente da Terceira Câmara do Conselho Federal relatório sucinto sobre as irregularidades apuradas.

Art. 3º. A falta de aprovação de contas relativas a exercícios anteriores não obsta o julgamento de novo processo de prestação de contas, salvo:

I – Se não tiverem sido apresentadas contas de exercícios anteriores;

II – Se não tiverem sido julgadas, por falta de cumprimento de diligências, contas de exercícios anteriores.

Art. 4º. O Processo de Prestação de Contas deverá conter:

1) Ofício de Encaminhamento;

2) Rol de Responsáveis, com identificação e, se existentes, os períodos de substituição;

(*) Item 2 com redação dada pelo Provimento nº 121, de 9.10.2007.

3) Relatório de Gestão, evidenciando as principais ações institucionais e corporativas em prol da Entidade e da advocacia;

(*) Item 3 com redação dada pelo Provimento nº 121, de 9.10.2007.

4) Demonstrativo do Fluxo Financeiro de projetos ou programas financiados com recursos do Conselho Federal;

5) Demonstrativo das Cotas Regulamentares devidas e transferidas, acompanhado dos comprovantes de pagamentos respectivos;

(*) Item 5 com redação dada pelo Provimento nº 104, de 17.8.2004.

6) Tabela de Anuidade, em vigor no exercício;

7) Número total de inscritos, especificando-se os advogados, estagiários e provisionados, as inscrições suplementares e as sociedades de advogados, bem como o quantitativo dos inscritos inadimplentes, com a quantificação dos valores em aberto, tomando como base o dia 31 de dezembro do exercício respectivo;

(*) Item 7 com redação dada pelo Provimento nº 121, de 9.10.2007.

8) Cópia do Orçamento Anual aprovado, com alterações havidas, devidamente aprovadas pelas instâncias competentes;

9) Balanço Patrimonial Comparado (dois últimos exercícios), reunido num só documento, apresentando, de forma sintética, a posição financeira, patrimonial e de compensação, em 31 de dezembro;

10) Balanço Financeiro, demonstrando a receita e a despesa orçamentária, bem como os recebimentos e os pagamentos de natureza extraorçamentária, conjugados com os saldos em espécie provenientes do exercício anterior e os que se transferem para o exercício seguinte;

11) Comparativo da Receita Orçada com a realizada, feito com base no Orçamento aprovado e suas alterações;

12) Comparativo da Despesa Fixada com a Executada – elaborado de acordo com os dispêndios do exercício financeiro, contemplando as alterações realizadas;

13) Demonstrativo das Variações Patrimoniais, evidenciando as alterações verificadas no patrimônio, resultantes ou independentes da execução orçamentária, demonstrando o resultado patrimonial do exercício;

14) Conciliações Bancárias, demonstrando as divergências dos valores apresentados no balanço e os constantes dos extratos bancários, com explicação simplificada da diferença entre o demonstrativo contábil e o bancário;

15) DIPJ – Declaração de Informações Econômico-Fiscais da Pessoa Jurídica, protocolo de entrega do exercício anterior;

16) Relatório de Auditoria, evidenciando as principais contas patrimoniais e econômicas;

(*) Item 16 com redação dada pelo Provimento nº 121, de 9.10.2007.

17) Certificado de Auditoria;

(*) Item 17 com redação dada pelo Provimento nº 104, de 17.8.2004.

18) Manifestação do Presidente do Conselho Seccional sobre as irregularidades que venham a ser apontadas pela Auditoria e o eventual déficit orçamentário, financeiro ou patrimonial, com a indicação das providências adotadas para saneamento;

19) Íntegra do acórdão que aprovou a Prestação de Contas no Conselho Seccional e cópia da ata da sessão respectiva;

20) Íntegra do acórdão do Conselho Seccional que aprovou a Prestação de Contas da Caixa de Assistência e cópia da ata aprovada da sessão respectiva, acompanhadas do "Balanço Patrimonial" e da "Demonstração do Resultado do Exercício" a que se refere a Prestação de Contas, em formato analítico e que atenda às determinações legais, ou notificação formalizada de exigência da Prestação de Contas, com prazo determinado para cumprimento da obrigação e

advertência sobre a decretação de intervenção, na hipótese do não cumprimento;

(*) Item 20 acrescido pelo Provimento nº 121, de 9.10.2007.

21) Balancete contábil analítico dos meses de janeiro a dezembro, reunido em documento único, para análise da movimentação verificada no exercício;

(*) Item 21 acrescido pelo Provimento nº 121, de 9.10.2007.

22) Certidões atualizadas, no encerramento do exercício, de inexistência de protesto judicial e de débitos junto ao ISS, FGTS, INSS, Dívida Ativa da União e demais tributos federais ou certificação fornecida pela auditoria do Conselho Federal de que as possíveis pendências existentes não se referem à gestão em análise;

(*) Item 22 acrescido pelo Provimento nº 121, de 9.10.2007.

23) Certidão expedida pela Secretaria da Seccional, de comprovação da abertura de procedimento de cobrança contra os inadimplentes, para instauração de processo disciplinar e, ainda, da realização de ações administrativas ou judiciais de cobrança.

(*) Item 23 acrescido pelo Provimento nº 121, de 9.10.2007.

Parágrafo único. Se as contas disserem respeito à Diretoria cuja gestão se tenha encerrado, a manifestação a que alude o item 18 deverá ser apresentada pelo Presidente daquela Diretoria.

Art. 5º. A Prestação de Contas somente será admitida pelo Conselho Federal se acompanhada dos documentos exigidos no artigo anterior.

§ 1º. A Presidência da Terceira Câmara devolverá à origem a Prestação de Contas incompleta, permanecendo o órgão ou a entidade em situação de inadimplente no dever de prestar contas.

§ 2º. Admitida a Prestação de Contas, antes de distribuí-la, o Presidente da Terceira Câmara submeterá o processo à auditoria do Conselho Federal, que proferirá parecer fundamentado sobre o cumprimento integral das exigências estabelecidas neste Provimento.

§ 3º. O Presidente da Terceira Câmara notificará o Conselho Seccional para que, no prazo de 15 (quinze) dias, preste os esclarecimentos necessários ou promova o suprimento de eventuais falhas, irregularidades e omissões porventura apuradas e indicadas no parecer da Auditoria.

Art. 6º. Atendidas ou não as diligências previstas no § 3º do art. 5º e certificado o prazo respectivo, o processo será distribuído pelo Presidente da Terceira Câmara a relator e incluído na pauta de julgamento da sessão seguinte.

Parágrafo único. A Câmara apreciará o processo e, se necessário, remeterá ao Conselho Seccional cópia da decisão, em diligência, contendo a descrição das omissões e irregularidades eventualmente encontradas na Prestação de Contas, para a adoção das providências que se fizerem necessárias, em novo prazo de 15 (quinze) dias.

Art. 7º. Cumpridas ou não as diligências previstas no parágrafo único do art. 6º, a Prestação de Contas será julgada, pela Terceira Câmara, na sessão imediatamente seguinte, que as declarará:

I – Regulares, quando as contas estiverem de acordo com as disposições deste Provimento;

II – Irregulares:

a) quando comprovado desfalque ou desvio de bens do Conselho Seccional;

b) quando apurado prejuízo financeiro à OAB;

c) em caso de atos de gestão ilegais, antieconômicos ou ofensivos às normas estabelecidas na Lei nº 8.906/1994 ou de seu Regulamento Geral.

§ 1º. Transitada em julgado a decisão que julgar irregular a prestação de contas, o fato será comunicado à Diretoria do Conselho Federal, que adotará as medidas administrativas e disciplinares cabíveis.

§ 2º. Sendo julgadas irregulares as contas do Conselho Seccional, ao fundamento de falta de remessa ao Conselho Federal de recursos estatutários, será constituído o débito, cuja cobrança, após o trânsito em julgado da decisão, se efetivará pela Diretoria do Conselho Federal, que adotará as providências pertinentes ao cumprimento da decisão exarada no processo de Prestação de Contas, inclusive com a aplicação, se necessárias, das medidas previstas na alínea VI do art. 104 do Regulamento Geral do Estatuto da Advocacia e da OAB.

§ 3º. Na sessão ordinária do mês de junho de cada ano, a Presidência da Terceira Câmara levará ao conhecimento do Colegiado, de forma consolidada, a relação das Prestações de Contas não apresentadas no prazo previsto neste Provimento, para instauração do competente processo de tomada de contas, a ser realizada pela Auditoria do Conselho Federal.

Art. 8º. Os Diretores têm responsabilidade solidária pelas contas apresentadas, exceto quanto aos itens que expressa e fundamentadamente ressalvarem, quando não observadas as disposições deste Provimento.

(*) Art. 8º, *caput*, com redação dada pelo Provimento nº 121, de 9.10.2007.

§ 1º. Fica vedada, nos 6 (seis) meses anteriores ao encerramento da gestão, a assunção de despesas superiores à média das despesas verificadas no mesmo período dos 3 (três) exercícios antecedentes, sem a necessária cobertura financeira.

(*) § 1º acrescido pelo Provimento nº 121, de 9.10.2007.

§ 2º. O Conselho Seccional, no encerramento do exercício, deverá, obrigatoriamente, manter a paridade entre os créditos efetivamente realizáveis com as obrigações contraídas, incluindo as de natureza trabalhista e junto ao ISS, FGTS, INSS e demais tributos federais.

(*) § 2º acrescido pelo Provimento nº 121, de 9.10.2007.

§ 3º. Os Conselheiros Seccionais têm responsabilidade pelas contas que aprovarem.

(*) § 3º, primitivo § 1º, renumerado pelo Provimento nº 121, de 9.10.2007.

§ 4º. Exime-se de responsabilidade:

I – O Diretor que, tendo participado da decisão ou dela tenha tomado oficialmente conhecimento, houver manifestado expressa discordância com o ordenamento da despesa irregular;

II – O Conselheiro Seccional que não houver participado da decisão que tenha aprovado as contas da Diretoria, que tenha votado contra sua aprovação ou as tenha aprovado com ressalva das irregularidades.

(*) § 4º, primitivo § 2º, renumerado pelo Provimento nº 121, de 9.10.2007.

§ 5º. O descumprimento do disposto nos §§ 1º e 2º deste artigo, assim como a falta de observação dos itens 20, 22 e 23 do art. 4º, configurarão irregularidade de gestão, nos termos do art. 7º, II, "c", deste Provimento, além da inelegibilidade do responsável.

(*) § 5º acrescido pelo Provimento nº 121, de 9.10.2007.

Título II – Da Forma de Cálculo da Receita

Art. 9º. A distribuição da receita ordinária do Conselho Seccional será efetuada na forma estabelecida nos arts. 56 e 57 do Regulamento Geral.

§ 1º. A receita ordinária compreende as contribuições obrigatórias, taxas, multas, custas, emolumentos e demais recursos relacionados diretamente à atividade institucional da OAB.

§ 2º. A Diretoria do Conselho Seccional deverá enviar trimestralmente ao Conselho Federal balancetes contábeis para permitir o acompanhamento da distribuição da receita prevista em lei.

§ 3º. A Diretoria da Caixa de Assistência deverá encaminhar balancetes mensais à Seccional, discriminando suas receitas e despesas, para permitir o necessário acompanhamento da aplicação dos recursos dela recebidos.

(*) § 3º acrescido pelo Provimento nº 121, de 9.10.2007.

Título III – Da Forma de Recolhimento

Art. 10. O recolhimento das receitas do Conselho Seccional efetua-se em agência bancária oficial, com destinação específica e transferência automática e imediata aos beneficiários, na forma prevista no art. 8º deste Provimento e nos termos do modelo adotado pelo Diretor-Tesoureiro do Conselho Federal, de acordo com o § 1º do art. 56 do Regulamento Geral.

Título IV – Modelo de Prestação de Contas

Art. 11. A Terceira Câmara estabelecerá os modelos de orçamentos, balanços e contas da Diretoria do Conselho Federal e dos Conselhos Seccionais, conforme competência instituída no § 1º do art. 61 do Regulamento Geral, observados os termos do art. 3º deste Provimento.

Título V – Das Disposições Gerais

Art. 12. Apuradas em auditoria ou no julgamento de contas irregularidades ou ilegalidades que não tenham sido comunicadas tempestivamente a Terceira Câmara, e comprovada a omissão dos dirigentes ou membros do Conselho Seccional, o responsável ficará sujeito às sanções previstas na Lei nº 8.906/1994, no Regulamento Geral e demais normas aplicáveis, observado, ainda, o disposto no art. 61, § 5º, do Regulamento Geral.

Art. 13. O procedimento dos processos de Prestação de Contas constará de manual de orientação a ser aprovado pela Terceira Câmara.

Art. 14. Aplica-se o disposto nos artigos precedentes, no que couber, ao processo de Prestação de Contas do Conselho Federal.

Art. 15. As disposições deste Provimento aplicam-se às contas a partir do exercício de 2004.

Art. 16. Este Provimento entra em vigor na data de sua publicação, revogadas as disposições em contrário.

Brasília, 9 de novembro de 2003.

Rubens Approbato Machado, Presidente – DJ de 12.12.2003

PROVIMENTO Nº 102, DE 9 DE MARÇO DE 2004

Dispõe sobre a indicação, em lista sêxtupla, de advogados que devam integrar os Tribunais Judiciários e Administrativos.

O Conselho Federal da Ordem dos Advogados do Brasil, no uso das atribuições que lhe são conferidas nos incisos V e XIII do art. 54 da Lei nº 8.906/1994, resolve:

Art. 1º. A indicação de advogados para a lista sêxtupla a ser encaminhada aos Tribunais Judiciários (Constituição Federal, arts. 94; 104, parágrafo único, II; 107, I; 111-A, I; 115, I, é de competência do Conselho Federal e dos Conselhos Seccionais da Ordem dos Advogados do Brasil.

(*) Art. 1º, *caput*, com redação dada pelo Provimento nº 139, de 18.5.2010.

§ 1º. Compete ao Conselho Federal a elaboração da lista sêxtupla a ser encaminhada ao Superior Tribunal de Justiça, ao Tribunal Superior do Trabalho e aos Tribunais Federais com competência territorial que abranja mais de um Estado da Federação.

(*) § 1º com redação dada pelo Provimento nº 139, de 18.5.2010.

§ 2º. Compete aos Conselhos Seccionais a elaboração da lista sêxtupla a ser encaminhada aos Tribunais de Justiça dos Estados e aos Tribunais Federais de competência territorial restrita a um Estado.

(*) § 2º com redação dada pelo Provimento nº 139, de 18.5.2010.

Art. 2º. Ocorrendo vaga a ser preenchida por advogado nos Tribunais Judiciários, o Conselho Federal ou o Conselho Seccional, observada a competência respectiva, divulgará a notícia na página eletrônica da Entidade e publicará, na imprensa oficial, edital de abertura de inscrições dos interessados no processo seletivo.

(*) Art. 2º, *caput*, com redação dada pelo Provimento nº 139, de 18.5.2010.

§ 1º. A abertura das inscrições deverá efetivar-se no prazo de 15 (quinze) dias, a contar do dia útil seguinte ao da publicação do edital na imprensa oficial, e o prazo para as inscrições será de 20 (vinte) dias.

(*) § 1º com redação dada pelo Provimento nº 139, de 18.5.2010.

§ 2º. Sendo competente para a escolha o Conselho Seccional, se este, por qualquer motivo, não publicar o edital referido até 30 (trinta) dias após a expressa comunicação da abertura da vaga, qualquer dos inscritos na OAB poderá representar ao Conselho Federal, que, por intermédio da sua Diretoria, adotará as providências necessárias para sanar a omissão, podendo assumir a execução do processo seletivo.

(*) § 2º com redação dada pelo Provimento nº 139, de 18.5.2010.

Art. 3º. Quando se tratar de vaga para Tribunal Federal com competência territorial que abranja mais de um Estado, além da divulgação da notícia nas páginas eletrônicas da Entidade, com a comunicação aos Conselhos Seccionais, o Conselho Federal publicará, na imprensa oficial da União, edital dando início ao procedimento e elaborará a lista correspondente.

(*) Art. 3º com redação dada pelo Provimento nº 139, de 18.5.2010.

Art. 4º. O advogado interessado em concorrer a vaga na lista sêxtupla deverá formalizar o seu pedido de inscrição para o processo seletivo através de requerimento, a ser protocolizado na sede do Conselho competente para a escolha, dirigindo-o ao seu Presidente. Parágrafo único. Poderá o interessado formalizar o seu pedido através de correspondência registrada, dirigida ao Presidente do Conselho competente, desde que postada até o último dia previsto para as inscrições, devendo, nessa hipótese, encaminhar à Entidade notícia expressa dessa iniciativa, no mesmo dia da postagem, sob pena de desconsideração do pedido.

Art. 5º. Como condição para a inscrição no processo seletivo, com o pedido de inscrição o candidato deverá comprovar o efetivo exercício profissional da advocacia nos 10 (dez) anos anteriores à data do seu requerimento e, tratando-se de Tribunal de Justiça Estadual ou de Tribunal Federal, concomitantemente, deverá comprovar a existência de sua inscrição, há mais de 5 (cinco) anos, no Conselho Seccional abrangido pela competência do Tribunal Judiciário.

(*) Art. 5º, *caput*, com redação dada pelo Provimento nº 139, de 18.5.2010.

Parágrafo único. Não será admitida inscrição de advogado que possua mais de 65 (sessenta e cinco) anos de idade na data da formalização do pedido.

(*) Parágrafo único com redação dada pelo Provimento nº 139, de 18.5.2010.

Art. 6º. O pedido de inscrição será instruído com os seguintes documentos:

(*) Art. 6º, *caput*, com redação dada pelo Provimento nº 139, de 18.5.2010.

a) comprovação de que o candidato, em cada um dos 10 (dez) anos de exercício profissional (art. 5º), praticou, no mínimo, 5 (cinco) atos privativos de advogado, com fundamentação jurídica, em procedimentos judiciais distintos, na área do Direito de competência do Tribunal Judiciário em que foi aberta a vaga, seja através de certidões expedidas pelas respectivas serventias ou secretarias judiciais, das quais devem constar os números dos autos e os atos praticados, seja através de cópias de peças processuais subscritas pelo candidato, devidamente protocolizadas;

(*) Alínea "a" com redação dada pelo Provimento nº 139, de 18.5.2010.

b) em caso de atividade profissional de consultoria, assessoria e direção jurídicas (art. 1º, II, Lei nº 8.906/1994), a prova do exercício dependerá da apresentação de fotocópia de contrato de trabalho onde conste tal função, de ato de designação para direção jurídica ou de contrato de prestação de serviços de assessoria ou consultoria, com a comprovação de que o candidato, em cada um dos 10 (dez) anos de exercício profissional (art. 5º), promoveu, no mínimo, 5 (cinco) atos de consultoria ou similares, ou elaborou, no mínimo, 5 (cinco) pareceres ou respostas a consultas, com fundamentação jurídica;

(*) Alínea "b" com redação dada pelo Provimento nº 139, de 18.5.2010.

c) *curriculum vitae*, assinado pelo candidato, dele constando o endereço completo para correspondência e data de nascimento, cuja comprovação dos dados lançados poderá ser exigida pela Diretoria do Conselho competente para a apreciação do pedido de inscrição;

(*) Alínea "c" com redação dada pelo Provimento nº 139, de 18.5.2010.

d) termo de compromisso de defesa da moralidade administrativa, inclusive, de que não praticará direta ou indiretamente o nepotismo;

(*) Alínea "d" com redação dada pelo Provimento nº 139, de 18.5.2010.

e) certidão negativa de feitos criminais junto ao Poder Judiciário e certidão negativa de débito junto à OAB e de sanção disciplinar, expedida pelo Conselho Seccional da inscrição originária e, se for o caso, pelo Conselho Seccional no qual mantém o candidato sua inscrição principal, e, se também existente inscrição suplementar, certidão correspondente expedida pelo respectivo Conselho Seccional, delas constando, ainda, as datas das inscrições respectivas, bem como o histórico de impedimentos e licenças, se existentes.

(*) Alínea "e" com redação dada pelo Provimento nº 139, de 18.5.2010.

Art. 7º. Os membros de órgãos da OAB (art. 45, Lei nº 8.906/1994), titulares ou suplentes, no decurso do triênio para o qual foram eleitos, não poderão inscrever-se no processo seletivo de escolha das listas sêxtuplas, ainda que tenham se licenciado ou declinado do mandato, por renúncia.

§ 1º. Aplica-se a proibição a que se refere o *caput* deste artigo ao candidato que estiver ocupando cargo exonerável *ad nutum*.

§ 2º. Os membros dos Tribunais de Ética, das Escolas Superiores e Nacional de Advocacia e das Comissões, permanentes ou temporárias, deverão apresentar, com o pedido de inscrição, prova de renúncia, para cumprimento da previsão contida nos incisos XIII do art. 54 e XIV do art. 58 da Lei nº 8.906/1994.

§ 3º. Os ex-Presidentes, ao se inscreverem, terão seu direito de participação no Conselho suspenso, até a nomeação do ocupante da vaga.

Art. 8º. Decorrido o prazo de inscrição, os pedidos serão encaminhados à Diretoria do Conselho competente, que publicará edital na imprensa oficial, com a relação dos pedidos de inscrição indeferidos, bem como dos demais inscritos, para que terceiros possam, no prazo de 5 (cinco) dias, apresentar impugnação.

(*) Art. 8º, *caput*, com redação dada pelo Provimento nº 139, de 18.5.2010.

§ 1º. No caso de indeferimento ou impugnação do pedido de registro, o candidato será notificado para apresentar recurso ou defesa, em 5 (cinco) dias.

(*) § 1º com redação dada pelo Provimento nº 139, de 18.5.2010.

§ 2º. Decorrido o prazo de que trata o parágrafo anterior, será convocada sessão pública do Conselho para julgamento dos eventuais recursos e impugnações, apresentação e eventual arguição dos candidatos e a subsequente escolha dos que comporão a lista sêxtupla.

(*) § 2º com redação dada pelo Provimento nº 139, de 18.5.2010.

§ 3º. Se o número de candidatos aptos à indicação for inferior a seis, o processo de escolha não será iniciado, devendo ser publicado novo edital para possibilitar a inscrição de novos candidatos.

(*) § 3º com redação dada pelo Provimento nº 139, de 18.5.2010.

§ 4º. Na sessão pública de escolha dos nomes que comporão a lista, após a apresentação obrigatória do candidato, que discorrerá sobre um dos temas tratados no parágrafo seguinte, será facultada a Comissão designada pela Diretoria a realização da arguição prevista neste Provimento.

(*) § 4º com redação dada pelo Provimento nº 139, de 18.5.2010.

§ 5º. A arguição terá em vista aferir o conhecimento do candidato acerca do papel do advogado como ocupante da vaga do Quinto Constitucional, do seu compromisso com o regime democrático e a defesa e valorização da Advocacia, dos princípios gerais do Direito e do entendimento sobre os princípios que devem nortear as relações entre advogados, juízes, membros do Ministério Público e serventuários, bem como dos problemas inerentes ao funcionamento da Justiça.

(*) § 5º com redação dada pelo Provimento nº 139, de 18.5.2010.

§ 6º. Na sessão, após o julgamento dos eventuais recursos e impugnações, bem como a apresentação e a arguição dos candidatos, serão distribuídas aos Conselheiros e Membros Honorários Vitalícios com direito a voto, presentes ao longo dos trabalhos de que tratam os §§ 4º e 5º, a cédula contendo os nomes dos candidatos em ordem alfabética, para votação e posterior apuração nominal identificada, sendo que no Conselho Federal os votos serão computados por delegação.

(*) § 6º com redação dada pelo Provimento nº 139, de 18.5.2010.

§ 7º. Serão incluídos na lista os 6 (seis) candidatos que obtiverem metade mais um dos votos dos presentes, repetindo-se a votação por até 4 (quatro) vezes caso um ou mais candidatos não obtenham a votação mínima.

(*) § 7º com redação dada pelo Provimento nº 141, de 14.9.2010.

§ 8º. Não se completando a lista no primeiro escrutínio, todos os candidatos remanescentes concorrerão nos escrutínios seguintes, votando, os Conselheiros Federais e Membros Honorários Vitalícios com direito a voto, no número equivalente de vagas a serem preenchidas.

(*) § 8º com redação dada pelo Provimento nº 141, de 14.9.2010.

§ 9º. Findo esse quarto escrutínio e ainda não se completando a lista, serão considerados escolhidos os candidatos que nele obtiverem maior votação.

(*) § 9º acrescido pelo Provimento nº 141, de 14.9.2010.

§ 10. Em caso de empate, será escolhido o candidato de inscrição mais antiga e, persistindo, o mais idoso.

(*) § 10 acrescido pelo Provimento nº 141, de 14.9.2010.

§ 11. Estão impedidos de tomar parte do julgamento dos recursos e impugnações, assim como da arguição e votação no processo de escolha dos candidatos, os membros de órgãos da OAB e Institutos dos Advogados, que tenham direito a voz e/ou voto, que sejam cônjuges, companheiros ou parentes em linha reta, colateral ou por afinidade, até o terceiro grau, de candidato inscrito, ou integrantes de sociedade de advocacia a que esse pertença, como sócios ou associados.

(*) § 11 acrescido pelo Provimento nº 153, de 8.4.2013.

Art. 9º. Encerrada a votação e proclamado o resultado, o Presidente do Conselho, no prazo máximo de 5 (cinco) dias, remeterá ao Tribunal Judiciário a lista sêxtupla, acompanhada dos currículos dos candidatos eleitos.

(*) Art. 9º com redação dada pelo Provimento nº 139, de 18.5.2010.

Art. 10. O Conselho Seccional, mediante resolução, poderá disciplinar a consulta direta aos advogados nele inscritos, para a composição da lista sêxtupla que será submetida à sua homologação, devendo o advogado comprovar o atendimento às exigências previstas no art. 6º deste Provimento para inscrever-se no pleito.

(*) Art. 10 com redação dada pelo Provimento nº 139, de 18.5.2010.

Art. 11. Em caso de vacância por desistência, morte ou impedimento superveniente do candidato escolhido, será efetuado o procedimento de escolha dessa vaga, convocando-se os candidatos remanescentes para a sessão respectiva, na qual será realizado novo escrutínio.

(*) Art. 11 com redação dada pelo Provimento nº 139, de 18.5.2010.

Art. 12. Compete à Diretoria do Conselho Federal a indicação dos candidatos que integrarão as listas para os Superiores Tribunais de Justiça Desportiva, nas vagas destinadas aos advogados.

Art. 13. Compete às Diretorias dos Conselhos Seccionais a indicação dos candidatos que integrarão as listas para os Tribunais de Justiça Desportiva, no âmbito de suas jurisdições.

Art. 14. Este Provimento entra em vigor na data de sua publicação, revogadas as disposições em contrário, especialmente o Provimento nº 80/1996.

Brasília, 9 de março de 2004.

Roberto Antonio Busato, Presidente – DJ de 8.4.2004

PROVIMENTO Nº 111, DE 12 DE SETEMBRO DE 2006

Dispõe sobre a legalidade de remissão ou isenção, pelos Conselhos Seccionais, do pagamento de contribuições, anuidades, multas e preços de serviços, devidos, pelos inscritos, à Ordem dos Advogados do Brasil.

O Conselho Federal da Ordem dos Advogados do Brasil, no uso das atribuições que lhe são conferidas pelo art. 54, V, da Lei nº 8.906, de 4 de julho de 1994 – Estatuto da Advocacia e da OAB, tendo em vista o que foi decidido na Sessão Ordinária do Conselho Pleno, realizada no dia 12 de setembro de 2006, ao apreciar a Proposição nº 0045/2004/COP, resolve:

Art. 1º. O advogado que atender aos requisitos deste Provimento fica desobrigado, ou terá redução de valores, conforme o caso, no pagamento de contribuições, anuidades, multas e preços de serviços devidos à OAB.

(*) Art. 1º, *caput*, com redação dada pelo Provimento nº 165, de 16.11.2015.

Parágrafo único. Ficam assegurados aos advogados beneficiários deste Provimento os serviços prestados pela OAB, pela Caixa de Assistência dos Advogados e pela Escola Superior de Advocacia, bem como o acesso aos serviços e benefícios postos à disposição e/ou implementados em favor dos inscritos e seus dependentes legais, observadas as normas pertinentes, ressalvados os casos de adesão voluntária com preço complementar.

(*) Parágrafo único com redação dada pelo Provimento nº 137, de 20.10.2009.

Art. 2º. O benefício definido no art. 1º deste Provimento somente poderá ser concedido ao advogado mediante a constatação de uma das seguintes condições:

I – esteja inscrito e tenha contribuído para a OAB durante 45 (quarenta e cinco) anos ou mais;

II – tenha completado 70 (setenta) anos de idade e, cumulativamente, 30 (trinta) anos de contribuição, contínuos ou não.

(*) Inciso II com redação dada pelo Provimento nº 137, de 20.10.2009.

III – seja portador de necessidades especiais por inexistência de membros superiores ou inferiores, ou absoluta disfunção destes, desde que isso o inabilite para o exercício da profissão;

IV – seja privado de visão em ambos os olhos, desde que isso o inabilite para o exercício da profissão;

V – sofra deficiência mental inabilitadora;

VI – A mulher advogada, no ano do parto ou da adoção, ou no caso da gestação não levada a termo;

(*) Inciso VI acrescido pelo Provimento nº 165, de 16.11.2015.

§ 1º. Nas hipóteses previstas nos incisos I e II, será imprescindível que o advogado não tenha sofrido punições disciplinares nos 5 (cinco) anos imediatamente anteriores, desconsiderando-se aquelas que tenham sido canceladas mediante processo regular de reabilitação (Estatuto, art. 41).

§ 2º. Para as hipóteses dos incisos I e II, será dispensado o requisito da contribuição, quando se tratar de advogado licenciado por doença grave (Estatuto, art. 12, incisos I e III).

§ 3º. Nas hipóteses previstas nos incisos III, IV e V, a condição autorizadora do benefício deve ser atestada por perícia médica, a cargo do Conselho Seccional.

§ 4º. O disposto no inciso V implica, obrigatoriamente, a baixa da inscrição, com a manutenção do benefício.

§ 5º. Os benefícios do inciso VI dependerão de comprovação mediante laudo médico ou ato judicial de adoção, conforme o caso, e serão definidos em instrumento próprio de cada Seccional, quanto ao alcance, se mediante concessão de isenção ou redução dos valores de anuidades, bem como se tais valores serão devolvidos pela Caixa de Assistência dos Advogados.

(*) § 5º acrescido pelo Provimento nº 165, de 16.11.2015.

Art. 3º. O benefício será concedido de ofício ou mediante requerimento do interessado ou de seu representante legal e após certificação do implemento da condição.

Parágrafo único. Os efeitos do benefício retroagirão à data do requerimento ou, no caso de concessão de ofício, à data do implemento da condição.

Art. 4º. Fica proibida a concessão de remissão ou isenção fora dos limites fixados nos arts. 2º e 3º, sob pena de cassação do benefício, sem prejuízo das penalidades administrativas cabíveis.

Parágrafo único. Ressalva-se, do que disposto neste artigo, o benefício concedido previamente à vigência deste Provimento, que não se enquadre às suas preceituações.

Art. 5º. Este Provimento entra em vigor na data de sua publicação.

Brasília, 12 de setembro de 2006.

Roberto Antonio Busato, Presidente – DJ de 28.9.2006

PROVIMENTO Nº 112, DE 10 DE SETEMBRO DE 2006

Dispõe sobre as Sociedades de Advogados.

O Conselho Federal da Ordem dos Advogados do Brasil, no uso das atribuições que lhe são conferidas pelo art. 54, V, da Lei nº 8.906, de 4 de julho de 1994 – Estatuto da Advocacia e da OAB, tendo em vista o que foi decidido na Sessão Extraordinária do Conselho Pleno, realizada no dia 10 de setembro de 2006, ao apreciar a Proposição nº 0024/2003/COP, resolve:

Art. 1º. As Sociedades de Advogados são constituídas e reguladas segundo os arts. 15 a 17 do Estatuto da Advocacia e a Ordem dos Advogados do Brasil (OAB) – EAOAB, os arts. 37 a 43 do seu Regulamento Geral e as disposições deste Provimento.

Art. 2º. O Contrato Social deve conter os elementos e atender aos requisitos e diretrizes indicados a seguir:

I – a razão social, constituída pelo nome completo, ou patronímico, dos sócios ou, pelo menos, de um deles, responsáveis pela administração, assim como a previsão de sua alteração ou manutenção, por falecimento de sócio que lhe tenha dado o nome, observado, ainda, o disposto no parágrafo único deste artigo;

II – o objeto social, que consistirá, exclusivamente, no exercício da advocacia, podendo especificar o ramo do direito a que a sociedade se dedicará;

III – o prazo de duração;

IV – o endereço em que irá atuar;

V – o valor do capital social, sua subscrição por todos os sócios, com a especificação da participação de cada qual, e a forma de sua integralização;

VI – o critério de distribuição dos resultados e dos prejuízos verificados nos períodos que indicar;

VII – a forma de cálculo e o modo de pagamento dos haveres e de eventuais honorários pendentes, devidos ao sócio falecido, assim como ao que se retirar da sociedade ou que dela for excluído;

VIII – a possibilidade, ou não, de o sócio exercer a advocacia autonomamente e de auferir, ou não, os respectivos honorários como receita pessoal;

IX – é permitido o uso do símbolo "&", como conjuntivo dos nomes de sócios que constarem da denominação social;

X – não são admitidas a registro, nem podem funcionar, Sociedades de Advogados que revistam a forma de sociedade empresária ou cooperativa, ou qualquer outra modalidade de cunho mercantil;

XI – é imprescindível a adoção de cláusula com a previsão expressa de que, além da sociedade, o sócio ou associado responderá subsidiária e ilimitadamente pelos danos causados aos clientes, por ação ou omissão, no exercício da advocacia.

(*) Inciso XI com redação dada pelo Provimento nº 147, de 13.2.2012.

XII – será admitida cláusula de mediação, conciliação e arbitragem, inclusive com a indicação do Tribunal de Ética e Disciplina da OAB;

XIII – não se admitirá o registro e arquivamento de Contrato Social, e de suas alterações, com cláusulas que suprimam o direito de voto de qualquer dos sócios, podendo, entretanto, estabelecer quotas de serviço ou quotas com direitos diferenciados, vedado o fracionamento de quotas;

XIV – o mesmo advogado não poderá figurar como sócio ou como advogado associado em mais de uma Sociedade de Advogados, com sede ou filial na mesma base territorial dos respectivos Conselhos Seccionais;

XV – é permitida a constituição de Sociedades de Advogados entre cônjuges, qualquer que seja o regime de bens, desde que ambos sejam advogados regularmente inscritos no Conselho Seccional da OAB em que se deva promover o registro e arquivamento;

XVI – o Contrato Social pode determinar a apresentação de balanços mensais, com a efetiva distribuição dos resultados aos sócios a cada mês;

XVII – as alterações do Contrato Social podem ser decididas por maioria do capital social, salvo se o Contrato Social determinar a necessidade de quórum especial para deliberação;

XVIII – o Contrato Social pode prever a cessão total ou parcial de quotas, desde que se opere por intermédio de alteração aprovada pela maioria do capital social.

§ 1º. Da razão social não poderá constar sigla ou expressão de fantasia ou das características mercantis, devendo vir acompanhada de expressão que indique tratar-se de Sociedade de Advogados, vedada a referência a "Sociedade Civil" ou "S.C.";

(*) § 1º, primitivo parágrafo único, renumerado pelo Provimento nº 147, de 13.2.2012.

§ 2º. As obrigações não oriundas de danos causados aos clientes, por ação ou omissão, no exercício da advocacia, devem receber tratamento previsto no art. 1.023 do Código Civil.

(*) § 2º acrescido pelo Provimento nº 147, de 13.2.2012.

Art. 3º. Somente os sócios respondem pela direção social, não podendo a responsabilidade profissional ser confiada a pessoas estranhas ao corpo social.

§ 1º. O sócio administrador pode ser substituído no exercício de suas funções e os poderes a ele atribuídos podem ser revogados a qualquer tempo, conforme dispuser o Contrato Social, desde que assim decidido pela maioria do capital social.

§ 2º. O sócio, ou sócios administradores, podem delegar funções próprias da administração operacional a profissionais contratados para esse fim.

Art. 4º. A exclusão de sócio pode ser deliberada pela maioria do capital social, mediante alteração contratual, desde que observados os termos e condições expressamente previstos no Contrato Social.

Parágrafo único. O pedido de registro e arquivamento de alteração contratual, envolvendo a exclusão de sócio, deve estar instruído com a prova de comunicação feita pessoalmente ao interessado, ou, na sua impossibilidade, por declaração certificada por oficial de registro de títulos e documentos.

Art. 5º. Nos casos em que houver redução do número de sócios à unipessoalidade, a pluralidade de sócios deverá ser reconstituída em até 180 (cento e oitenta) dias, sob pena de dissolução da sociedade.

Art. 6º. As Sociedades de Advogados, no exercício de suas atividades, somente podem praticar os atos indispensáveis às suas finalidades, assim compreendidos, dentre outros, os de sua administração regular, a celebração de contratos em geral para representação, consultoria, assessoria e defesa de clientes por intermédio de advogados de seus quadros.

Parágrafo único. Os atos privativos de advogado devem ser exercidos pelos sócios ou por advogados vinculados à sociedade, como associados ou como empregados, mesmo que os resultados revertam para o patrimônio social.

Art. 7º. O registro de constituição das Sociedades de Advogados e o arquivamento de suas alterações contratuais devem ser feitos perante o Conselho Seccional da OAB em que forem inscritos seus membros, mediante prévia deliberação do próprio Conselho ou de órgão a que delegar tais atribuições, na forma do respectivo Regimento Interno, devendo o Conselho Seccional, na forma do disposto no Provimento nº 98/2002, evitar o registro de sociedades com razões sociais semelhantes ou idênticas ou provocar a correção dos que tiverem sido efetuados em duplicidade, observado o critério da precedência.

§ 1º. O Contrato Social que previr a criação de filial, bem assim o instrumento de alteração contratual para essa finalidade, devem ser registrados também no Conselho Seccional da OAB em cujo território deva funcionar a filial, ficando os sócios obrigados a inscrição suplementar (§ 5º do art. 15 da Lei nº 8.906/1994).

(*) § 1º com redação dada pelo Provimento nº 126, de 7.12.2008.

§ 2º. O número do registro da Sociedade de Advogados deve ser indicado em todos os contratos que esta celebrar.

Art. 8º. Serão averbados à margem do registro da sociedade e, a juízo de cada Conselho Seccional, em livro próprio ou ficha de controle mantidos para tal fim:

I – o falecimento do sócio;

II – a declaração unilateral de retirada feita por sócios que nela não queiram mais continuar;

III – os ajustes de sua associação com advogados, sem vínculo de emprego, para atuação profissional e participação nos resultados;

IV – os ajustes de associação ou de colaboração com outras Sociedades de Advogados;

V – o requerimento de registro e autenticação de livros e documentos da sociedade;

VI – a abertura de filial em outra Unidade da Federação;

VII – os demais atos que a sociedade julgar convenientes ou que possam envolver interesses de terceiros.

§ 1º. As averbações de que tratam os incisos I e II deste artigo não afetam os direitos de apuração de haveres dos herdeiros do falecido ou do sócio retirante.

§ 2º. Os Contratos de Associação com advogados sem vínculo empregatício devem ser apresentados para averbação em 3 (três) vias, mediante requerimento dirigido ao Presidente do Conselho Seccional, observado o seguinte:

I – uma via ficará arquivada no Conselho Seccional e as outras duas serão devolvidas para as partes, com a anotação da averbação realizada;

II – para cada advogado associado deverá ser apresentado um contrato em separado, contendo todas as cláusulas que irão reger as relações e condições da associação estabelecida pelas partes.

§ 3º. As associações entre Sociedades de Advogados não podem conduzir a que uma passe a ser sócia de outra, cumprindo-lhes respeitar a regra de que somente advogados, pessoas naturais, podem constituir Sociedade de Advogados.

Art. 9º. Os documentos e livros contábeis que venham a ser adotados pela Sociedade de

Advogados, para conferir, em face de terceiros, eficácia ao respectivo conteúdo ou aos lançamentos neles realizados, podem ser registrados e autenticados no Conselho Seccional competente.

Parágrafo único. Os Conselhos Seccionais devem manter o controle dos registros de que trata este artigo mediante numeração sucessiva, conjugada ao número do registro de constituição da sociedade, anotando-os nos respectivos requerimentos de registro, averbados na forma do art. 8º, *caput*, inciso V.

Art. 10. O setor de registro das Sociedades de Advogados de cada Conselho Seccional da OAB deve manter um sistema de anotação de todos os atos relativos às Sociedades de Advogados que lhe incumba registrar, arquivar ou averbar, controlado por meio de livros, fichas ou outras modalidades análogas, que lhe permitam assegurar a veracidade dos lançamentos que efetuar, bem como a eficiência na prestação de informações e sua publicidade.

§ 1º. O cancelamento de qualquer registro, averbação ou arquivamento dos atos de que trata este artigo deve ocorrer em virtude de decisão do Conselho Seccional ou do órgão respectivo a que sejam cometidas as atribuições de registro, de ofício ou por provocação de quem demonstre interesse.

§ 2º. O Conselho Seccional é obrigado a fornecer, a qualquer pessoa, com presteza e independentemente de despacho ou autorização, certidões contendo as informações que lhe forem solicitadas, com a indicação dos nomes dos advogados que figurarem, por qualquer modo, nesses livros ou fichas de registro.

Art. 11. Os pedidos de registro de qualquer ato societário relacionado a este Provimento serão instruídos com as certidões de quitação das obrigações legais junto à OAB, ficando dispensados de comprovação da quitação de tributos e contribuições sociais federais.

(*) Art. 11, *caput*, com redação dada pelo Provimento nº 159, de 2.12.2013.

Parágrafo único. Ficam dispensados da comprovação de quitação junto ao Fisco os pedidos de registro de encerramento de filiais, sucursais e outras dependências de Sociedade de Advogados e os pedidos de registro de extinção de Sociedade de Advogados que nunca obtiveram sua inscrição junto à Secretaria da Receita Federal.

Art. 12. O Contrato de Associação firmado entre Sociedades de Advogados de Unidades da Federação diferentes tem a sua eficácia vinculada à respectiva averbação nos Conselhos Seccionais envolvidos, com a apresentação, em cada um deles, de certidões de breve relato, comprovando sua regularidade.

Art. 13. As Sociedades de Advogados constituídas na forma das regulamentações anteriores deverão adaptar-se às disposições deste Provimento até o dia 31 de julho de 2009.

(*) Art. 13 com redação dada pelo Provimento nº 125, de 20.10.2008.

Art. 14. Este Provimento entra em vigor na data da sua publicação, revogado o Provimento nº 92/2000.

Brasília, 10 de setembro de 2006.

Roberto Antonio Busato, Presidente – DJ de 11.10.2006

PROVIMENTO Nº 113, DE 10 DE SETEMBRO DE 2006

Dispõe sobre a indicação de advogados para integrar o Conselho Nacional de Justiça e o Conselho Nacional do Ministério Público, na forma da Constituição Federal.

O Conselho Federal da Ordem dos Advogados do Brasil, no uso das atribuições que lhe são conferidas pelo art. 54, V, da Lei nº 8.906, de 4 de julho de 1994 – Estatuto da Advocacia e da OAB, tendo em vista o que foi decidido na Sessão Extraordinária do Conselho Pleno, realizada no dia 10 de setembro de 2006, ao apreciar a Proposição nº 0029/2006/COP, resolve:

Art. 1º. Este Provimento rege o procedimento de indicação de advogados para o Conselho Nacional de Justiça e o Conselho Nacional do Ministério Público, segundo o que estabelecem os arts. 103-B, XII e 130-A, V, da Constituição Federal.

Art. 2º. Além dos limites de idade estabelecidos no art. 103-B, *caput*, da Constituição Federal, em relação ao Conselho Nacional de Justiça e somente a este aplicáveis, os indicados para os Conselhos de que trata o art. 1º deste Provimento deverão atender aos requisitos do art. 94, *caput*, da Constituição, exigidos para a composição de um quinto dos lugares dos Tribunais ali referidos.

Art. 3º. O Conselho Federal da Ordem dos Advogados do Brasil procederá às indicações de que trata este Provimento em sessão extraordinária, na qual serão distribuídas aos Conselheiros e Membros Honorários Vitalícios com direito a voto cédula contendo os nomes dos candidatos, em ordem alfabética, para votação e posterior apuração nominal identificada, sendo os votos computados por delegação.

(*) Art. 3º, *caput*, com redação dada pelo Provimento nº 152, de 11.2.2013.

I – serão submetidos a votação os nomes previamente apresentados à Diretoria, no prazo por ela estabelecido;

II – para efeito das indicações, considerar-se-ão escolhidos os dois nomes mais votados, desde que hajam obtido a maioria absoluta dos votos;

III – se qualquer dos nomes sufragados não obtiver o voto da maioria absoluta das Delegações, proceder-se-á, na mesma sessão, a novo escrutínio, a que concorrerão os mais votados, em número correspondente às vagas não preenchidas;

IV – no segundo escrutínio, a escolha dar-se-á por maioria simples de votos;

V – (revogado);

(*) Inciso V revogado pelo Provimento nº 152, de 11.2.2013.

VI – em caso de empate, será escolhido o candidato de inscrição mais antiga e, depois, o mais idoso.

Art. 4º. A apresentação de nomes à Diretoria, para efeito do disposto no art. 3º, I, deste Provimento, deverá ser acompanhada dos seguintes documentos:

I – declaração firmada pelo apresentado, no sentido de que se dispõe a aceitar a indicação e de que está ciente dos requisitos, deveres e restrições concernentes ao exercício das funções a que concorre;

II – *curriculum vitae*, assinado pelo candidato, de que conste breve histórico de sua atuação como advogado;

III – certidão expedida pelo Conselho Seccional em que mantenha inscrição principal e suplementar, dela constando a declaração de regularidade da inscrição e da ausência de débito junto à OAB, de inexistência de sanção disciplinar, da data de inscrição no quadro de advogados e do histórico de impedimentos e licenças, se existentes.

§ 1º. Compete à Diretoria do Conselho Federal examinar a regularidade da documentação apresentada, cabendo, de sua decisão, a ser publicada no Diário da Justiça da União, recurso pelo interessado, em 5 (cinco) dias, para o Conselho Pleno.

§ 2º. Decididos pela Diretoria os pedidos de inscrição, será convocada sessão pública do Conselho, para julgamento dos eventuais recursos, arguição dos candidatos e a subsequente escolha dos indicados.

Art. 5º. Concluído o procedimento de que trata o art. 3º, o Presidente do Conselho Federal adotará as seguintes providências:

I – formalizará a indicação dos nomes dos advogados que devam integrar os Conselhos, mediante ofício dirigido ao Presidente do Senado Federal;

II – comunicará a indicação aos Presidentes dos Conselhos Seccionais em que os indicados tenham inscrição principal e suplementar, para que se consigne o fato, nas respectivas fichas de inscrição, e, em relação aos indicados para o Conselho Nacional de Justiça, para que também se anote o licenciamento do exercício profissional, desde a posse até a cessação de suas atividades;

III – oficiará aos advogados indicados ao Conselho Nacional de Justiça, informando que deverão apresentar suas Carteiras de Identidade Profissional aos Conselhos em que mantenham inscrição, no prazo de 15 (quinze) dias, a fim de que nelas se consigne o licenciamento de que trata a alínea anterior.

Parágrafo único. O ofício de indicação, a ser encaminhado ao Presidente do Senado Federal, será instruído com o compromisso firmado pelo indicado, no sentido de que:

I – não postulará a nomeação ou a designação para cargos em comissão e funções de confiança, nas áreas do Poder Judiciário ou do Ministério Público, de cônjuge, companheiro ou parente, em linha reta, colateral, ou por afinidade, até o terceiro grau, inclusive;

II – observará, irrestritamente, os princípios firmados no art. 3º da Resolução nº 7/2005, de 18 de outubro de 2005, do Conselho Nacional de Justiça.

Art. 6º. Os advogados indicados para integrar o Conselho Nacional de Justiça de que trata este Provimento não poderão concorrer à composição de qualquer Tribunal Judiciário ou Administrativo, como representantes da classe dos advogados, antes de decorridos 2 (dois) anos da cessação de seus períodos de exercício de mandato naquele órgão.

(*) Art. 6º, *caput*, com redação dada pelo Provimento nº 154, de 1º.7.2013.

Parágrafo único. Considera-se relevante serviço prestado à classe o exercício de mandato perante o Conselho Nacional de Justiça e o Conselho Nacional do Ministério Público.

(*) Parágrafo único acrescido pelo Provimento nº 154, de 1º.7.2013.

Art. 7º. Ocorrendo, por qualquer motivo, vacância na representação dos advogados, nos Conselhos Nacionais de Justiça e do Ministério Público, a Diretoria do Conselho Federal submeterá até 3 (três) nomes ao Conselho Pleno para escolha mediante votação realizada nos termos do art. 3º deste Provimento, comunicando-se, de imediato, a indicação ao Presidente do Senado Federal.

(*) Art. 7º com redação dada pelo Provimento nº 152, de 11.2.2013.

Art. 8º. Proceder-se-á do mesmo modo previsto no art. 7º, na eventualidade de frustrar-se, por qualquer motivo, o procedimento de indicação para provimento dos lugares reservados aos advogados, nos referidos Conselhos, hipótese em que os advogados indicados exercerão as funções *pro tempore*, enquanto não realizada a escolha na forma do art. 3º deste Provimento.

Art. 9º. Este Provimento entra em vigor na data de sua publicação.

Brasília, 10 de setembro de 2006.

Roberto Antonio Busato, Presidente – DJ de 11.10.2006

PROVIMENTO Nº 114, DE 10 DE OUTUBRO DE 2006

Dispõe sobre a Advocacia Pública.

O Conselho Federal da Ordem dos Advogados do Brasil, no uso das atribuições que lhe são conferidas pelos arts. 54, V, e 8º, § 1º, da Lei nº 8.906, de 4 de julho de 1994, tendo em vista o decidido no Processo CON nº 0018/2002/COP, resolve:

Art. 1º. A advocacia pública é exercida por advogado inscrito na OAB, que ocupe cargo ou emprego público ou de direção de órgão jurídico público, em atividade de representação judicial, de consultoria ou de orientação judicial e defesa dos necessitados.

Art. 2º. Exercem atividades de advocacia pública, sujeitos ao presente Provimento e ao regime legal a que estejam submetidos:

I – os membros da Advocacia-Geral da União, da Procuradoria-Geral da Fazenda Nacional, da Procuradoria-Geral Federal, da Consultoria-Geral da União e da Procuradoria-Geral do Banco Central do Brasil;

II – os membros das Defensorias Públicas da União, dos Estados e do Distrito Federal;

III – os membros das Procuradorias e Consultorias Jurídicas dos Estados, do Distrito Federal e dos Municípios, e das respectivas entidades autárquicas e fundacionais;

IV – os membros das Procuradorias e Consultorias Jurídicas junto aos órgãos legislativos federais, estaduais, distrital e municipais;

V – aqueles que sejam estáveis em cargo de advogado, por força do art. 19 do ADCT.

Art. 3º. O advogado público deve ter inscrição principal perante o Conselho Seccional da OAB em cujo território tenha lotação.

Parágrafo único. O advogado público, em caso de transferência funcional ou remoção para território de outra Seccional, fica dispensado do pagamento da inscrição nesta, no ano em curso, desde que já tenha recolhido anuidade na Seccional em que esteja anteriormente inscrito.

Art. 4º. A aprovação em concurso público de provas e de provas e títulos para cargo na advocacia pública não exime a aprovação em exame de ordem, para inscrição em Conselho Seccional da OAB onde tenha domicílio ou deva ser lotado.

Art. 5º. É dever do advogado público a independência técnica, exercendo suas atividades de acordo com suas convicções profissionais e em estrita observância aos princípios constitucionais da administração pública.

Art. 6º. (Revogado).

(*) Art. 6º revogado pelo Provimento nº 115/2007.

Art. 7º. A aposentadoria do advogado público faz cessar o impedimento de que trata o art. 30, I, do EAOAB.

Art. 8º. Este Provimento entra em vigor na data de sua publicação.

Brasília, 10 de outubro de 2006.

Roberto Antonio Busato, Presidente – DJU de 9.11.2006

PROVIMENTO Nº 115, DE 12 DE MARÇO DE 2007

Define as Comissões Permanentes do Conselho Federal da Ordem dos Advogados do Brasil.

O Conselho Federal da Ordem dos Advogados do Brasil, no uso das atribuições que são conferidas pelo art. 54 da Lei nº 8.906, de 4 de julho de 1994, e nos termos do parágrafo único do art. 64 do Regulamento Geral do Estatuto da Advocacia e da OAB, considerando a necessidade de definir as suas Comissões Permanentes e as competências e os efeitos das suas manifestações, bem como a estrutura organizacional respectiva, resolve:

Art. 1º. As Comissões Permanentes do Conselho Federal da Ordem dos Advogados do Brasil, cujos membros serão de livre designação e dispensa pelo Presidente, deverão ser presididas por Conselheiros Federais, efetivos ou suplentes, Membros Honorários Vitalícios do Conselho Federal e agraciados com a Medalha Rui Barbosa, são assim definidas:

I – Comissão Nacional de Acesso à Justiça;

II – Comissão Nacional de Advocacia Pública;

III – Comissão Nacional de Apoio aos Advogados em Início de Carreira;

IV – Comissão Nacional de Defesa da República e da Democracia;

V – Comissão Nacional de Defesa das Prerrogativas e Valorização da Advocacia;

VI – Comissão Nacional de Direito Ambiental;

VII – Comissão Nacional de Direitos Difusos e Coletivos;

VIII – Comissão Nacional de Direitos Humanos;

IX – Comissão Nacional de Direitos Sociais;

X – Comissão Nacional de Ensino Jurídico;

XI – Comissão Nacional de Estudos Constitucionais;

XII – Comissão Nacional de Exame de Ordem;

XIII – Comissão Nacional de Legislação;

XIV – Comissão Nacional de Promoção da Igualdade;

XV – Comissão Nacional de Relações Institucionais;

XVI – Comissão Nacional de Relações Internacionais;

XVII – Comissão Nacional de Sociedades de Advogados;

XVIII – Comissão Nacional da Verdade da Escravidão Negra no Brasil;

(*) Inciso XVIII acrescido pelo Provimento nº 160, de 4.11.2014.

XIX – Comissão Nacional da Mulher Advogada.

(*) Inciso XIX acrescido pelo Provimento nº 163, de 16.3.2015.

Art. 2º. As Comissões serão compostas por até dez membros, incluídos o Presidente, o Vice-Presidente e o Secretário.

Parágrafo único. Os efeitos da designação dos membros das Comissões cessarão automaticamente na data do término do mandato do Presidente que as designou.

Art. 3º. Por decisão da Diretoria do Conselho Federal, as Comissões, visando ao regular desempenho de suas atividades, poderão designar colaboradores e criar coordenações, estas dirigidas por um de seus membros, cujos cargos serão de exercício gratuito.

Art. 4º. A Diretoria do Conselho Federal propiciará às Comissões os meios materiais e funcionais necessários ao desempenho de suas atribuições, na sede da Entidade ou fora dela.

Art. 5º. A edição das regras sobre a estrutura e os procedimentos das Comissões é de competência da Diretoria do Conselho Federal, nos termos do parágrafo único do art. 64 do Regulamento Geral.

Art. 6º. Compete às Comissões:

I – assessorar o Conselho Federal e a Diretoria no encaminhamento das matérias de suas competências;

II – elaborar trabalhos escritos e pareceres, promover pesquisas e eventos que estimulem o estudo, a discussão e a defesa de temas afetos às suas áreas de atuação;

III – mediante autorização da Diretoria do Conselho Federal, cooperar e promover intercâmbio com organizações de objetivos iguais ou assemelhados;

IV – criar e manter atualizado centro de documentação relativo às suas finalidades;

V – orientar os trabalhos das comissões congêneres criadas nos Conselhos Seccionais e Subseções;

VI – expedir instruções normativas, estabelecendo critérios de ordem técnica, nos limites das suas áreas de atuação, *ad referendum* da Diretoria do Conselho Federal.

Art. 7º. Os casos omissos serão resolvidos pela Diretoria do Conselho Federal.

Art. 8º. Este Provimento entra em vigor na data de sua publicação, revogados os Provimentos nsº 76/1992, 78/1995, 79/1995, 82/1996, 85/1996, 87/1997, 90/1999 e 93/2000 e o art. 6º do Provimento nº 114/2006.

(*) Alterações já efetuadas nos Provimentos.

Brasília, 12 de março de 2007.

Cezar Britto, Presidente – DJ de 16.3.2007

PROVIMENTO Nº 116, DE 17 DE ABRIL DE 2007

Cria a Assessoria Jurídica do Conselho Federal da Ordem dos Advogados do Brasil.

O Conselho Federal da Ordem dos Advogados do Brasil, no uso das atribuições que lhe são conferidas pelo art. 54, I, III, V e VI da Lei nº 8.906, de 4 de julho de 1994, tendo em vista o decidido na Proposição 2007.19.00649-01,

Considerando a necessidade de dotar a OAB de mecanismo adicional para aprimorar a assessoria jurídica do Conselho Federal e da sua Diretoria, além de auxiliar, facultativamente, os Conselhos Seccionais, as Subseções e as Caixas de Assistência dos Advogados;

Considerando a necessidade de padronizar procedimentos e entendimentos, adotando a mesma diretriz no acompanhamento dos processos administrativos ou judiciais de interesse da Advocacia e da Instituição, seus órgãos e departamentos, em quaisquer de suas esferas;

Considerando a necessidade de melhor integrar o Conselho Federal aos Conselhos Seccionais, às Subseções e às Caixas de Assistência dos Advogados, orientando-os, aconselhando-os e auxiliando-os, sempre com o intuito de obter a padronização de entendimentos e procedimentos;

Considerando a busca dos resultados esperados, evitando a adoção de entendimentos diversos e que possam, por consequência, causar prejuízos à Instituição, em quaisquer de suas esferas, bem como à Advocacia e à sociedade;

Considerando a necessidade de auxiliar os Conselhos Seccionais, as Subseções e as Caixas de Assistência dos Advogados no acompanhamento dos processos que tramitam nos Tribunais Superiores;

Considerando a necessidade de existência de um órgão independente que possa promover estudos e elaborar propostas, objetivando o aprimoramento organizacional da Instituição, mediante gestão flexível, colaboradora e pró-ativa, a fim de viabilizar o cumprimento de suas finalidades enquanto Entidade representante da classe profissional, resolve:

Art. 1º. Criar a Assessoria Jurídica do Conselho Federal da Ordem dos Advogados do Brasil, vinculada à sua Diretoria.

Art. 2º. Compete à Assessoria Jurídica:

I – as atividades de consultoria e assessoramento jurídicos e a atuação judicial e extrajudicial em favor do Conselho Federal, dos Conselhos Seccionais, das Subseções e das Caixas de Assistência dos Advogados, mediante outorga de procuração específica;

II – a apuração da liquidez e certeza de créditos, de qualquer natureza, inerentes às atividades do Conselho Federal, para fins de cobrança amigável ou judicial;

III – de forma facultativa, orientar e auxiliar os Conselhos Seccionais, as Subseções e as Caixas de Assistência dos Advogados em suas atividades, padronizando entendimentos, sejam administrativos ou judiciais, que digam respeito aos interesses institucionais e da Advocacia, seus direitos e patrimônio.

Parágrafo único. No desempenho das suas atribuições, os advogados que integram a Assessoria Jurídica poderão atuar em qualquer juízo ou tribunal, acompanhando, inclusive, os processos judiciais cujo trâmite se desenvolva nos Tribunais Superiores.

Art. 3º. Poderá a Assessoria Jurídica, por determinação da Diretoria, desde que observada a relevância e a repercussão para a Advocacia, desempenhar outras atividades de interesse do Conselho Federal, da profissão e da sociedade.

Art. 4º. Fica autorizada a criação, no quadro funcional do Conselho Federal, de até cinco cargos de advogado, a serem providos após a conclusão de processo seletivo, de acordo com as normas a serem editadas pela Diretoria.

Art. 5º. Os casos omissos serão resolvidos pela Diretoria do Conselho Federal.

Art. 6º. Este Provimento entrará em vigor na data de sua publicação.

Brasília, 17 de abril de 2007.

Cezar Britto, Presidente – DJ de 11.5.2007

PROVIMENTO Nº 118, DE 7 DE MAIO DE 2007

Dispõe sobre a aplicação da Lei nº 11.441, de 4 de janeiro de 2007, disciplinando as atividades profissionais dos advogados em escrituras públicas de inventários, partilhas, separações e divórcios.

O Conselho Federal da Ordem dos Advogados do Brasil, no uso das atribuições que lhe são conferidas pelo art. 54, V, da Lei nº 8.906/1994, tendo em vista as disposições da Lei nº 11.441, de 4 de janeiro de 2007, e considerando o decidido nos autos da Proposição nº 2007.31.00203-01, resolve:

Art. 1º. Nos termos do disposto na Lei nº 11.441, de 4.1.2007, é indispensável à intervenção de advogado nos casos de inventários, partilhas, separações e divórcios por meio de escritura pública, devendo constar do ato notarial o nome, o número de identidade e a assinatura dos profissionais.

§ 1º. Para viabilizar o exercício profissional, prestando assessoria às partes, o advogado deve estar regulamente inscrito perante a Ordem dos Advogados do Brasil.

§ 2º. Constitui infração disciplinar valer-se de agenciador de causas, mediante participação nos honorários a receber, angariar ou captar causas, com ou sem intervenção de terceiros, e assinar qualquer escrito para fim extrajudicial que não tenha feito, ou em que não tenha colaborado, sendo vedada a atuação de advogado que esteja direta ou indiretamente vinculado ao cartório respectivo, ou a serviço deste, e lícita a advocacia em causa própria.

Art. 2º. Os Conselhos da OAB ou as Subseções poderão, de ofício ou por provocação de qualquer interessado, na forma do disposto no art. 50 da Lei nº 8.906, de 4.7.1994, requisitar cópia de documentos a qualquer tabelionato, com a finalidade de exercer as atividades de fiscalização do cumprimento deste Provimento.

Art. 3º. As Seccionais e Subseções divulgarão a mudança do regime jurídico instituído pela lei citada, sublinhando a necessidade da assistência de advogado para a validade e eficácia do ato, podendo, para tanto, reivindicar as Corregedorias competentes que determinem a afixação, no interior dos Tabelionatos, de cartazes informativos sobre a assessoria que deve ser prestada por profissionais da advocacia, ficando proibida a indicação ou recomendação de nomes e a publicidade específica de advogados nos recintos dos serviços delegados.

Art. 4º. Os Conselhos Seccionais deverão adaptar suas tabelas de honorários, imediatamente, prevendo as atividades extrajudiciais tratadas neste Provimento.

Art. 5º. Os Conselhos Seccionais poderão realizar interlocuções com os Colégios Notariais, a fim de viabilizar, em conjunto, a divulgação do regime jurídico instituído pela lei citada.

Art. 6º. Este Provimento entra em vigor na data de sua publicação.

Brasília, 7 de maio de 2007.

Cezar Britto, Presidente – DJ de 20.6.2007

PROVIMENTO Nº 122, DE 9 DE OUTUBRO DE 2007

Regulamenta o Fundo de Integração e Desenvolvimento Assistencial dos Advogados – FIDA.

O Conselho Federal da Ordem dos Advogados do Brasil, no uso das atribuições que lhe são conferidas pelo art. 54, V, da Lei nº 8.906/1994, tendo em vista o decidido na Proposição 0011/2005/COP,

Considerando a necessidade de uniformizar e dinamizar os procedimentos de gestão das Caixas de Assistência dos Advogados;

Considerando a necessidade de fixação dos pilares de planejamento, transparência, controle e responsabilização, atrelados à eficiência, eficácia e economicidade da gestão das Caixas de Assistência dos Advogados;

Considerando as desigualdades regionais às quais as Caixas de Assistência dos Advogados estão submetidas;

Considerando ser essencial à delimitação das responsabilidades dos administradores dos diversos órgãos que compõem a Ordem dos Advogados do Brasil; resolve:

Art. 1º. Os recursos do Fundo de Integração e Desenvolvimento Assistencial dos Advogados – FIDA, destinados às despesas administrativas do Conselho Gestor, aos investimentos e ao desenvolvimento dos serviços prestados pelas Caixas de Assistência dos Advogados, serão administrados em conta corrente específica, sob a titularidade do Conselho Federal da Ordem dos Advogados do Brasil, e disponibilizados segundo determinações emanadas do seu Conselho Gestor.

§ 1º. O Conselho Gestor é órgão com função fiscalizadora e instrumental, cabendo-lhe, ainda, e somente depois de observadas as diretrizes definidas pelas normas aprovadas para liberação dos recursos do FIDA, dar o encaminhamento legal e operacional a que se destina a sua aplicação.

§ 2º. O Conselho Gestor criará as condições necessárias para orientar as Caixas de Assistência beneficiadas e que tenham seus projetos aprovados para serem financiados com recursos do FIDA, fornecendo todos os subsídios e modelos que atendam aos critérios estabelecidos e facilitando, através de mecanismos já existentes, os instrumentos operacionais para a prestação de contas dos recursos destinados à sua execução e/ou do programa apresentado e aprovado.

§ 3º. O Conselho Gestor, cujo mandato será coincidente com os mandatos das Caixas de Assistências, será composto pelos seguintes membros:

(*) § 3º, *caput*, com redação dada pelo Provimento nº 151, de 11.2.2012.

I – o Diretor-Tesoureiro do Conselho Federal;

(*) Inciso I acrescido pelo Provimento nº 151, de 11.2.2012.

II – 4 (quatro) Conselheiros Federais da OAB, designados pela Diretoria do Conselho Federal;

(*) Inciso II acrescido pelo Provimento nº 151, de 11.2.2012.

III – 3 (três) Presidentes de Seccionais, designados pela Diretoria do Conselho Federal;

(*) Inciso III acrescido pelo Provimento nº 151, de 11.2.2012.

IV – 5 (cinco) Presidentes de Caixas de Assistências, um de cada região do País, que integram a Coordenação Nacional das Caixas de Assistência dos Advogados – CONCAD, designados pela Diretoria do Conselho Federal.

(*) Inciso IV acrescido pelo Provimento nº 151, de 11.2.2012.

V – 6 (seis) suplentes, designados pela Diretoria do Conselho Federal, sendo 2 (dois)

Presidentes Seccionais, 2 (dois) Presidentes de Caixa de Assistência e 2 (dois) Conselheiros Federais, a serem convocados pelo Presidente do Conselho Gestor.

(*) Inciso V acrescido pelo Provimento nº 155, de 5.8.2013.

§ 4º. O Conselho Gestor será presidido por um de seus membros, designado pela Diretoria do Conselho Federal.

(*) § 4º com redação dada pelo Provimento nº 151, de 11.2.2012.

Art. 2º. Os recursos do FIDA serão aplicados segundo a destinação prevista no art. 1º e para o fomento de objetivos afins, de acordo com decisão do Conselho Gestor e observados os seguintes critérios:

I – até 35% (trinta e cinco por cento) dos recursos para empréstimos, capitalização do FIDA e auxílios financeiros para construção de sede de Seccionais para uso conjunto de Caixa de Assistência, por solicitação desta, com projeto arquitetônico previamente aprovado;

(*) Inciso I com redação dada pelo Provimento nº 145, de 19.9.2011.

II – até 5% (cinco por cento) para despesas administrativas do Conselho Gestor, estrutura administrativa de controle e gestão do FIDA, programas de desenvolvimento gerencial e controle interno das Caixas de Assistência, sob a coordenação da CONCAD, e custeamento de despesas de reuniões operacionais desta.

(*) Inciso II com redação dada pelo Provimento nº 145, de 19.9.2011.

III – até 60% (sessenta por cento) para investimentos nas Caixas de Assistência, observando-se, o rateio deste fundo de forma equitativa entre as Caixas Assistência;

(*) Inciso III com redação dada pelo Provimento nº 140, de 17.8.2010.

a) (revogada);

(*) Alínea "a" revogada pelo Provimento nº 140, de 17.8.2010.

b) (revogada);

(*) Alínea "b" revogada pelo Provimento nº 140, de 17.8.2010.

c) (revogada).

(*) Alínea "c" revogada pelo Provimento nº 140, de 17.8.2010.

§ 1º. (Revogado).

(*) § 1º revogado pelo Provimento nº 140, de 17.8.2010.

§ 2º. Fica estabelecida a carência mínima de 6 (seis) meses para a capitalização do FIDA.

§ 3º. O Conselho Gestor encaminhará prestação de contas, anualmente, à Diretoria do Conselho Federal, até o último dia do mês de fevereiro do exercício seguinte, que a submeterá à análise da Terceira Câmara, para aprovação.

Art. 3º. A solicitação da Caixa de Assistência, para obtenção de recursos do FIDA, será apresentada ao Conselho Gestor, acompanhada dos seguintes documentos:

I – apresentação de projeto, de acordo com modelo definido pelo Conselho Gestor, que deverá conter justificativa de utilização para sua execução e efetividade, critérios para aquisição e utilização de bens, equipamentos e/ou outros recursos humanos ou de qualquer natureza, e plano de ação, sendo que a concretização deverá estar destinada potencialmente à universalidade dos advogados inscritos na Seccional;

II – Balanço Patrimonial, Demonstração do Resultado do último exercício encerrado e Balancete Analítico até o mês anterior ao pleito, se este ocorrer após o mês de fevereiro, atendendo as formalidades legais.

§ 1º. Os recursos serão liberados de forma parcelada e mediante justificativa e prestação de contas parcial, podendo, excepcionalmente, ser liberados integralmente, a depender da urgência para a execução do projeto, estando a liberação condicionada à apresentação de estudo prévio, com diagnóstico da necessidade de ação emergencial e que venha a favorecer os advogados, de acordo com a função social da Caixa de Assistência.

§ 2º. O acesso ao FIDA ficará condicionado à adimplência da Caixa de Assistência com a CONCAD.

§ 3º. A Caixa de Assistência dos Advogados que apresentar projetos na forma do inciso III do art. 2º deste Provimento terá direito a uma concessão por exercício financeiro da diretoria que for responsável pela sua elaboração ou pelo pedido, mediante distribuição igualitária de recursos entre as Caixas.

(*) § 3º com redação dada pelo Provimento nº 140, de 17.8.2010.

§ 4º. Nova solicitação, para utilização no mandato seguinte, ficará condicionada à prestação de contas do projeto anterior, que deverá ser integralmente aprovado, sob pena de ser responsabilizada a gestão que deu causa a má utilização dos recursos liberados.

Art. 4º. O Conselho Gestor poderá, a seu critério, conceder empréstimo às Caixas de Assistência e ao Conselho Federal, mediante solicitação, com garantia de retorno certo, até o encerramento do mandato correspondente, vinculando seu adimplemento, caso necessário, aos recursos oriundos do compartilhamento de receitas e com a necessária atualização monetária dos valores disponibilizados, pelo índice de atualização da caderneta de poupança, com base no primeiro dia útil do mês em que ocorrer a amortização, ou outro que vier a substituí-lo.

(*) Art. 4º, *caput*, com redação dada pelo Provimento nº 145, de 19.9.2011.

Parágrafo único. Na hipótese de deflação, da qual decorra índice negativo de atualização da caderneta de poupança, o percentual será igual a 0% (zero por cento).

(*) Parágrafo único com redação dada pelo Provimento nº 145, de 19.9.2011.

Art. 5º. O Conselho Gestor poderá, a seu critério, conceder auxílio financeiro para investimentos em Seccionais e Subseções jurisdicionadas, mediante solicitação conjunta da respectiva Caixa de Assistência, e para projetos previamente aprovados pela Diretoria do Conselho Federal, limitados aos recursos existentes e disponibilizados nos termos do inciso I do art. 2º, observando-se, ainda, os seguintes parâmetros:

(*) Art. 5º, *caput*, acrescido pelo Provimento nº 145, de 19.9.2011.

a) a regularidade da situação da Seccional beneficiada quanto ao cumprimento do disposto no § 5º do art. 61 do Regulamento Geral e na Resolução nº 001/2011, da Diretoria do Conselho Federal, e a sua adimplência junto ao FIDA e à Caixa de Assistência e desta junto à CONCAD;

(*) Alínea "a" acrescida pelo Provimento nº 145, de 19.9.2011.

b) a anuência da Seccional beneficiada quanto aos requisitos apontados pela Diretoria do Conselho Federal, no tocante às dimensões e aos custos dos projetos aprovados, nos quais, necessariamente, serão observados, entre outros itens, a quantidade de advogados inscritos, o padrão da construção, a existência de projetos técnicos devidamente aprovados e a qualidade do material de acabamento, devendo prevalecer os princípios da economia e da economicidade.

(*) Alínea "b" acrescida pelo Provimento nº 145, de 19.9.2011.

Art. 6º. Ao considerar qualquer decisão do Colegiado contrária à finalidade do FIDA, o Presidente do Conselho Gestor poderá suspender a sua execução, mediante despacho circunstanciado, com o encaminhamento da matéria à Diretoria do Conselho Federal, para apreciação na sua primeira reunião subsequente.

(*) Art. 6º, primitivo art. 5º, renumerado pelo Provimento nº 145, de 19.9.2011.

Art. 7º. Este Provimento entra em vigor em 1º de janeiro de 2008, revogadas as disposições em contrário.

(*) Art. 7º, primitivo art. 6º, renumerado pelo Provimento nº 145, de 19.9.2011.

Brasília, 9 de outubro de 2007.

Cezar Britto, Presidente – DJ de 24.10.2007

PROVIMENTO Nº 123, DE 6 DE NOVEMBRO DE 2007

Cria a Ouvidoria-Geral do Conselho Federal da Ordem dos Advogados do Brasil.

O Conselho Federal da Ordem dos Advogados do Brasil, no uso das atribuições que lhe são conferidas pelo art. 54, I, III, V e VI, da Lei nº 8.906, de 4 de julho de 1994, resolve:

Art. 1º. Fica criada a Ouvidoria-Geral do Conselho Federal da Ordem dos Advogados do Brasil, cujos serviços estarão à disposição dos advogados, dos estagiários e dos estudantes de Direito, bem como de todos e quaisquer interessados.

Art. 2º. A Ouvidoria-Geral tem como finalidade ampliar os canais de participação dos advogados, dos estagiários e dos estudantes de Direito, bem como de todos e quaisquer interessados, e, em defesa de seus direitos e interesses, melhorar a qualidade dos trabalhos do Conselho Federal e, em regime de cooperação, dos Conselhos Seccionais e Subseções da OAB, bem como dos órgãos e departamentos integrantes das suas estruturas organizacionais, em quaisquer de suas esferas, visando a colaborar para o aperfeiçoamento, a transparência e a eficácia das atividades, assistência, defesa e prestação de serviços oferecidos aos seus inscritos e à comunidade em geral.

Parágrafo único. A Ouvidoria-Geral gozará de independência no desempenho de suas atribuições.

Art. 3º. Competirá à Ouvidoria-Geral auxiliar os interessados no esclarecimento das questões envolvendo seus inscritos, determinando o encaminhamento das suas representações e manifestações aos diversos órgãos do Conselho Federal, dos Conselhos Seccionais e das Subseções da OAB.

Art. 4º. O Ouvidor-Geral não terá poder coercitivo ou de reformulação de decisões proferidas pelos órgãos da OAB, sendo sua a atuação de persuasão e recomendação.

Art. 5º. O Ouvidor-Geral será designado pelo Presidente do Conselho Federal, entre advogados de reputação ilibada, com mais de 10 (dez) anos de exercício profissional, com preferência para os Conselheiros Federais, e deterá mandato coincidente com o da gestão em que for escolhido.

§ 1º. O Ouvidor-Geral somente poderá ser exonerado por decisão da maioria do Conselho Pleno do Conselho Federal, mediante iniciativa do Presidente.

§ 2º. Poderá a Diretoria do Conselho Federal, mediante solicitação do Ouvidor-Geral, designar até 4 (quatro) advogados para integrar o órgão, os quais serão denominados Ouvidores-Adjuntos, observados os requisitos exigidos no *caput*.

Art. 6º. A Ouvidoria-Geral funcionará na sede do Conselho Federal, cabendo à Diretoria proporcionar as instalações e condições para o seu pleno funcionamento.

Art. 7º. São atribuições da Ouvidoria-Geral:

I – receber dos advogados, estagiários e estudantes de Direito, bem como de todos e quaisquer interessados, sugestões, críticas, reclamações, opiniões e denúncias sobre os serviços e atividades dos órgãos do Conselho Federal, dos Conselhos Seccionais e Subseções da OAB e sobre as atividades profissionais de relevância social, nas quais a Instituição deva atuar em cumprimento às suas finalidades estatutárias;

II – interagir com os setores responsáveis, buscando a solução das questões expostas e acompanhando o desenvolvimento das providências, soluções e alternativas propostas e adotadas para garantir aos interessados as informações e as respostas adequadas;

III – prestar esclarecimentos aos interessados e encaminhar sugestões aos órgãos pertinentes, para a solução das questões e, se for o caso, solicitar ao Conselho Federal, aos Conselhos Seccionais e às Subseções da OAB a instauração dos procedimentos administrativos próprios para a apuração dos fatos;

IV – zelar pela manutenção de caráter de discrição e fidedignidade com relação às questões que lhe são submetidas;

V – divulgar, anualmente, os avanços e objetivos alcançados pelo órgão, diante do exercício de suas atribuições, em relatório próprio, encaminhado à Diretoria do Conselho Federal.

Art. 8º. Constituem prerrogativas da Ouvidoria-Geral:

I – solicitar informações e cópias de documentos a todos os órgãos, prestadores de serviços e membros da OAB, ressalvadas as questões envolvendo sigilo nos processos relativos à ética profissional;

II – reportar-se à Diretoria e ao Conselho Federal, por escrito ou verbalmente, em audiência previamente solicitada, para expor críticas, sugestões, opiniões ou reclamações recebidas dos advogados, dos estagiários e dos estudantes de Direito, bem como de todos e quaisquer interessados.

Art. 9º. O contato dos interessados com a Ouvidoria-Geral poderá ser feito pessoalmente ou por intermédio de telefones disponibilizados, correspondência, mensagem eletrônica e *fax*.

Parágrafo único. As representações e manifestações destinadas a autuação deverão, obrigatoriamente, ser identificadas com os seguintes dados:

I – qualificação do interessado;

II – endereço completo;

III – informações sobre o fato e sua autoria;

IV – indicação das provas de que tenha conhecimento, se for o caso;

V – data e assinatura do manifestante, exceto na hipótese da mensagem eletrônica, valendo, neste caso, a identificação do seu endereço eletrônico pessoal.

Art. 10. O mandato do Ouvidor-Geral da gestão em curso encerrar-se-á no dia 31 de janeiro de 2010.

Art. 11. Os casos omissos serão resolvidos pela Diretoria do Conselho Federal.

Art. 12. Este Provimento entra em vigor na data de sua publicação, revogadas as disposições em contrário.

Brasília, 6 de novembro de 2007.

Cezar Britto, Presidente – DJ de 13.11.2007

PROVIMENTO Nº 127, DE 7 DE DEZEMBRO DE 2008

Dispõe sobre a participação da OAB no cumprimento da decisão judicial que determinar a quebra da inviolabilidade de que trata a Lei nº 11.767, de 2008.

O Conselho Federal da Ordem dos Advogados do Brasil, no uso das atribuições que lhe são conferidas no art. 54, inciso V, da Lei nº 8.906/1994, tendo em vista o decidido na Proposição nº 2008.19.07251-01/COP, resolve:

Art. 1º. A participação de representante da OAB, no cumprimento da decisão judicial que determinar a busca e apreensão de que trata a Lei nº 11.767, de 2008, obedecerá às normas estabelecidas neste Provimento.

Art. 2º. A designação do representante da OAB é competência da Presidência da Seccional onde se localiza o local de trabalho do advogado sujeito da decisão judicial.

§ 1º. Quando a decisão judicial abranger o território de mais de uma Seccional, cada uma delas será competente para o acompanhamento da execução da medida na sua respectiva jurisdição.

§ 2º. A Presidência da Seccional poderá designar advogado para exercer essa missão.

Art. 3º. O representante da OAB deverá adotar as seguintes providências, dentre outras que acautelem as prerrogativas dos advogados:

I – verificar a presença dos requisitos legais extrínsecos concernentes à ordem judicial para a quebra da inviolabilidade;

II – constatar se o mandado judicial contém ordem específica e pormenorizada;

III – velar para que o mandado judicial seja cumprido nos estritos limites em que foi deferido;

IV – diligenciar para que não sejam alvos de busca e apreensão documentos, arquivos, mídias e objetos pertencentes a clientes do advogado averiguado, bem como os demais instrumentos de trabalho que contenham informações sobre clientes, excetuando a hipótese de indiciamento formal de seu cliente como coautor do mesmo fato criminoso objeto da investigação;

V – acompanhar pessoalmente as diligências realizadas;

VI – comunicar à Seccional da OAB qualquer irregularidade verificada no cumprimento do mandado;

VII – apresentar relatório circunstanciado, respeitado o sigilo devido, à Seccional, para eventual adoção das providências que se fizerem necessárias;

§ 1º. O relatório circunstanciado dirigido pelo representante da OAB à Seccional deverá ser encaminhado à ciência do advogado e/ou da sociedade de advogados sujeitos à quebra de inviolabilidade.

§ 2º. O Conselho Federal da OAB será comunicado, recebendo fotocópia do relatório, no caso de quebra de inviolabilidade que possua repercussão nacional.

Art. 4º. Verificada a ausência dos requisitos referidos no art. 3º, o representante da OAB formalizará seu protesto, continuando ou não, conforme as circunstâncias, a participar da diligência.

Parágrafo único. A recusa poderá ser manifestada verbalmente aos encarregados da diligência, devendo ser formalizada, por escrito, à autoridade judiciária que decretou a busca e apreensão.

Art. 5º. Verificada a quebra da inviolabilidade da correspondência escrita, eletrônica, telefônica e telemática relativas ao exercício da advocacia, com ou sem ordem judicial, deverá a Seccional da área de jurisdição da autoridade infratora adotar as medidas cabíveis para a responsabilização penal e administrativa.

§ 1º. Igual medida deverá ser adotada pela Seccional, no caso de busca e apreensão determinada ou executada sem a observância dos limites legais.

§ 2º. A competência para a adoção das medidas previstas no *caput* será do Conselho Federal quando a ilegalidade decorrer de ato de autoridade com competência nacional ou em mais de um Estado da federação.

Art. 6º. Este Provimento entra em vigor na data de sua publicação.

Brasília, 7 de dezembro de 2008.

Cezar Britto, Presidente – DJ de 12.2.2009

PROVIMENTO Nº 128, DE 8 DE DEZEMBRO DE 2008

Estabelece parâmetros de atuação do Conselho Federal da OAB para manifestação em recursos especiais repetitivos (art. 543-C do CPC).

(*) Correspondente ao art. 1.036 do CPC/2015.

O Conselho Federal da Ordem dos Advogados do Brasil, no uso das atribuições que lhe são conferidas no art. 54, inciso V, da Lei nº 8.906/1994, tendo em vista o decidido na Proposição nº 2008.18.05644-01/COP, resolve:

Art. 1º. O Conselho Federal da Ordem dos Advogados do Brasil, quando instado pelo Superior Tribunal de Justiça a se manifestar sobre recursos especiais nos quais tenha havido identificação do seu caráter repetitivo, nos termos do art. 543-C do Código de Processo Civil, o fará obedecendo aos critérios estabelecidos neste Provimento.

§ 1º. Os mesmos critérios deverão ser observados para intervenção voluntária, sempre que for identificada a aplicação da regra do art. 543-C do Código de Processo Civil.

§ 2º. Não se configurando as hipóteses previstas neste Provimento, o fato deverá ser comunicado ao Superior Tribunal de Justiça.

Art. 2º. Caberá intervenção da OAB nos seguintes casos:

I – quando o acórdão recorrido versar sobre a dignidade, independência, prerrogativas e valorização da advocacia ou sobre interesses coletivos ou individuais dos advogados (art. 54, II e III, da Lei nº 8.906/1994);

II – quando o acórdão recorrido versar sobre matéria de competência legal da Ordem dos Advogados do Brasil, em especial:

a) defesa da Constituição, da ordem jurídica do Estado Democrático de Direito, dos direitos humanos, da justiça social, da boa aplicação das leis, da rápida administração da justiça e do aperfeiçoamento da cultura e das instituições jurídicas (art. 44, I, da Lei nº 8.906/1994);

b) representação, defesa, seleção e disciplina dos advogados em toda a República Federativa do Brasil (art. 44, II, da Lei nº 8.906/1994).

Art. 3º. Compete à Diretoria identificar a presença, em cada caso, dos critérios estabelecidos no art. 2º deste Provimento, bem como a linha de atuação, de modo a viabilizar a manifestação do Conselho Federal.

Art. 4º. Este Provimento entra em vigor na data de sua publicação.

Brasília, 8 de dezembro de 2008.

Cezar Britto, Presidente – DJ de 12.2.2009

PROVIMENTO Nº 129, DE 8 DE DEZEMBRO DE 2008

Regulamenta a inscrição de advogados de nacionalidade portuguesa na Ordem dos Advogados do Brasil.

O Conselho Federal da Ordem dos Advogados do Brasil, no uso das atribuições que lhe são conferidas pelo art. 54, V, da Lei nº 8.906, de 4 de julho de 1994, e tendo em vista o decidido na Proposição nº 2008.18.0690501, resolve:

Art. 1º. O advogado de nacionalidade portuguesa, em situação regular na Ordem dos Advogados Portugueses, pode inscrever-se no quadro da Ordem dos Advogados do Brasil, observados os requisitos do art. 8º da Lei nº 8.906, de 1994, com a dispensa das exigências previstas no inciso IV e no § 2º, e do art. 20 do Regulamento Geral do Estatuto da Advocacia e da OAB.

Art. 2º. O disposto no o art. 1º não exclui a possibilidade do exercício da atividade do advogado português na qualidade de consultor em direito estrangeiro no Brasil, cumpridas as exigências do Provimento nº 91/2000-CFOAB.

Art. 3º. O Conselho Federal da Ordem dos Advogados do Brasil fiscalizará no sentido de que o princípio de reciprocidade de tratamento seja observado pela Ordem dos Advogados Portugueses, restando autorizada a Diretoria a suprimir ou acrescer exigências para seu atendimento, *ad referendum* do Conselho Pleno.

Art. 4º. A inscrição prevista neste Provimento deve ser feita no Conselho Seccional em cujo território pretende o advogado português estabelecer o seu domicílio profissional, na forma do Estatuto da Advocacia e da OAB e do seu Regulamento Geral.

Art. 5º. Sem prejuízo do cumprimento de diligências que venham a ser consideradas necessárias, em observância à reciprocidade de tratamento prevista no art. 3º, o requerimento de inscrição será preenchido com a observação do formulário próprio disponibilizado pelo Conselho Seccional, bem como a apresentação dos seguintes documentos:

I – Fotocópia do processo completo da inscrição principal como advogado na Ordem dos Advogados Portugueses;

II – Certidão emitida pela Ordem dos Advogados Portugueses comprovativa da inscrição em vigor, da situação contributiva e do registro disciplinar do requerente;

III – Fotocópia de diploma em Direito, emitido por instituição de ensino oficialmente credenciada em Portugal, acompanhada do histórico escolar;

IV – Fotocópia do inteiro teor da certidão de nascimento;

V – Certidão de antecedentes criminais emitida em Portugal e, também, no Brasil, se o requerente residir no território brasileiro;

VI – Prova de residência, na hipótese do requerente residir no território brasileiro, e, se residir no exterior, indicação e comprovação de domicílio profissional no Brasil, para onde lhe serão dirigidas as correspondências endereçadas pela OAB;

VII – Fotocópia do passaporte;

VIII – Fotocópia do Cartão de Inscrição no Cadastro de Pessoas Físicas brasileiro;

IX – Autorização do requerente para o tratamento dos seus dados pessoais e profissionais;

X – Declaração, datada e assinada pelo requerente, de não estar em situação de impedimento ou incompatibilidade com o exercício da advocacia no Brasil e em Portugal;

XI – Fotocópia da carteira ou do cartão de identidade de advogado português;

XII – Fotocópia do contrato de trabalho, de associação ou similar ou, ainda, fotocópia do comprovante da nomeação, caso o requerente declare que esteja empregado, associado ou tenha sido nomeado para cargo público no Brasil;

XIII – Fotocópia do documento comprobatório dos requisitos necessários à inscrição dos advogados brasileiros na Ordem dos Advogados Portugueses.

Parágrafo único. Todos os documentos emitidos em Portugal devem ser apresentados em sua via original ou em fotocópia autenticada, devendo ter a firma reconhecida e a legalização feita pelo Consulado do Brasil em Portugal.

Art. 6º. O requerente à inscrição no quadro de advogados prestará o seguinte compromisso perante o Conselho Seccional:

Prometo exercer a advocacia com dignidade e independência, observar a ética, os deveres e prerrogativas profissionais e defender a Constituição, a ordem jurídica do Estado Democrático, os direitos humanos, a justiça social, a boa aplicação das leis, a rápida administração da justiça e o aperfeiçoamento da cultura e das instituições jurídicas.

Art. 7º. O advogado português inscrito na Ordem dos Advogados do Brasil, nos termos do presente Provimento, sujeita-se à disciplina do Estatuto da Advocacia e da OAB, do seu Regulamento Geral, dos Provimentos e Resoluções e do Código de Ética e Disciplina, bem como das demais normas legais aplicáveis.

Art. 8º. A Ordem dos Advogados do Brasil manterá cadastro de advogados portugueses inscritos como advogados no território brasileiro e informará a Ordem dos Advogados Portugueses acerca das novas inscrições, bem como sobre a sua regularidade.

Art. 9º. O presente Provimento não se aplica às sociedades de advogados.

Art. 10. Este Provimento entra em vigor na data de sua publicação, revogados o Provimento nº 37/1969-CFOAB e as demais disposições em contrário.

Brasília, 8 de dezembro de 2008.

Cezar Britto, Presidente – DJ de 12.3.2009

PROVIMENTO Nº 132, DE 18 DE AGOSTO DE 2009

Cria o Cadastro Nacional de Subseções da Ordem dos Advogados do Brasil e dá outras providências.

O Conselho Federal da Ordem dos Advogados do Brasil, no uso das atribuições que lhe são conferidas no inciso V do art. 54 da Lei nº 8.906/1994, tendo em vista o decidido na Proposição nº 2009.19.04588-01, resolve:

Art. 1º. É criado o Cadastro Nacional de Subseções da Ordem dos Advogados do Brasil, vinculado ao Cadastro Nacional dos Advogados, a ser regulamentado por ato da Diretoria do Conselho Federal, que identificará as Subseções por número de advogados e serviços prestados, para efeito de classificação, organização e destinação das receitas e balizamento dos limites de sua competência e a respectiva área de abrangência.

Art. 2º. É obrigatória a inscrição das Subseções no Cadastro Nacional de Pessoas Jurídicas, na modalidade de filial, vinculada à inscrição das Seccionais.

Art. 3º. As Subseções prestarão contas, mensalmente, aos Conselhos Seccionais das receitas por elas auferidas, diretamente ou mediante transferência, e das despesas realizadas, devidamente acompanhadas dos documentos contábeis que as justifiquem, sob pena de se submeterem à suspensão da remessa dos repasses a que tiverem direito.

Art. 4º. Cabe exclusivamente aos Conselhos Seccionais, respeitada a legislação pertinente, pela maioria absoluta de seus membros, autorizar a criação ou determinar a extinção de Subseções.

Parágrafo único. Na hipótese de extinção, somente será possível a análise de restabelecimento da Subseção na gestão seguinte.

Art. 5º. O patrimônio das Subseções pertence ao Conselho Seccional, sendo que eventuais doações de móveis ou imóveis às mesmas deverá ser formalizado em nome deste.

Art. 6º. A administração das salas de advogados nas Subseções será supervisionada pelo Conselho Seccional a que estiverem vinculadas.

Art. 7º. A responsabilidade do cumprimento das normas aqui estabelecidas caberá à Diretoria da Subseção.

Art. 8º. As Subseções em funcionamento na data do início da vigência do presente Provimento terão o prazo de um ano para ajustarem-se às regras previstas nos arts. 2º e 5º.

Art. 9º. Este Provimento entra em vigor na data da sua publicação, revogadas as disposições em contrário.

Brasília, 18 de agosto de 2009.

Cezar Britto, Presidente – DJ de 21.8.2009

PROVIMENTO Nº 133, DE 18 DE OUTUBRO DE 2009

Regulamenta o funcionamento do Conselho Auditor Federal da OABPrev nos Fundos de Pensão Multipatrocinados dos Conselhos Seccionais da Ordem dos Advogados do Brasil.

O Conselho Federal da Ordem dos Advogados do Brasil, no uso das atribuições que lhe são conferidas pelo art. 54, I, III, V e VI da Lei nº 8.906, de 4 de julho de 1994, tendo em vista o decidido na Proposição nº 2009.18.05697-01, resolve:

Art. 1º. Compete ao Conselho Auditor Federal da OABPrev estabelecer, em caráter vinculante, políticas e diretrizes de uniformização para o uso da marca "OABPrev" e o fomento da previdência complementar no âmbito do Sistema OAB, objetivando a sua unificação.

Art. 2º. Uma vez comprovada má-gestão ou apurado uso indevido da marca por parte da entidade vinculada ao OABPrev, o descredenciamento dessa será proposto pelo Conselho Auditor à Diretoria do Conselho Federal.

Parágrafo único. Acolhida a proposta, a Diretoria a submeterá à deliberação do Conselho Federal, que poderá determinar ao Conselho Seccional competente a adoção das medidas cabíveis ou determinar que renuncie à condição de instituidor da entidade infratora.

Art. 3º. A competência e a composição do Conselho Auditor Federal da OABPrev serão definidas por ato da Diretoria do Conselho Federal, que disciplinará sua atuação.

Art. 4º. Os Fundos de Pensão Multipatrocinados deverão adaptar seus estatutos, deles excluindo a função de fiscalização e assessoramento do Conselho Auditor Federal, no prazo de 90 (noventa) dias, a contar da publicação do ato da Diretoria do Conselho Federal.

Art. 5º. Os casos omissos serão resolvidos pela Diretoria do Conselho Federal.

Art. 6º. Este Provimento entra em vigor na data de sua publicação, revogadas as disposições em contrário.

Brasília/DF, 18 de outubro de 2009.

Cezar Britto, Presidente – DJ de 21.10.2009

PROVIMENTO Nº 134, DE 18 DE OUTUBRO DE 2009

Dispõe sobre a Corregedoria-Geral do Processo Disciplinar e cria a função do Corregedor-Geral da OAB.

O Conselho Federal da Ordem dos Advogados do Brasil, no uso das atribuições que lhe são conferidas pelo art. 54, V, da Lei nº 8.906/1994, tendo em vista o decidido na Proposição nº 2009.19.07024-02, resolve:

Art. 1º. A Corregedoria do Processo Disciplinar, de que trata o art. 89, VII, do Regulamento Geral do Estatuto da Advocacia e da OAB, ficará sob a direção do Secretário-Geral Adjunto, na qualidade de Corregedor-Geral da Ordem dos Advogados do Brasil – OAB.

Art. 2º. Compete à Corregedoria-Geral da OAB, sob a direção do Corregedor-Geral:

I – orientar e fiscalizar a tramitação dos processos disciplinares de competência da OAB;

II – propor ao Plenário da Segunda Câmara a expedição de resoluções regulamentares que tenham por objeto orientar a tramitação dos processos disciplinares de competência da OAB;

III – requisitar informações aos Conselhos Seccionais e às Subseções, bem como aos Tribunais de Ética e Disciplina acerca da tramitação dos processos disciplinares;

IV – realizar correições que visem a orientar a tramitação dos processos disciplinares;

V – informar à Segunda Câmara e aos Presidentes dos Conselhos Seccionais, das Subseções e dos Tribunais de Ética e Disciplina sobre as conclusões das correições, no que lhes disser respeito.

VI – delegar atribuições aos Conselheiros integrantes da Segunda Câmara, eleitos na forma do art. 89, VII, do Regulamento Geral do Estatuto da Advocacia e da OAB.

Art. 3º. Os Conselhos Seccionais da Ordem dos Advogados do Brasil criarão, no seu âmbito, respeitado o disposto neste Provimento, as Corregedorias-Gerais, definindo-lhes a competência.

Art. 4º. Este Provimento entra em vigor na data de sua publicação.

Brasília, 18 de outubro de 2009.

Cezar Britto, Presidente – DJ de 3.11.2009

PROVIMENTO Nº 138, DE 6 DE DEZEMBRO DE 2009

Define como utilização de influência indevida a atuação em processos de competência da OAB, na hipótese que menciona.

O Conselho Federal da Ordem dos Advogados do Brasil, no uso das atribuições que lhe são conferidas pelo art. 54, V, da Lei nº 8.906, de 4 de julho de 1994 – Estatuto da Advocacia e da OAB, tendo em vista o decidido na Proposição nº 17/2003-COP, resolve:

Art. 1º. Constitui utilização de influência indevida, vedada pelo Código de Ética e Disciplina (art. 2º, VIII, "a"), a atuação de Diretores, Membros Honorários Vitalícios ou Conselheiros da Ordem dos Advogados do Brasil, bem como de dirigentes de Caixas de Assistência e Membros de Tribunais de Ética e Disciplina, perante qualquer órgão da OAB, na defesa de partes interessadas nos processos de sua competência ou no oferecimento de pareceres em seu favor.

Parágrafo único. Não se acha compreendida na hipótese de que trata este artigo a atuação em causa própria.

Art. 2º. A vedação de que trata este Provimento não se aplica às situações ocorridas antes de sua edição.

Art. 3º. Este Provimento entra em vigor na data de sua publicação, revogadas as disposições em contrário.

Brasília, 6 de dezembro de 2009.

Cezar Britto, Presidente – DJ de 17.12.2009

PROVIMENTO Nº 139, DE 18 DE MAIO DE 2010

Altera dispositivos do Provimento nº 102/2004, que "Dispõe sobre a indicação, em lista sêxtupla, de advogados que devam integrar os Tribunais Judiciários e Administrativos".

O Conselho Federal da Ordem dos Advogados do Brasil, no uso das atribuições que lhe são conferidas pelo art. 54, V, da Lei nº 8.906/1994, tendo em vista o decidido nos autos da Proposição nº 2009.19.04393-01, resolve:

Art. 1º. O Provimento nº 102/2004, que "Dispõe sobre a indicação, em lista sêxtupla, de advogados que devam integrar os Tribunais Judiciários e Administrativos", alterada a redação original dos arts. 1º, 2º, 3º, 5º, 6º, 8º, 9º, 10 e 11, passa a vigorar com o seguinte teor:

(*) Alterações já efetuadas no corpo do Provimento.

Art. 2º. As alterações efetuadas no Provimento nº 102/2004 aplicam-se aos procedimentos de escolha de lista sêxtupla cujos editais forem publicados após a entrada em vigor deste Provimento.

Art. 3º. Este Provimento entra em vigor na data da sua publicação, revogadas as disposições em contrário.

Brasília, 18 de maio de 2010.

Ophir Cavalcante Junior, Presidente – DJ de 21.5.2010

PROVIMENTO Nº 142, DE 11 DE ABRIL DE 2011

Estabelece vedação para que qualquer órgão da OAB promova, patrocine ou ofereça cursos de preparação para o Exame de Ordem.

O Conselho Federal da Ordem dos Advogados do Brasil, no uso das atribuições que lhe são conferidas pelo art. 54, V, da Lei nº 8.906/1994, tendo em vista o decidido na Proposição nº 2008.18.03581-01, resolve:

Art. 1º. É vedado a qualquer órgão da OAB promover, patrocinar ou oferecer cursos preparatórios para as provas do Exame de Ordem, bem como ceder espaços para sua realização ou prestar-lhes colaboração.

Art. 2º. O advogado que seja proprietário ou sócio de curso preparatório para o Exame de Ordem ou nele lecione fica impedido de exercer cargo ou atribuição na Comissão Nacional de Exame de Ordem – CNEO, bem como nas Comissões de Estágio e Exame de Ordem das Seccionais e, ainda, nas Bancas Examinadoras ou Revisoras do referido Exame.

Art. 3º. Compete ao Conselho Federal, à Escola Nacional da Advocacia e às Seccionais fiscalizar o efetivo cumprimento da vedação estabelecida neste Provimento.

Art. 4º. Este Provimento entre em vigor na data de sua publicação.

Brasília, 11 de abril de 2011.

Ophir Cavalcante Junior, Presidente – DOU de 17.5.2011

PROVIMENTO Nº 144, DE 13 DE JUNHO DE 2011

Dispõe sobre o Exame de Ordem.

O Conselho Federal da Ordem dos Advogados do Brasil, no uso das atribuições que lhe são conferidas pelos arts. 8º, § 1º, e 54, V, da Lei nº 8.906, de 4 de julho de 1994 – Estatuto da Advocacia e da OAB, tendo em vista o decidido nos autos da Proposição nº 2011.19.02371-02, resolve:

Capítulo I – Do Exame de Ordem

Art. 1º. O Exame de Ordem é preparado e realizado pelo Conselho Federal da Ordem dos Advogados do Brasil – CFOAB, mediante delegação dos Conselhos Seccionais.

§ 1º. A preparação e a realização do Exame de Ordem poderão ser total ou parcialmente terceirizadas, ficando a cargo do CFOAB sua coordenação e fiscalização.

§ 2º. Serão realizados 3 (três) Exames de Ordem por ano.

Capítulo II – Da Coordenação Nacional de Exame De Ordem

Art. 2º. É criada a Coordenação Nacional de Exame de Ordem, competindo-lhe organizar o Exame de Ordem, elaborar-lhe o edital e zelar por sua boa aplicação, acompanhando e supervisionando todas as etapas de sua preparação e realização.

(*) Art. 2º, *caput*, com redação dada pelo Provimento nº 156, de 1º.10.2013.

Parágrafo único. (Revogado).

(*) Parágrafo único revogado pelo Provimento nº 150, de 11.3.2013.

Art. 2º-A. A Coordenação Nacional de Exame de Ordem será designada pela Diretoria do Conselho Federal e será composta por:

I – 3 (três) Conselheiros Federais da OAB;

II – 3 (três) Presidentes de Conselhos Seccionais da OAB;

III – 1 (um) membro da Escola Nacional da Advocacia;

IV – 1 (um) membro da Comissão Nacional de Exame de Ordem;

V – 1 (um) membro da Comissão Nacional de Educação Jurídica;

VI – 2 (dois) Presidentes de Comissão de Estágio e Exame de Ordem de Conselhos Seccionais da OAB.

(*) Art. 2º-A, *caput*, acrescido pelo Provimento nº 150, de 11.3.2013.

Parágrafo único. A Coordenação Nacional de Exame de Ordem contará com ao menos 2 (dois) membros por região do País e será presidida por um dos seus membros, por designação da Diretoria do Conselho Federal.

(*) Parágrafo único acrescido pelo Provimento nº 150, de 11.3.2013.

Capítulo III – Da Comissão Nacional de Exame de Ordem, da Comissão Nacional de Educação Jurídica, do Colégio de Presidentes de Comissões de Estágio e Exame de Ordem e das Comissões de Estágio e Exame de Ordem

Art. 3º. À Comissão Nacional de Exame de Ordem e à Comissão Nacional de Educação Jurídica compete atuar como órgãos consultivos e de assessoramento da Diretoria do CFOAB.

Art. 4º. Ao Colégio de Presidentes de Comissões de Estágio e Exame de Ordem compete atuar como órgão consultivo e de assessoramento da Coordenação Nacional de Exame de Ordem.

Art. 5º. Às Comissões de Estágio e Exame de Ordem dos Conselhos Seccionais compete fiscalizar a aplicação da prova e verificar o preenchimento dos requisitos exigidos dos examinandos quando dos pedidos de inscrição, assim como difundir as diretrizes e defender a necessidade do Exame de Ordem.

Capítulo IV – Dos Examinandos

Art. 6º. A aprovação no Exame de Ordem é requisito necessário para a inscrição nos quadros da OAB como advogado, nos termos do art. 8º, IV, da Lei nº 8.906/1994. Parágrafo único. Ficam dispensados do Exame de Ordem os postulantes oriundos da Magistratura e do Ministério Público e os bacharéis alcançados pelo art. 7º da Resolução nº 02/1994, da Diretoria do CFOAB.

Art. 7º. O Exame de Ordem é prestado por bacharel em Direito, ainda que pendente sua colação de grau, formado em instituição regularmente credenciada.

§ 1º. É facultado ao bacharel em Direito que detenha cargo ou exerça função incompatível com a advocacia prestar o Exame de Ordem, ainda que vedada a sua inscrição na OAB.

§ 2º. Poderá prestar o Exame de Ordem o portador de diploma estrangeiro que tenha sido revalidado na forma prevista no art. 48, § 2º, da Lei nº 9.394, de 20 de dezembro de 1996.

§ 3º. Poderão prestar o Exame de Ordem os estudantes de Direito dos últimos dois semestres ou do último ano do curso.

(*) § 3º com redação dada pelo Provimento nº 156, de 1º.10.2013.

Capítulo V – Da Banca Examinadora e da Banca Recursal

Art. 8º. A Banca Examinadora da OAB será designada pelo Coordenador Nacional do Exame de Ordem.

(*) Art. 8º, *caput*, com redação dada pelo Provimento nº 156, de 1º.10.2013.

Parágrafo único. Compete à Banca Examinadora elaborar o Exame de Ordem ou atuar em conjunto com a pessoa jurídica contratada para a preparação, realização e correção das provas, bem como homologar os respectivos gabaritos.

(*) Parágrafo único acrescido pelo Provimento nº 156, de 1º.10.2013.

Art. 9º. À Banca Recursal da OAB, designada pelo Coordenador Nacional do Exame de Ordem, compete decidir a respeito de recursos acerca de nulidade de questões, impugnação de gabaritos e pedidos de revisão de notas, em decisões de caráter irrecorrível, na forma do disposto em edital.

(*) Art. 9º, *caput*, com redação dada pelo Provimento nº 156, de 1º.10.2013.

§ 1º. É vedada, no mesmo certame, a participação de membro da Banca Examinadora na Banca Recursal.

§ 2º. Aos Conselhos Seccionais da OAB são vedadas a correção e a revisão das provas.

§ 3º. Apenas o interessado inscrito no certame ou seu advogado regularmente constituído poderá apresentar impugnações e recursos sobre o Exame de Ordem.

(*) § 3º acrescido pelo Provimento nº 156, de 1º.10.2013.

Art. 10. Serão publicados os nomes daqueles que integram as Bancas Examinadora e Recursal designadas, bem como os dos coordenadores da pessoa jurídica contratada, mediante forma de divulgação definida pela Coordenação Nacional do Exame de Ordem.

(*) Art. 10, *caput*, com redação dada pelo Provimento nº 156, de 1º.10.2013.

§ 1º. A publicação dos nomes referidos neste artigo ocorrerá até 5 (cinco) dias antes da efetiva aplicação das provas da primeira e da segunda fases.

(*) § 1º acrescido pelo Provimento nº 156, de 1º.10.2013.

§ 2º. É vedada a participação de professores de cursos preparatórios para Exame de Ordem, bem como de parentes de examinandos, até o quarto grau, na Coordenação Nacional, na Banca Examinadora e na Banca Recursal.

(*) § 2º acrescido pelo Provimento nº 156, de 1º.10.2013.

Capítulo VI – Das Provas

Art. 11. O Exame de Ordem, conforme estabelecido no edital do certame, será composto de 2 (duas) provas:

I – prova objetiva, sem consulta, de caráter eliminatório;

II – prova prático-profissional, permitida, exclusivamente, a consulta a legislação, súmulas, enunciados, orientações jurisprudenciais e precedentes normativos sem qualquer anotação ou comentário, na área de opção do examinando, composta de 2 (duas) partes distintas:

a) redação de peça profissional;

b) questões práticas, sob a forma de situações-problema.

§ 1º. A prova objetiva conterá no máximo 80 (oitenta) questões de múltipla escolha, sendo exigido o mínimo de 50% (cinquenta por cento) de acertos para habilitação à prova prático-profissional, vedado o aproveitamento do resultado nos exames seguintes.

§ 2º. Será considerado aprovado o examinando que obtiver, na prova prático-profissional, nota igual ou superior a 6 (seis) inteiros,vedado o arredondamento.

§ 3º. Ao examinando que não lograr aprovação na prova prático-profissional será facultado computar o resultado obtido na prova objetiva apenas quando se submeter ao Exame de Ordem imediatamente subsequente. O valor da taxa devida, em tal hipótese, será definido em edital, atendendo a essa peculiaridade.

(*) § 3º com redação dada pelo Provimento nº 156, de 1º.10.2013.

§ 4º. O conteúdo das provas do Exame de Ordem contemplará as disciplinas do Eixo de Formação Profissional, de Direitos Humanos, do Estatuto da Advocacia e da OAB e seu Regulamento Geral e do Código de Ética e Disciplina, podendo contemplar disciplinas do Eixo de Formação Fundamental.

(*) § 4º com redação dada pelo Provimento nº 156, de 1º.10.2013.

§ 5º. A prova objetiva conterá, no mínimo, 15% (quinze por cento) de questões versando sobre Estatuto da Advocacia e seu Regulamento Geral, Código de Ética e Disciplina, Filosofia do Direito e Direitos Humanos.

(*) § 5º acrescido pelo Provimento nº 156, de 1º.10.2013.

Capítulo VII – Das Disposições Finais

Art. 12. O examinando prestará o Exame de Ordem no Conselho Seccional da OAB da unidade federativa na qual concluiu o curso de graduação em Direito ou na sede do seu domicílio eleitoral.

Parágrafo único. Uma vez acolhido requerimento fundamentado, dirigido à Comissão de Estágio e Exame de Ordem do Conselho Seccional de origem, o examinando poderá realizar as provas em localidade distinta daquela estabelecida no *caput*.

Art. 13. A aprovação no Exame de Ordem será declarada pelo CFOAB, cabendo aos Conselhos Seccionais a expedição dos respectivos certificados.

§ 1º. O certificado de aprovação possui eficácia por tempo indeterminado e validade em todo o território nacional.

§ 2º. O examinando aprovado somente poderá receber seu certificado de aprovação no Conselho Seccional onde prestou o Exame de Ordem, pessoalmente ou por procuração.

§ 3º. É vedada a divulgação de nomes e notas de examinados não aprovados.

Art. 14. Fica revogado o Provimento nº 136, de 19 de outubro de 2009, do Conselho Federal da Ordem dos Advogados do Brasil.

Art. 15. Este Provimento entra em vigor na data de sua publicação, revogadas as disposições em contrário.

Brasília, 13 de junho de 2011.

Ophir Cavalcante Junior, Presidente – DOU de 15.6.2011

PROVIMENTO Nº 146, DE 12 DE DEZEMBRO DE 2011

Dispõe sobre os procedimentos, critérios, condições de elegibilidade, normas de campanha eleitoral e pressupostos de proclamação dos eleitos nas eleições dos Conselheiros e da Diretoria do Conselho Federal, dos Conselhos Seccionais e das Subseções da Ordem dos Advogados do Brasil e da Diretoria das Caixas de Assistência dos Advogados e dá outras providências.

O Conselho Federal da Ordem dos Advogados do Brasil, no uso das atribuições que lhe são conferidas pelo art. 54, V, da Lei nº 8.906/1994, e considerando o decidido nos autos da Proposição nº 2009.18.03325-01, resolve:

Art. 1º. A eleição dos Conselheiros Federais, dos Conselheiros e da Diretoria dos Conselhos Seccionais e das Subseções e da Diretoria da Caixa de Assistência dos Advogados será realizada na segunda quinzena do mês de novembro, do último ano do mandato, mediante cédula única e votação direta e obrigatória dos advogados regularmente inscritos na OAB e com ela adimplentes.

Parágrafo único. É obrigatória a utilização de urna eletrônica, salvo comprovada impossibilidade.

Art. 2º. A Diretoria do Conselho Federal, no mês de fevereiro do ano das eleições, designará Comissão Eleitoral Nacional, composta por 5 (cinco) advogados e presidida preferencialmente por Conselheiro Federal que não seja candidato, como órgão deliberativo encarregado de supervisionar, com função correcional e consultiva, as eleições seccionais e a eleição para a Diretoria do Conselho Federal.

(*) Art. 2º com redação dada pelo Provimento nº 161, de 4.11.2014.

Art. 3º. As Diretorias dos Conselhos Seccionais designarão Comissão Eleitoral seccional, composta por 5 (cinco) membros, um dos quais a presidirá, constituindo tal comissão órgão temporário dos Conselhos Seccionais da OAB, responsável pela realização das eleições, competindo-lhe exercer funções de gestão e julgamento, em primeira instância.

§ 1º. A Comissão, integrada por 5 (cinco) advogados, sendo um Presidente, não pode ser composta por membro de quaisquer das chapas concorrentes, parentes até terceiro grau, inclusive por afinidade, sócios, associados, empregados ou empregadores de candidatos, nem incorrer nas inelegibilidades previstas para estes.

§ 2º. A Comissão possui as seguintes atribuições:

a) receber o requerimento, processar e decidir o registro das chapas concorrentes ao pleito, determinando diligências necessárias;

b) publicar no quadro de avisos das secretarias do Conselho Seccional e das Subseções, bem como na imprensa oficial, a composição das chapas com registro requerido, para fins de impugnação;

c) requisitar da Diretoria e fornecer aos candidatos a listagem atualizada com o nome e o endereço postal dos advogados;

d) encaminhar aos advogados as mensagens eletrônicas das chapas;

e) utilizar os serviços da Seccional, requisitando servidores para atuar especificamente nas suas atividades e, ainda, atribuir tarefas aos respectivos servidores, diante da necessidade de condução administrativa das eleições;

f) requisitar da Diretoria local específico para realização de reunião de trabalho, colocando servidor exclusivo para atendimento às chapas e aos advogados sobre questões relacionadas às eleições e ao acompanhamento do protocolo de requerimentos de interesse das chapas concorrentes;

g) constituir subcomissões para atuar nas Subseções;

h) designar as Mesas Eleitorais de recepção e apuração dos votos;

i) receber, processar e decidir os pedidos de substituição de candidatos, após o registro;

j) promover ampla divulgação das eleições, publicando nos órgãos de divulgação da Entidade o programa de todas as chapas registradas;

k) fiscalizar a propaganda eleitoral dos candidatos, exercendo poder de polícia no âmbito da OAB, advertindo as chapas e determinando-lhes providências, sob pena de instauração de processo de que trata o art. 133, §§ 6º e 7º, do Regulamento Geral;

(*) Alínea "k" com redação dada pelo Provimento nº 161, de 4.11.2014.

l) processar e julgar as chapas, enquanto em curso os processos sobre o pleito eleitoral correspondente, por abuso de poder político, econômico e dos meios de comunicação, cassando o registro ou promovendo a declaração de perda do mandato eletivo;

m) advertir os candidatos sobre condutas abusivas;

n) receber os recursos das suas decisões e encaminhá-los ao órgão competente da OAB, sem efeito suspensivo;

o) organizar com as chapas, mediante reunião prévia, a propaganda eleitoral no ambiente externo ao prédio da votação, zelando pela observância das posturas municipais.

Art. 4º. São condições de elegibilidade: ser o candidato advogado inscrito na Seccional, com inscrição principal ou suplementar, em efetivo exercício há mais de 5 (cinco) anos, e estar em dia com as anuidades na data de protocolo do pedido de registro de candidatura, considerando-se regulares aqueles que parcelaram seus débitos e estão adimplentes com a quitação das parcelas.

§ 1º. O candidato deverá comprovar sua adimplência junto à OAB por meio da apresentação de certidão da Seccional onde é candidato.

§ 2º. Sendo o candidato inscrito em várias Seccionais, deverá, ainda, quando da inscrição da chapa na qual concorrer, declarar, sob a sua responsabilidade e sob as penas legais, que se encontra adimplente com todas elas.

§ 3º. O período de 5 (cinco) anos estabelecido no *caput* deste artigo é o que antecede imediatamente a data da posse, computado continuamente.

Art. 5º. São inelegíveis para qualquer cargo na Ordem dos Advogados do Brasil:

I – os que estão em situação irregular perante a OAB;

II – os que exercem cargos ou funções incompatíveis com a advocacia, seja seu exercício permanente ou temporário;

III – os que exercem cargos ou funções em comissão, de livre nomeação e exoneração pelos poderes públicos, ainda que compatíveis com o exercício da advocacia;

IV – os que tenham sido condenados em definitivo por qualquer infração disciplinar, salvo se reabilitados pela OAB, ou tenham representação disciplinar em curso, já julgada procedente por órgão do Conselho Federal;

V – os que estão em débito com a prestação de contas ao Conselho Federal, na condição de dirigente de Conselho Seccional ou de Caixa de Assistência, responsável pelas referidas contas, ou tiveram suas contas rejeitadas após apreciação pelo Conselho Federal, com trânsito em julgado, nos 8 (oito) anos seguintes;

VI – os que, com contas rejeitadas segundo o disposto na alínea "a" do inciso II do art. 7º do Provimento nº 101/2003, não ressarcirem o dano apurado pelo Conselho Federal, sem prejuízo do cumprimento do prazo de 8 (oito) anos previsto no inciso V;

VII – os que integram listas, com processo em tramitação, para provimento de cargos nos tribunais judiciais ou administrativos.

§ 1º. Os membros dos órgãos da OAB podem permanecer no exercício de suas funções e concorrer a qualquer cargo eletivo, não havendo impedimento ou incompatibilidade.

§ 2º. Os Diretores do Conselho Federal somente poderão fazer campanha nos estados da federação onde forem candidatos, ficando sujeitos, em caso de descumprimento desta norma, a sanção de perda do registro de candidatura, aplicando-se, ainda, à chapa beneficiada, o cancelamento de seu registro.

Art. 6º. A publicação do edital na imprensa oficial deverá ocorrer até 45 (quarenta e cinco) dias antes da data da votação, devendo esse termo final da publicação, no caso de encerramento em dia não útil, ser prorrogado para o primeiro dia útil subsequente:

(*) Art. 6º, *caput*, com redação dada pelo Provimento nº 161, de 4.11.2014.

§ 1º. Do edital constarão os seguintes itens:

I – dia da eleição, na segunda quinzena de novembro, que transcorrerá no prazo contínuo de 8 (oito) horas, com início fixado pelo Conselho Seccional;

II – prazo para o registro das chapas, na Secretaria do Conselho, do primeiro dia útil após a publicação do edital até 30 (trinta) dias antes da data da votação, no expediente normal da OAB, até às 18 (dezoito) horas;

(*) Inciso II com redação dada pelo Provimento nº 161, de 4.11.2014.

III – modo de composição da chapa, incluindo o número de membros do Conselho Seccional, do Conselho Federal e da Caixa de Assistência;

IV – prazo de 3 (três) dias úteis, tanto para a impugnação das chapas, contado este após o encerramento do prazo do pedido de registro (item II), quanto para a defesa, contado da notificação, sendo de 5 (cinco) dias úteis o prazo para a decisão da Comissão Eleitoral;

V – nominata dos membros da Comissão Eleitoral seccional designada pela Diretoria;

VI – locais de votação;

VII – referência ao Capítulo VII do Título II do Regulamento Geral, cujo conteúdo estará à disposição dos interessados;

VIII – esclarecimento de que o término do período eleitoral dar-se-á com a proclamação dos eleitos;

IX – esclarecimento de que a transferência do domicílio eleitoral para exercício do voto somente poderá ser requerida até às 18 (dezoito) horas do dia anterior à publicação do edital de abertura do período eleitoral da respectiva Seccional, observado o art. 10 do Estatuto e ressalvados os casos do § 4º do art. 134 do Regulamento Geral e dos novos inscritos.

(*) Inciso IX acrescido pelo Provimento nº 149, de 27.8.2012.

§ 2º. Os prazos encerrados em dias não úteis serão prorrogados para o primeiro dia útil subsequente.

Art. 7º. Para registro de chapa, que deverá atender ao mínimo de 30% (trinta por cento) e ao máximo de 70% (setenta por cento) para candidaturas de cada sexo, o interessado deverá protocolar requerimento na Comissão Eleitoral.

(*) Art. 7º, *caput*, com redação dada pelo Provimento nº 161, de 4.11.2014.

§ 1º. O percentual mínimo previsto no *caput* deste artigo poderá ser alcançado levando-se em consideração a chapa completa, compreendendo os cargos de titular e de suplente, não sendo obrigatória a observância em cargos específicos ou de diretoria, incluindo a do Conselho Federal.

(*) § 1º com redação dada pelo Provimento nº 161, de 4.11.2014.

§ 2º. Para o alcance do percentual mínimo previsto no *caput* deste artigo observar-se-á o arredondamento de fração para cima, considerando-se o número inteiro de vagas subsequente.

(*) § 2º com redação dada pelo Provimento nº 161, de 4.11.2014.

§ 3º. É facultativa a observação do percentual mínimo previsto neste artigo nas Subseções que não possuam Conselho.

(*) § 3º com redação dada pelo Provimento nº 161, de 4.11.2014.

§ 4º. O requerimento de registro deverá ser dirigido ao Presidente da Comissão Eleitoral e protocolado do primeiro dia útil após a publicação do edital até 30 (trinta) dias antes da data da votação, no expediente normal da OAB, até às 18 (dezoito) horas.

(*) § 4º com redação dada pelo Provimento nº 161, de 4.11.2014.

§ 5º. O requerimento de registro deverá ser subscrito pelo candidato a Presidente e por 2 (dois) outros candidatos à Diretoria, os quais poderão promover a livre substituição de candidatos nesse prazo, que, no caso de encerramento em dia não útil, deverá ser prorrogado para o primeiro dia útil subsequente.

(*) § 5º com redação dada pelo Provimento nº 161, de 4.11.2014.

§ 6º. O requerimento deverá conter: nome completo dos candidatos, com indicação dos cargos aos quais concorrem, os números de inscrição na OAB e os endereços profissionais; comprovação, por meio de certidão, de que estão adimplentes junto à Seccional onde são candidatos, bem como a declaração destes de que estão adimplentes junto às outras Seccionais onde tenham inscrição; autorização dos integrantes da chapa, mencionando o cargo que postulam e a denominação da chapa; denominação da chapa com no máximo 30 (trinta) caracteres e a foto do candidato a Presidente para constar da urna eletrônica.

(*) § 6º com redação dada pelo Provimento nº 161, de 4.11.2014.

§ 7º. Somente será aceito o registro da chapa completa, constante do requerimento de inscrição.

(*) § 7º acrescido pelo Provimento nº 161, de 4.11.2014.

§ 8º. Nas Subseções, o pedido de registro conterá os nomes dos candidatos à Diretoria e ao Conselho Subseccional, se existente.

(*) § 8º acrescido pelo Provimento nº 161, de 4.11.2014.

§ 9º. O candidato não pode participar de mais de uma chapa, devendo ser considerado, quando for o caso, apenas o primeiro requerimento apresentado.

(*) § 9º acrescido pelo Provimento nº 161, de 4.11.2014.

§ 10. A chapa será representada perante a Comissão Eleitoral por seu candidato a Presidente ou por advogado por ele formalmente designado.

(*) § 10 acrescido pelo Provimento nº 161, de 4.11.2014.

Art. 8º. Protocolado o requerimento de registro, a Comissão Eleitoral deve mandar publicar, em até 24 (vinte e quatro) horas, nos quadros de avisos da Secretaria do Conselho Seccional e das Subseções, na imprensa oficial e no sítio eletrônico da Seccional, a relação das chapas com suas composições para fins de impugnação.

§ 1º. Apenas o Presidente de chapa que requereu o registro tem a legitimidade para impugnar o pedido de registro de candidato ou de chapa concorrente.

§ 2º. A impugnação deverá ser formalizada em petição escrita e assinada, dirigida ao Presidente da Comissão Eleitoral, no prazo de 3 (três) dias úteis, a contar da publicação da relação de chapas na imprensa oficial, apontando ausência de condição de elegibilidade, causa de inelegibilidade ou irregularidade formal no pedido de registro, devendo ser instruída com os documentos pertinentes.

§ 3º. O Presidente designará relator e este, não sendo o caso de indeferimento liminar da impugnação, notificará imediatamente a chapa, por qualquer candidato à Diretoria ou o candidato impugnado isoladamente, para apresentar defesa, no prazo de 3 (três) dias úteis, podendo juntar documentos.

§ 4º. O relator poderá determinar diligências imediatas e a Comissão Eleitoral deverá julgar o pedido de registro em 5 (cinco) dias úteis, em reunião pública, em que será admitida sustentação oral por 10 (dez) minutos, notificados, para tanto, previamente, o impugnante e o impugnado.

§ 5º. A Comissão Eleitoral, verificando irregularidade formal no requerimento de registro da chapa, ainda que por composição incompleta ou necessidade de substituição de candidato inelegível, concederá, por apenas uma vez, prazo de 5 (cinco) dias úteis para que seja sanada a irregularidade, notificando a chapa na pessoa de qualquer candidato à Diretoria, ou por intermédio de advogado formalmente habilitado.

§ 6º. A Comissão Eleitoral poderá, de ofício, indeferir o registro de candidato por ausência de condição de elegibilidade ou ante a verificação de que ele se tornou inelegível, desde que lhe seja assegurada possibilidade de prévia manifestação, no prazo de 3 (três) dias, com notificação necessária.

§ 7º. A chapa é registrada com denominação e número próprios, observada a preferência pela ordem de apresentação dos requerimentos, não podendo outras chapas subsequentemente apresentadas a registro utilizar termos, símbolos ou expressões iguais ou assemelhados, no mesmo âmbito.

§ 8º. A chapa poderá requerer a substituição de integrante nos casos de morte, desistência ou inelegibilidade. Não sendo possível a alteração da cédula (manual ou eletrônica) já composta, os votos dados ao substituído serão contados para o substituto, devendo a Comissão Eleitoral providenciar ampla e imediata divulgação da substituição, principalmente nos locais de votação.

§ 9º. Das decisões da Comissão Eleitoral em matéria de registro cabe recurso, no prazo de 15 (quinze) dias, para o Conselho Seccional e, deste, para o Conselho Federal, no mesmo prazo, sem efeito suspensivo, podendo o relator conceder, excepcionalmente, tal efeito, presentes pressupostos de tutela de urgência (relevância do fundamento e risco de dano irreparável ou de difícil reparação), ou até mesmo antecipação da tutela recursal.

§ 10. Quando a maioria dos membros do Conselho Seccional estiver concorrendo às eleições, o recurso contra a decisão da Comissão Eleitoral será encaminhado diretamente ao Conselho Federal.

Art. 8º-A. Desde o pedido de registro da chapa, poderá ser efetuada doação para a campanha por advogados, inclusive candidatos, sendo vedada a doação por pessoas físicas que não sejam advogados e por qualquer empresa ou pessoa jurídica, sob pena de indeferimento de registro ou cassação do mandato.

(*) Art. 8º-A acrescido pelo Provimento nº 161, de 4.11.2014.

§ 1º. Será obrigatória a prestação de contas de campanha por parte das chapas concorrentes, devendo ser fixado pelo Conselho Federal o limite máximo de gastos.

(*) § 1º acrescido pelo Provimento nº 161, de 4.11.2014.

§ 2º. Também será fixado pelo Conselho Federal o limite máximo de doações para as campanhas eleitorais por parte de quem não é candidato.

(*) § 2º acrescido pelo Provimento nº 161, de 4.11.2014.

(*) Provimento nº 161, de 4.11.2014: ***Art. 2º.*** O disposto nos §§ 1º e 2º do art. 8º-A do Provimento nº 146/2011, que "Dispõe sobre os procedimentos, critérios, condições de elegibilidade, normas de campanha eleitoral e pressupostos de proclamação dos eleitos nas eleições dos Conselheiros e da Diretoria do Conselho Federal, dos Conselhos Seccionais e das Subseções da Ordem dos Advogados do Brasil e da Diretoria das Caixas de Assistência dos Advogados e dá outras providências", segundo a redação atribuída por este Provimento, será regulamentado em normativo posterior do Conselho Federal, que organizará o sistema de controle interno para esse fim, devendo ser aplicado a partir das eleições da Ordem dos Advogados do Brasil a serem realizadas no ano de 2018.

Art. 9º. Os advogados e as chapas poderão promover a divulgação de suas propostas de trabalho com vistas às eleições.

Parágrafo único. A propaganda eleitoral tem como finalidade apresentar e debater propostas e ideias relacionadas às finalidades da OAB e aos interesses da advocacia, sendo vedada a prática de atos que visem à exclusiva promoção pessoal de candidatos e ainda à abordagem de temas de modo a comprometer a dignidade da profissão e da Instituição ou ofender a honra e a imagem de candidatos.

Art. 10. A propaganda eleitoral, que só poderá ter início após o pedido de registro da chapa, deve manter conteúdo ético de acordo com o Estatuto e demais normas aplicáveis, tendo como objetivo apresentar e debater ideias relacionadas às finalidades da OAB e aos interesses da advocacia, vedando-se:

(*) Art. 10, *caput*, com redação dada pelo Provimento nº 161, de 4.11.2014.

§ 1º. A propaganda antecipada ou proibida importará em notificação de advertência a ser expedida pela Comissão Eleitoral competente para que, em 24 (vinte e quatro horas), seja suspensa, sob pena de aplicação de multa correspondente ao valor de 1 (uma) até 10 (dez) anuidades.

(*) § 1º com redação dada pelo Provimento nº 161, de 4.11.2014.

§ 2º. Havendo recalcitrância ou reincidência, a Comissão Eleitoral procederá à abertura de procedimento de indeferimento ou cassação de registro da chapa ou do mandato, se já tiver sido eleita.

(*) § 2º com redação dada pelo Provimento nº 161, de 4.11.2014.

§ 3º. Se a Comissão Eleitoral entender que qualquer ato configure infração disciplinar, deverá notificar os órgãos correcionais competentes da OAB.

(*) § 3º com redação dada pelo Provimento nº 161, de 4.11.2014.

§ 4º. Havendo notícia de ofensa à honra e à imagem dos candidatos, bem como à imagem da Instituição, a Comissão Eleitoral deverá encaminhá-la ao órgão competente da estrutura da OAB, com o objetivo de apurar infração ética, independentemente do indeferimento ou cassação do registro ou do mandato.

(*) § 4º com redação dada pelo Provimento nº 161, de 4.11.2014.

§ 5º. É vedada a propaganda que não tenha por finalidade o contido no art. 9º e no *caput* deste artigo, e mais:

(*) § 5º, *caput*, com redação dada pelo Provimento nº 161, de 4.11.2014.

I – qualquer propaganda transmitida por meio de emissora de televisão ou rádio, excluindo entrevistas, debates e notícias sobre a campanha eleitoral, desde que integrando a programação normal da emissora;

(*) Inciso I com redação dada pelo Provimento nº 161, de 4.11.2014.

II – utilização de *outdoors* e assemelhados;

(*) Inciso II com redação dada pelo Provimento nº 161, de 4.11.2014.

III – qualquer meio de divulgação em espaço publicitário comercializado em ruas e logradouros, independente de tamanho, a exemplo de cartazes eletrônicos, em veículos de transportes públicos, como ônibus e táxis, bem assim em outros pontos de divulgação ou, ainda, em veículos contratados mediante aluguel, ressalvados os espaços publicitários de comitês de candidaturas;

(*) Inciso III com redação dada pelo Provimento nº 161, de 4.11.2014.

IV – propaganda na imprensa que exceda, por edição, a 1/8 (um oitavo) de página de jornal padrão e a 1/4 (um quarto) de página de revista ou tabloide, ainda que gratuita, não podendo exceder, ainda, a 10 (dez) edições;

(*) Inciso IV com redação dada pelo Provimento nº 161, de 4.11.2014.

V – propaganda com uso de carros de som e assemelhados, ou seja, qualquer veículo ou instrumento fixo ou ambulante de emissão sonora, como megafones. A vedação não atinge a sonorização de atos públicos de campanha com a presença de candidatos;

(*) Inciso V com redação dada pelo Provimento nº 161, de 4.11.2014.

VI – quaisquer pinturas ou pichações em prédios públicos ou privados, com exceção de pinturas alusivas à chapa, nos respectivos comitês;

(*) Inciso VI com redação dada pelo Provimento nº 161, de 4.11.2014.

VII – distribuição e venda de bens e serviços, de qualquer natureza, inclusive camisetas e bonés, ressalvado o disposto no inciso IV do § 6º deste artigo;

(*) Inciso VII com redação dada pelo Provimento nº 161, de 4.11.2014.

VIII – propaganda na internet em desacordo com os §§ 6º, VI, 7º, 8º e 9º deste artigo.

(*) Inciso VIII com redação dada pelo Provimento nº 161, de 4.11.2014.

§ 6º. É permitida a propaganda, mediante:

(*) § 6º, *caput*, com redação dada pelo Provimento nº 161, de 4.11.2014.

I – envio de cartas, mensagens eletrônicas (e-mail), mensagens instantâneas para telefones celulares (WhatsApp) e "torpedos" (SMS e MMS) aos advogados;

(*) Inciso I com redação dada pelo Provimento nº 161, de 4.11.2014.

II – cartazes, faixas e placas de até 2 m² (dois metros quadrados) nos escritórios de advocacia e dentro do limite de distância compreendido no raio de 300 (trezentos) metros dos fóruns e das sedes da OAB, desde que não explorados comercialmente por empresas que vendam espaço publicitário;

(*) Inciso II com redação dada pelo Provimento nº 161, de 4.11.2014.

III – banners e adesivos de até 600 cm² (seiscentos centímetros quadrados), desde que não explorados comercialmente por empresas que vendam espaço publicitário;

(*) Inciso III com redação dada pelo Provimento nº 161, de 4.11.2014.

IV – uso e distribuição de bótons;

(*) Inciso IV com redação dada pelo Provimento nº 161, de 4.11.2014.

V – distribuição de impressos variados;

(*) Inciso V com redação dada pelo Provimento nº 161, de 4.11.2014.

VI – manutenção de sítios eletrônicos, blogs na internet e assemelhados, desde que devidamente informados à Comissão Eleitoral para fins de registro.

(*) Inciso VI com redação dada pelo Provimento nº 161, de 4.11.2014.

§ 7º. É permitida propaganda na internet por meio de mensagens eletrônicas (e-mail), blogs, redes sociais e sítios eletrônicos próprios das chapas, vedado o anonimato.

(*) § 7º com redação dada pelo Provimento nº 161, de 4.11.2014.

§ 8º. É permitida propaganda gratuita na internet por meio de sítios eletrônicos de terceiros ou portais, a qual não pode exceder a 1 (um) banner de dimensão de até 234X60 (duzentos e trinta e quatro por sessenta) pixels e de tamanho de até 25 (vinte e cinco) kbytes, limitando-se aos formatos ".jpg", ".png" ou ".gif", contendo o nome da chapa.

(*) § 8º com redação dada pelo Provimento nº 161, de 4.11.2014.

§ 9º. Na internet, é vedada a veiculação de qualquer tipo de propaganda eleitoral paga.

(*) § 9º acrescido pelo Provimento nº 161, de 4.11.2014.

§ 10. No dia da eleição será possível o pedido de voto, fora do recinto de votação, vedada a contratação para esse fim e a propaganda eleitoral nos prédios onde estiverem situadas as salas de votação.

(*) § 10 acrescido pelo Provimento nº 161, de 4.11.2014.

§ 11. Fica também vedada a contratação de terceiros para veiculação e exibição de bandeiras, bandeirolas e assemelhados na parte externa do prédio onde estiverem situadas as salas de votação.

(*) § 11 acrescido pelo Provimento nº 161, de 4.11.2014.

§ 12. A Comissão Eleitoral deverá zelar pela boa imagem da Instituição, pelos preceitos éticos da profissão, bem assim pelo cumprimento das determinações adotadas, providenciando, para esse fim, junto às autoridades públicas, a retirada imediata das propagandas consideradas irregulares.

(*) § 12 acrescido pelo Provimento nº 161, de 4.11.2014.

Art. 11. A chapa regularmente registrada tem direito ao acesso à listagem atualizada de advogados inscritos na Seccional, com nome, endereço e telefone, exceto endereço eletrônico, observados os seguintes procedimentos:

I – apresentação de requerimento escrito formulado pela chapa e assinado por seu representante legal, dirigido ao Presidente da Comissão Eleitoral;

II – comprovante do pagamento da taxa fixada pelo Conselho Seccional para fornecimento da listagem de advogados, a qual não poderá exceder a 10 (dez) anuidades da Seccional.

§ 1º. No prazo de 72 (setenta e duas) horas, a partir da protocolação do pedido, a Comissão Eleitoral fará a entrega da listagem ao requerente.

§ 2º. Cada chapa terá, a seu critério, direito a uma listagem impressa ou em meio eletrônico.

§ 3º. A relação dos advogados não poderá ser utilizada para fim diverso ao processo eleitoral, e o candidato a Presidente da chapa requisitante deverá assinar termo de compromisso no sentido de não fornecer a terceiros o cadastro de advogados recebido, sob as penas disciplinares e responsabilidade civil, nos termos do art. 133 do Regulamento Geral.

Art. 12. Constituem condutas vedadas, nos termos do art. 133 do Regulamento Geral, visando a proteger a legitimidade e a normalidade das eleições:

I – uso de bens imóveis e móveis e de serviços e atividades da OAB ou do poder público em benefício de campanha de qualquer chapa, inclusive o desvio das finalidades institucionais da Ordem para promoção de candidaturas ou promoção pessoal de dirigente candidato;

II – pagamento de anuidade de advogado ou o fornecimento de recursos financeiros ou bem de valor econômico que possa desvirtuar a liberdade de voto;

III – realização de shows artísticos;

IV – utilização de servidores da OAB em atividade em favor da campanha eleitoral de qualquer chapa;

V – divulgação pela chapa, sob sua responsabilidade, antes das eleições, por qualquer meio de comunicação, de pesquisa não registrada previamente na Comissão Eleitoral;

VI – no período de 15 (quinze) dias antes das eleições, a divulgação de pesquisa eleitoral, nos termos do art. 133, § 5º, inciso I, do Regulamento Geral;

(*) Inciso VI com redação dada pelo Provimento nº 161, de 4.11.2014.

VII – no período de 30 (trinta) dias antes das eleições, a regularização da situação financeira de advogado perante a OAB para torná-lo apto a votar, nos termos do art. 133, § 5º, inciso II, do Regulamento Geral;

(*) Inciso VII com redação dada pelo Provimento nº 161, de 4.11.2014.

VIII – no período de 90 (noventa) dias antes das eleições, a concessão ou distribuição, às Seccionais e Subseções, por dirigente, candidato ou chapa, de recursos financeiros, salvo os destinados ao pagamento de despesas de pessoal e de custeio ou decorrentes de obrigações e de projetos pré-existentes, bem como de máquinas, equipamentos, móveis e utensílios, ressalvados os casos de reposição, e a convolação de débitos em auxílios financeiros, salvo quanto a obrigações e a projetos pré-existentes, nos termos do art. 133, § 5º, inciso IV, do Regulamento Geral;

(*) Inciso VIII com redação dada pelo Provimento nº 161, de 4.11.2014.

IX – promoção pessoal de candidatos na propaganda institucional da OAB;

X – promoção pessoal de candidatos na inauguração de obras e serviços da OAB, no período de 60 (sessenta) dias antes das eleições, nos termos do art. 133, § 5º, inciso III, do Regulamento Geral;

(*) Inciso X com redação dada pelo Provimento nº 161, de 4.11.2014.

XI – propaganda transmitida por meio de emissora de televisão ou rádio, permitindo-se entrevistas e debates com os candidatos, desde que sejam convidados todos os candidatos a Presidente.

Parágrafo único. A chapa poderá promover eventos festivos de campanha, desde que respeitada a vedação constante do inciso III deste artigo.

Art. 13. É vedada a concessão de parcelamento de débitos a advogados no período de 30 (trinta) dias antes da data das eleições.

§ 1º. O parcelamento confere a condição de adimplente somente quando o advogado houver quitado, à vista, ao menos 1 (uma) parcela, e não haja parcela em atraso.

§ 2º. Será considerado inadimplente quem, já tendo obtido parcelamento anterior, não quitou todas as parcelas.

Art. 14. O procedimento para apuração de abuso segue o disposto nos §§ 6º a 15 do art. 133 do Regulamento Geral, observando-se o seguinte:

(*) Art. 14, *caput*, com redação dada pelo Provimento nº 161, de 4.11.2014.

I – a legitimidade ativa para propor a representação é exclusiva das chapas, por seu candidato a Presidente ou por advogado por este formalmente designado;

II – o abuso de poder configura-se em razão de conduta praticada por membro da chapa ou por terceiros, de que decorram vantagens indevidas;

III – das decisões da Comissão Eleitoral cabe recurso ao Conselho Seccional e deste ao Conselho Federal, sem efeito suspensivo, podendo este ser concedido pelo relator no órgão superior, presentes os pressupostos de tutela de urgência.

Art. 15. A votação será realizada nos locais estabelecidos no edital de convocação das eleições, perante as Mesas Eleitorais constituídas pela Comissão Eleitoral, nos termos do art. 134 do Regulamento Geral, observando-se o seguinte:

I – compõem o corpo eleitoral todos os advogados inscritos, recadastrados ou não, adimplentes com o pagamento das anuidades, vedados novos parcelamentos nos 30 (trinta) dias antes das eleições;

(*) Inciso I com redação dada pelo Provimento nº 161, de 4.11.2014.

II – o advogado deverá votar apresentando o Cartão ou a Carteira de Identidade de Advogado ou um dos seguintes documentos: Cédula de Identidade – RG, Carteira Nacional de Habilitação – CNH, Carteira de Trabalho e Previdência Social – CTPS ou Passaporte;

III – a Comissão Eleitoral deverá providenciar lista de eleitores aptos a votar, em prazo compatível com a votação eletrônica, segundo as regras ajustadas com o Tribunal Regional Eleitoral, e providenciar mesa de votação para eventual emergência;

IV – o eleitor somente pode votar no local que lhe for designado, sendo vedada a votação em trânsito;

V – na hipótese de voto eletrônico, adotar-se-ão, no que couber, as regras estabelecidas na legislação eleitoral, sendo as chapas identificadas pelo nome, logomarca e foto do candidato a Presidente, apresentados no pedido de registro, bem como pelo número respectivo. Nas eleições de Subseção, as chapas serão identificadas pelo nome e número de registro;

VI – as chapas podem credenciar fiscais para atuar individualmente em cada Mesa Eleitoral;

VII – a Comissão Eleitoral deverá adotar as medidas necessárias para viabilizar, no local da votação, o direito ao voto do advogado portador de necessidades especiais.

Art. 16. A apuração, tanto a eletrônica quanto a manual, terá a fiscalização das chapas, adotando-se, no que couber, a legislação eleitoral para a matéria, nos termos dos arts. 135 e 136 do Regulamento Geral.

Art. 17. Aplicam-se as disposições deste Provimento, no que couber, às eleições da Diretoria do Conselho Federal da Ordem dos Advogados do Brasil.

Art. 18. Este Provimento entra em vigor na data da sua publicação, revogadas as disposições em contrário.

Brasília, 12 de dezembro de 2011.

Ophir Cavalcante Junior, Presidente – DOU de 20.12.2011, com retificações no DOU de 29.12.2011

PROVIMENTO Nº 162, DE 3 DE FEVEREIRO DE 2015

Cria o Plano Nacional de Apoio ao Jovem Advogado Brasileiro e dá outras providências.

O Conselho Federal da Ordem dos Advogados do Brasil, no uso das atribuições que lhe são conferidas pelo art. 54, I, III e V, da Lei nº 8.906, de 4 de julho de 1994 – Estatuto da Advocacia e da OAB, e considerando o decidido nos autos da Proposição nº 49.0000.2014.012576-1/COP, resolve:

Art. 1º. Fica criado o Plano Nacional de Apoio ao Jovem Advogado Brasileiro.

§ 1º. A coordenação e a execução do Plano Nacional estarão a cargo da Comissão Nacional do Apoio ao Advogado em Início de Carreira do Conselho Federal da Ordem dos Advogados do Brasil, em conjunto com as Seccionais, as Caixas de Assistência dos Advogados e as Subseções, em todo o território nacional.

§ 2º. Para efeito deste Provimento, considera-se jovem advogado aquele que tenha até 5 (cinco) anos de inscrição nos quadros da OAB.

Art. 2º. O Plano Nacional de que trata este Provimento terá como diretrizes:

I – A educação jurídica com o objetivo de incentivar e proporcionar a inserção do jovem advogado no mercado de trabalho;

II – a defesa das prerrogativas dos jovens advogados;

III – a política de anuidades diferenciadas e desconto para os jovens advogados, desde que não oriundos de outras carreiras jurídicas;

IV – a criação do piso de remuneração mínima para os advogados contratados;

V – o apoio e a ampla participação dos jovens advogados nas decisões das Seccionais e Subseções;

VI – a institucionalização das OAB Jovens nas Seccionais e Subseções como órgãos de defesa, apoio e valorização do jovem advogado;

VII – a promoção do empreendedorismo e a incorporação de novas tecnologias objetivando proporcionar ao jovem advogado crescente qualificação e incentivo para estabelecer o primeiro escritório, conferindo-lhe noções práticas sobre gerenciamento, administração e o plano de trabalho correspondente;

VIII – condições diferenciadas nos serviços prestados pelas Caixas de Assistência dos Advogados.

Art. 3º. Incumbirá à Comissão Nacional de Apoio ao Advogado em Início de Carreira, em conjunto com as Seccionais, as Caixas de Assistência dos Advogados e as Subseções, agregar os esforços institucionais da advocacia brasileira em prol da concretização do presente Plano, realizando audiências públicas e reuniões periódicas em todo território nacional.

Art. 4º. A partir da vigência do presente Provimento, caberá a cada Seccional aprovar o respectivo Plano Estadual de Apoio ao Jovem Advogado, adequando-o às diretrizes aqui estabelecidas.

Art. 5º. Ficam instituídas a Conferência Nacional do Jovem Advogado e as Conferências do Jovem Advogado dos Estados e do Distrito Federal, reunindo-se, trienalmente, a cada mandato.

Art. 6º. Este Provimento entra em vigor na data de sua publicação, revogadas as disposições em contrário.

Brasília, 3 de fevereiro de 2015.

Marcus Vinicius Furtado Coêlho, Presidente – DOU de 9.2.2015

PROVIMENTO Nº 164, DE 29 DE SETEMBRO DE 2015

Cria o Plano Nacional de Valorização da Mulher Advogada e dá outras providências.

O Conselho Federal da Ordem dos Advogados do Brasil, no uso das atribuições que lhe são conferidas pelo art. 54, V, da Lei nº 8.906, de 4 de julho de 1994 – Estatuto da Advocacia e da OAB, e considerando o decidido nos autos da Proposição nº 49.0000.2015.009114-4, resolve:

Art. 1º. Fica criado o Plano Nacional de Valorização da Mulher Advogada, a ser regulamentado pela Diretoria do Conselho Federal da Ordem dos Advogados do Brasil.

Parágrafo único. A coordenação e a execução do Plano Nacional estarão a cargo da Comissão Nacional da Mulher Advogada, em conjunto com as Seccionais, as Caixas de Assistência dos Advogados e as Subseções, em todo o território nacional.

Art. 2º. O Plano Nacional de que trata este Provimento, no fortalecimento dos direitos humanos da mulher, terá como diretrizes:

I – a educação jurídica;

II – a defesa das prerrogativas das mulheres advogadas;

III – a elaboração de propostas que apoiem a mulher no exercício da advocacia;

IV – a implementação de condições diferenciadas nos serviços prestados pela Caixa de Assistência dos Advogados, que atendam a necessidades específicas da mulher advogada;

V – a promoção de diálogo com as instituições, visando humanizar as estruturas judiciárias voltadas às advogadas;

VI – a construção de uma pauta de apoio à mulher na sociedade, tendo como focos principais:

a) a igualdade de gêneros e a participação das mulheres nos espaços de poder;

b) o combate à violência doméstica, incluindo assistência às vítimas;

c) o apoio a projetos de combate ao feminicídio e a outras violências contra a mulher;

d) a defesa humanitária das mulheres encarceradas;

e) a defesa e a valorização das mulheres trabalhadoras rurais e urbanas;

f) a defesa e a valorização das mulheres indígenas;

g) o combate ao racismo e à violência contra as mulheres negras;

h) o enfrentamento ao tráfico de mulheres;

i) a mobilização contra a banalização da imagem da mulher na mídia publicitária.

VII – a criação de mecanismos para a realização do censo destinado à construção do perfil da mulher advogada no Brasil e por regiões;

VIII – a publicação periódica de pesquisas e artigos por meio da OAB Editora, tendo como tema principal a mulher e sua realidade social e profissional;

IX – a criação de manuais de orientação que envolvam os principais temas relacionados aos direitos das mulheres e à igualdade de gênero;

X – o apoio à capacitação da mulher advogada por meio de cursos da Escola Nacional de Advocacia – ENA e das Escolas Superiores de Advocacia – ESAs;

XI – o monitoramento destinado a realizar a criação e o funcionamento das Comissões da Mulher Advogada, a título permanente, em todas as Seccionais e Subseções;

XII – a sensibilização e a implementação de estratégias para ampliação da participação das mulheres advogadas nas decisões das Seccionais e das Subseções;

XIII – uma política de concessão de benefícios próprios à mulher advogada, particularmente em relação às mães, a ser praticada pelo Conselho Federal, pelos Conselhos Seccionais e pelas Caixas de Assistência dos Advogados de todos os Estados;

XIV – a realização de uma Conferência Nacional da Mulher Advogada, em cada mandato;

XV – valor diferenciado, para menor, ou isenção na cobrança da anuidade da mãe no ano do parto ou da adoção, ou no caso da gestação não levada a termo, preferencialmente na forma de devolução pela Caixa de Assistência dos Advogados, a critério de cada Seccional;

XVI – a presença, em todas as comissões da OAB, de no mínimo 30% (trinta por cento) e no máximo 70% (setenta por cento) de membros de cada sexo.

Art. 3º. Caberá à Comissão Nacional da Mulher Advogada, em conjunto com as Comissões das Seccionais da Mulher, as Caixas de Assistência dos Advogados e as Subseções, agregar os esforços institucionais da Advocacia brasileira em proveito da efetivação deste Plano, estimulando audiências públicas e reuniões periódicas em todo território nacional.

Art. 4º. A partir da vigência deste Provimento, caberá a cada Seccional aprovar e regulamentar, até 31 de dezembro de 2016, o respectivo Plano Estadual de Valorização da Mulher Advogada, respeitando as diretrizes aqui definidas.

Art. 5º. O Conselho Federal deverá incluir em toda Conferência Nacional painéis com abordagem específica da realidade social e profissional da mulher advogada.

Art. 6º. Aplicam-se as disposições deste Provimento, no que couber, às estagiárias de Direito.

Art. 7º. Este Provimento entra em vigor no dia 1º de janeiro de 2016, revogadas as disposições em contrário.

Brasília, 29 de setembro de 2015.

Marcus Vinicius Furtado Coêlho, Presidente – DOU de 29.9.2015